国学新读本

新　书

徐　莹　注说

河南大学出版社

国学新读本编辑委员会

总策划　马小泉

主　编　李振宏

编　委　(以姓氏笔画为序)

马小泉　王　健　朱绍侯　刘小敏
李中华　李振宏　苏凤捷　何晓明
张云鹏　张富祥　宋会群　杨天宇
杨寄林　杨朝明　赵国华　郑慧生
姜建设　袁喜生　曹　峰　曹础基
曾振宇　戚良德　龚留柱　熊铁基

目 录

序 …………………………………… 李振宏（1）
《新书》通说 …………………………………（1）
　一　贾谊其人 ………………………………（2）
　二　《新书》的真伪与流传 ………………（31）
　三　《新书》的主要内容 …………………（39）
　四　《新书》的思想内涵 …………………（98）
　五　《新书》的历史影响 …………………（117）
　六　如何读《新书》 ………………………（127）
　七　校注说明 ………………………………（131）
《新书》简注 …………………………………（132）
　卷第一 ………………………………………（132）
　　过秦上 ……………………………………（132）
　　过秦下 ……………………………………（137）
　　宗首 ………………………………………（143）
　　数宁 ………………………………………（145）
　　藩伤 ………………………………………（149）
　　藩强 ………………………………………（150）

大都 …………………………………………… (152)

等齐 …………………………………………… (154)

服疑 …………………………………………… (157)

益壤 …………………………………………… (159)

卷第二 ………………………………………… (163)

权重 …………………………………………… (163)

五美 …………………………………………… (164)

制不定 ………………………………………… (167)

审微 …………………………………………… (169)

阶级 …………………………………………… (173)

卷第三 ………………………………………… (179)

俗激 …………………………………………… (179)

时变 …………………………………………… (182)

瑰玮 …………………………………………… (184)

孽产子 ………………………………………… (187)

铜布 …………………………………………… (189)

壹通 …………………………………………… (190)

属远 …………………………………………… (192)

亲疏危乱 ……………………………………… (193)

忧民 …………………………………………… (196)

解县 …………………………………………… (198)

威不信 ………………………………………… (199)

卷第四 ………………………………………… (201)

匈奴 …………………………………………… (201)

势卑 …………………………………………… (210)

淮难 …………………………………………… (211)

无蓄 …………………………………………… (215)

铸钱……………………………………………………（217）
卷第五………………………………………………………（220）
　　傅职……………………………………………………（220）
　　保傅……………………………………………………（225）
　　连语……………………………………………………（231）
　　辅佐……………………………………………………（234）
　　问孝（阙）……………………………………………（237）
卷第六………………………………………………………（238）
　　礼………………………………………………………（238）
　　容经……………………………………………………（243）
　　春秋……………………………………………………（250）
卷第七………………………………………………………（258）
　　先醒……………………………………………………（258）
　　耳痹……………………………………………………（261）
　　谕诚……………………………………………………（265）
　　退让……………………………………………………（267）
　　君道……………………………………………………（269）
卷第八………………………………………………………（271）
　　官人……………………………………………………（271）
　　劝学……………………………………………………（273）
　　道术……………………………………………………（274）
　　六术……………………………………………………（279）
　　道德说…………………………………………………（283）
卷第九………………………………………………………（290）
　　大政上…………………………………………………（290）
　　大政下…………………………………………………（295）

修政语上 …………………………………………（301）

　修政语下 …………………………………………（306）

卷第十 ………………………………………………（311）

　礼容语上（阙）……………………………………（311）

　礼容语下 …………………………………………（311）

　胎教 ………………………………………………（316）

　立后义 ……………………………………………（323）

参考书目 …………………………………………（326）

序

最近一些年来,一股"国学热"的思潮强劲涌动,在文化学界以至于整个社会上,引起了强烈反响。为什么在这样一个社会的大变革时代,在从传统社会向现代社会的转型期,最为传统的国学,却能引起国人的极大兴趣,这的确是一个值得思考和研究的问题。

"国学"作为一个学术文化概念,产生于近代。从渊源上讲,"国学"概念的产生,与"国粹"有些关联,并且是从对抗西学侵入的角度提出来的。今天,中华民族早已是一个独立于世界民族之林的自立自强的民族,全球经济一体化所带来的世界文化的汇合与交融,也早已是历史发展的必然趋势,而在这样的历史大势中,却会有"国学热"的产生,乍一看来,确有不可思议之处。但实际上,国学的当代走红,则与我们今天所处的历史时代有着一定的关系。

随着改革开放的迅速推进,随着市场经济的强劲发展,传统道德受到了强烈冲击,传统文化与现代文化观念的碰撞也日益强烈。于是,如何看待传统文化的问题,就严峻地提到了国人的面前。传统文化的出路何在,它从何而来,要走向何方,如何对之进行价值重估,一切关心文化问题、有着强烈历史责任感的人们,无不把关注的目光投向中国的传统学术。当然,也不排除一些对改革开放和市场经济所带来的冲击无法理解和接受,对现代经济发展对传统道德的亵渎强烈抗议的人们,自然而然地发出向传统文化复归而倡导国学的呼声。总之,不论是出于积极的思考,还是抱着一种向后看的心态,对国学的重视则成了最近十多年来一种普遍的文化选择。

于是,对待"国学热"就需要有一个分析的态度。对于任何一个民族的发展来说,传统文化都是其牢固的根基,是其一切历史的出发点,摒弃传统,甚至全盘否定传统文化,都是幼稚可笑的,不可取的。但一遇到问题就求助于传统,甚至一味狂热地提倡向传统复归,也是走不通的,过去那句常说的"倒退是没有出路的"话,虽说不是什么至理名言,却也还是有些道理的。这些年来,一些地方出现的中小学生,甚至幼儿园小朋友的读经热,就是一种值得注意的倾向。国学,毕竟是一种学术,需要有一定的文化基础,有一定的分析批判能力,才能对之进行识读、鉴别而决定其取舍。所以,严格地说,对于国学,尤其是经学,在当代中国,需要的是研究以及在此基础上的批判继承,而不是再像传统社会中那样采取唱诗班的方式,对青少年一代进行无分析地灌输。因此,如何弘扬传统文化,就是一个需要思考的问题。

正是基于以上考虑,为着弘扬优秀传统文化的需要,也为着对社会上盲目崇尚读经的风气有所引导,我们组织了这套"国学新读本"丛书,选择一些在中国传统文化中影响较大的国学典籍,对之进行简明扼要的注释,然后在读本前边,用较大篇幅解读该典籍的基本思想文化内涵,评述其在中国文化史上的地位和影响,并对如何阅读该典籍做出读书方法上的引导。通过这样一个较为翔实的导读内容,以批判分析的态度,给青年人的国学典籍阅读提供一个健康的思想导向。根据这样的宗旨,这套丛书,在大的结构上,每本都分为"通说"和"简注"两个部分,"通说"是导读的性质,"简注"在于疏通文字,希望这样的安排,能够为青年朋友和一般社会读者提供一个国学入门的向导。果能如此,也就实现了撰著者和出版者的愿望。

国学所以是国学,就在于它是我们祖国优秀民族文化和民族精神的载体。在这些国学典籍中,包含着民族文化的基因,蕴藏着民族精神的范型。衷心期待这套丛书能够成为广大读者学习国学精华、体认民族精神、继承祖国优秀文化遗产的良师益友。

李振宏

2008 年 2 月 28 日

《新书》通说

湘江,从永州至长沙,千百年来,蜿蜒迤逦,流淌在江南大地上。春秋战国时期,含冤被逐的楚国人屈原徘徊于江边,满含悲愤,吟咏着《离骚》《天问》,自投汨罗而亡。一百多年之后,西汉人贾谊由京城贬官长沙,途经湘江时,触景伤怀,写下了著名的《吊屈原赋》。"侧闻屈原兮,自沉汨罗。造托湘流兮,敬吊先生。"《吊屈原赋》不仅是在悼念忠君爱国的屈原,更是贾谊因忠被贬、愤懑于心的自伤之作。此后,没过几年,年仅三十三岁的贾谊便抑郁而终。一样是才高气盛,一样是卓尔不群,也一样是对国君满怀赤诚却遭受谗言与忌恨而坎坷流离,因此,司马迁在写作《史记》时将此二人同篇而书,做《屈原贾生列传》,文字中饱含深切的同情和悲叹。

贾谊,世称贾太傅、贾长沙、贾生,洛阳人,西汉初年著名的政治家、思想家和文学家。他的一生虽然短暂,却有《过秦论》《治安策》《论积贮疏》和《鵩鸟赋》等说理透彻、气势非凡、文采斐然的大作流传于世,历史影响深远。后人将其文论编辑成书,命名为《新书》。

一 贾谊其人

1. 十八岁的洛阳少年

贾谊出生于汉高祖七年,即公元前 200 年,当时西汉王朝刚刚建立,国家并不安定。这一年,《史记》记载了两件事①。

第一件事,是太原的异姓诸侯王韩王信谋反,投靠了匈奴。匈奴的冒顿单于带领人马向南越过句注山攻打太原,一直打到了晋阳城。汉高祖刘邦亲自率领大军出征迎击,镇压叛乱。但是由于冒进,汉军不慎中了冒顿单于的埋伏,被围困在白登山(今陕西大同市东北),内无粮草,外无救兵,七天七夜无法突围。时值严冬,士兵被冻掉手指的就有十分之二三。汉高祖采用陈平的计策,派人秘密贿赂匈奴阏氏,才得以从包围圈的一角脱险②。

匈奴是北方草原上的游牧民族,秦末汉初,在冒顿单于的领导

---

① 《史记·高祖本纪》:"七年,匈奴攻韩王信马邑,信因与谋反太原。白土曼丘臣、王黄立故赵将赵利为王以反,高祖自往击之。会天寒,士卒堕指者什二三,遂至平城。匈奴围我平城,七日而后罢去……二月,高祖自平城过赵、洛阳,至长安。长乐宫成,丞相已下徙治长安。"中华书局 1959 年版,第 384—385 页。

② 《史记·匈奴列传》:"是时汉初定中国,徙韩王信于代,都马邑。匈奴大攻围马邑,韩王信降匈奴。匈奴得信,因引兵南逾句注,攻太原,至晋阳下。高帝自将兵往击之。会冬大寒雨雪,卒之堕指者十二三,于是冒顿详败走,诱汉兵。汉兵逐击冒顿,冒顿匿其精兵,见其羸弱,于是汉悉兵,多步兵,三十二万,北逐之。高帝先至平城,步兵未尽到,冒顿纵精兵四十万骑围高帝于白登,七日,汉兵中外不得相救饷。匈奴骑,其西方尽白马,东方尽青駹马,北方尽乌骊马,南方尽骍马。高帝乃使使间厚遗阏氏,阏氏乃谓冒顿曰:'两主不相困。今得汉地,而单于终非能居之也。且汉王亦有神,单于察之。'冒顿与韩王信之将王黄、赵利期,而黄、利兵又不来,疑其与汉有谋,亦取阏氏之言,乃解围之一角。于是高帝令士皆持满傅矢外乡,从解角直出,竟与大军合,而冒顿遂引兵而去。"第 2894 页。

下进入全盛时期,不断进犯中原。而与匈奴的冲突,也是令汉初统治者倍感棘手的问题之一。日后,贾谊登上政治舞台,如何处理与匈奴的敌对关系,也成为其政论文章的重要议题。

第二件事,是长安的长乐宫历时两载,在这一年营造完成。刘邦登基后,最初将都城定在洛阳,后在齐人刘敬、留侯张良等人的劝谏下,起驾到关中,不久便正式定都长安①。长乐宫建好后,丞相萧何等官员都迁到长安治事了。贾谊的家乡洛阳,则成为当时河南郡的郡治,也就是省政府的所在地。

年幼的贾谊在家乡洛阳日复一日地成长,但这一时期,长安城中的汉家朝廷却经历着惊心动魄、血雨腥风的谋杀和叛乱,险象环生,几欲倾覆。

---

① 《史记·高祖本纪》:"天下大定。高祖都洛阳,诸侯皆臣属……高祖欲长都洛阳,齐人刘敬说,及留侯劝上入都关中,高祖是日驾,入都关中。"第380—381页。《史记·刘敬叔孙通列传》:"已而问娄敬,娄敬说曰:'陛下都洛阳,岂欲与周室比隆哉?'上曰:'然。'娄敬曰:'陛下取天下与周室异。周之先自后稷,尧封之邰,积德累善十有余世。公刘避桀居豳。太王以狄伐故,去豳,杖马箠居岐,国人争随之。及文王为西伯,断虞芮之讼,始受命,吕望、伯夷自海滨来归之。武王伐纣,不期而会孟津之上八百诸侯,皆曰纣可伐矣,遂灭殷。成王即位,周公之属傅相焉,乃营成周洛邑,以此为天下之中也,诸侯四方纳贡职,道里均矣,有德则易以王,无德则易以亡。凡居此者,欲令周务以德致人,不欲依阻险,令后世骄奢以虐民也。及周之盛时,天下和洽,四夷乡风,慕义怀德,附离而并事天子,不屯一卒,不战一士,八夷大国之民莫不宾服,效其贡职。及周之衰也,分而为两,天下莫朝,周不能制也。非其德薄也,而形势弱也。今陛下起丰沛,收卒三千人,以之径往而卷蜀汉,定三秦,与项羽战荥阳,争成皋之口,大战七十,小战四十,使天下之民肝脑涂地,父子暴骨中野,不可胜数,哭泣之声未绝,伤痍者未起,而欲比隆于成康之时,臣窃以为不侔也。且夫秦地被山带河,四塞以为固,卒然有急,百万之众可具也。因秦之故,资甚美膏腴之地,此所谓天府者也。陛下入关而都之,山东虽乱,秦之故地可全而有也。夫与人斗,不搤其亢,拊其背,未能全其胜也。今陛下入关而都,案秦之故地,此亦搤天下之亢而拊其背也。'高帝问群臣,群臣皆山东人,争言周王数百年,秦二世即亡,不如都周。上疑未能决。及留侯明言入关便,即日车驾西都关中。"第2715—2717页。

白登之围的第二年,汉高祖刘邦率兵东进,追杀韩王信的残部。赵王张敖的相国贯高设计企图谋杀刘邦,未遂。汉高祖十年(公元前197年),统领赵国、代国边防部队的陈豨在代地造反,刘邦又亲自领兵征讨,并派出汉将郭蒙和太尉周勃攻杀陈豨的部将。汉高祖十一年(公元前196年),陈豨的反叛尚未平息,淮阴侯韩信、梁王彭越相继谋反,最终都被诛灭了三族。这年秋天,淮南王黥布也举兵造反,刘邦再次出征剿杀。汉高祖十二年(公元前195年),刘邦打败黥布的叛军,但平叛时被流箭射中,在回京的路上便重病不起。四月甲辰日,刘邦在长乐宫去世。

刘邦去世后,吕后怕新帝年轻,与高祖共创天下的开国功臣们心中不服,再生叛乱,就和辟阳侯审食其商量,想先行杀掉众将。将军郦商听闻风声,急忙找到审食其,对他说:"吾闻帝已崩,四日不发丧,欲诛诸将。诚如此,天下危矣。陈平、灌婴将十万守荥阳,樊哙、周勃将二十万定燕、代,此闻帝崩,诸将皆诛,必连兵还乡以攻关中。大臣内叛,诸侯外反,亡可翘足而待也。"陈平、灌婴领兵十万驻守在荥阳,樊哙、周勃带领二十万大军平定燕、代二地,如果皇帝驾崩而众将都被杀戮,陈平、灌婴和樊哙、周勃的军队一定会联合在一起进攻关中。到那时,朝内大臣叛逆,朝外诸侯造反,汉家的天下不日便将覆亡。审食其将这些话禀告给吕后,吕后思忖其中的利害关系后决定罢手,一场血腥的杀戮才得以避免。吕后随后为高祖发丧,并大赦天下①。

刘邦死后,太子刘盈继位,是为汉惠帝。汉惠帝年少且性情仁慈、柔弱,因此,惠帝时期,执掌朝政大权的其实是惠帝的母亲太后吕雉。

吕雉在刘邦尚未发迹时便与其结发,辅佐丈夫从沛县的一个

---

① 以上诸事见《史记·高祖本纪》。

小小亭长起家，最终平定了天下。虽然身为女子，但吕后性格的坚忍、刚毅，行事的果断、狠毒，不输男人分毫。高祖在世时，列侯陈豨在代地起兵造反，已被贬为淮阴侯的韩信被人告发将和陈豨里应外合，发兵袭击吕后和太子。此时刘邦领兵在外，正与陈豨的叛军鏖战，坐镇宫中谋划、诱杀汉初第一猛将淮阴侯韩信并诛灭其三族的，就是吕后①。而与韩信、黥布同为汉初三大名将的梁王彭越之死，也是吕后所为。

这件事的起因还是与陈豨的反叛有关。陈豨在代地造反，高祖向梁王彭越征兵平叛，彭越称病推脱后，被人诬告谋反。刘邦将彭越治罪，贬为庶人，发配到蜀地。在去往蜀地的途中，彭越遇到从长安前往洛阳的吕后。彭越痛哭流涕，向吕后诉说自己是被冤枉的，请求能够回到故乡昌邑去居住。吕后答应帮助彭越，带着他到了洛阳。但一转脸，吕后在高祖面前的陈述却是："彭王壮士，今徙之蜀，此自遗患，不如遂诛之。妾谨与俱来。"彭王勇猛豪壮，吕后将彭越带回来，其实是为了杀掉他，以免给自己留下祸患。在吕后的指使下，彭越的门客告发他又要谋反。于是，一代名将梁王彭越遭诛杀，并被灭族②。

吕后执掌天下的十几年间，杀大将而立威，残害刘邦的宠妃和子孙，极力培养、扶植吕氏宗族的势力，几乎令高祖刚刚打下的汉家江山改姓易帜。

---

① 《史记·淮阴侯列传》："(韩)信乃谋与家臣夜诈诏赦诸官徒奴，欲发以袭吕后、太子。部署已定，待(陈)豨报。其舍人得罪于信，信囚，欲杀之。舍人弟上变，告信欲反状于吕后。吕后欲召，恐其党不就，乃与萧相国谋，诈令人从上所来，言豨已得死，列侯群众皆贺。相国绐信曰：'虽疾，强入贺。'信入，吕后使武士缚信，斩之长乐钟室。信方斩，曰：'吾悔不用蒯通之计，乃为儿女子所诈，岂非天哉！'遂夷信三族。高祖已从豨军来，至，见信死，且喜且怜之。"第2628—2629页。

② 事见《史记·魏豹彭越列传》。

首先被害死的是汉惠帝刘盈同父异母的弟弟、刘邦的第三个儿子赵王刘如意。

刘如意为刘邦宠妃戚夫人所生,因为刘邦认为"如意类我",曾几次想要废掉性情柔弱的刘盈,改立刘如意为太子。吕后使出浑身解数,才保住亲生儿子刘盈的太子之位。刘邦去世后,吕后设计将赵王召到长安,以便除之而后快。刘盈知道母亲的居心,为了保护弟弟,与刘如意同吃同住。汉惠帝元年(公元前194年)十二月的一天凌晨,惠帝早起外出射猎,刘如意因为年龄太小没有和哥哥一起去。吕后趁此机会,立即派人用毒酒杀死了刘如意。其后,又将戚夫人的手脚砍断,眼珠挖掉,耳朵熏聋,嗓子药哑,放在厕所里,称为"人彘",还让惠帝去观看。《史记·吕太后本纪》上说,汉惠帝见到其惨状后,问了,才知道是戚夫人,"乃大哭,因病,岁余不能起"。惠帝派人传话给太后:"此非人所为。臣为太后子,终不能治天下。"从此借酒浇愁,不理朝政,一直患病,二十三岁便去世了。惠帝去世后,年幼的太子刘恭被自己的祖母吕后先立后杀。之后,吕雉又选立汉惠帝的另外一个儿子刘义为帝,自己则继续临朝称制。

吕后临朝,朝中的政事全部由其掌控。在此期间,刘邦的儿子中,继刘如意之后为赵王的刘友被吕后幽禁,活活饿死,再一任的赵王刘恢被迫自杀,刘邦庶出的长子刘肥也险些被吕后毒死。而刘邦的小儿子燕王刘建死后,吕后让人杀了刘建的儿子,绝其子嗣,废除了燕王的封国。与此同时,吕后为巩固其统治,大肆扶持、培植吕氏子弟。从吕后的哥哥吕泽被追封为悼武王开始,吕姓中先后封王封侯者有十几人之多。吕后的所作所为,令朝中的大臣与刘氏宗族极为愤恨。

公元前180年,吕后去世,此时吕氏外戚势力已经独揽朝政大权,吕后的侄子吕禄和吕产拥兵准备发动政变。汉高祖刘邦的长孙、齐悼惠王刘肥的长子齐王刘襄起兵攻打吕氏。太尉周勃和丞相陈平等老臣经过一系列精心谋划，与齐王里应外合，群起而剿杀了诸吕①。

西汉建立之初的二三十年间，历经诸侯王叛乱、匈奴犯境、外戚势力篡权，可谓险象环生。在一番番血雨腥风之后，政权终于又回到了刘姓皇族的手中。而此时，洛阳城中的贾谊也已经长大，临近弱冠。这个十八岁的少年聪明俊秀，在家乡业已小荷初露。

贾谊年少时在洛阳的成长过程及其家世背景，《史记》中没有记载，司马迁写贾谊，一开始便说："贾生名谊，洛阳人也。年十八，以能诵诗属书闻于郡中。"②

十八岁时，贾谊就因为书读得好、文章写得好而出了名。其中的原因，一方面，当然是因为他天资聪慧，又勤奋好学；另一方面，也是得益于汉初相对宽松的政治环境和文化政策。

汉初的统治者，无论是刘邦还是吕后，都深知秦末农民战争和楚汉争霸战席卷过的中原大地，民生凋敝，亟须休养生息。因此，尽管统治阶层内部的斗争血腥、残酷、惊心动魄，但是在为政举措上，从高祖到吕后，一直执行"与民休息"的国策。在此期间，为了维护和平的局面以恢复国力民生，执政者甚至不惜忍耐巨大的屈辱，即使是刚毅如吕后者。

刘邦死后，狂妄的冒顿单于派遣使者送来一封大不敬的"求婚"国书，用极其轻蔑的流氓口吻写道：我一个人独居，你一个人守寡，两个国君都寂寞寡欢。我愿意拿我身上有的东西，换取你没有的，这样就两全其美了。吕雉阅后大怒，想要杀了来使，发兵征讨。但最终，为了避免战争，为了恢复经济、休养民力，吕雉忍下怒火，

---

① 以上诸事见《史记·吕太后本纪》。
② 以下贾谊的生平事迹，除特别注明外，均见《史记·屈原贾生列传》。

修书一封，自言年老气衰，不仅赠给单于车马等礼物，还继续以公主与之和亲①。

在吕后执政期间，"黎民得离战国之苦，君臣俱欲休息乎无为，故惠帝垂拱，高后女主称制，政不出房户，天下晏然。刑罚罕用，罪人是希。民务稼穑，衣食滋殖"②。黎民百姓脱离了战乱，在安定的社会环境中，春耕秋收，渐渐富足起来。因为触犯法律的人寥寥无几，所以刑罚不施，天下一片晏晏然安定平和的气氛。贾谊也正是在这"天下晏然"的环境之中，安心地诵读诗书。

从其存世的文章和辞赋中可以看出，贾谊少年时期的学习内容十分广泛，既有儒家的《诗》《书》《礼》《易》和《春秋》，也有法家之言以及黄老道家学说。而贾谊之所以能够习学百家之书，还与惠帝、吕后时期一项解除文化管制的法令有关，即汉惠帝四年（公元前191年）所下的废《挟书律》之令。

《挟书律》是秦始皇焚书时颁布的一项法令。秦始皇三十四年（公元前213年），根据丞相李斯的建议，秦朝政府下令：除了秦国史书《秦纪》和医药、占卜、农艺类的实用技术性书籍，私人收藏的

---

① 《汉书·匈奴传》："孝惠、高后时，冒顿浸骄，乃为书，使使遗高后曰：'孤偾之君，生于沮泽之中，长于平野牛马之域，数至边境，愿游中国。陛下独立，孤偾独居。两主不乐，无以自虞，愿以所有，易其所无。'高后大怒，召丞相平及樊哙、季布等，议斩其使者，发兵而击之。樊哙曰：'臣愿得十万众，横行匈奴中。'问季布，布曰：'哙可斩也！前陈豨反于代，汉兵三十二万，哙为上将军，时匈奴围高帝于平城，哙不能解围。天下歌之曰："平城之下亦诚苦！七日不食，不能彀弩。"今歌吟之声未绝，伤痍者甫起，而哙欲摇动天下，妄言以十万众横行，是面谩也。且夷狄譬如禽兽，得其善言不足喜，恶言不足怒也。'高后曰：'善。'令大谒者张泽报书曰：'单于不忘弊邑，赐之以书，弊邑恐惧。退日自图，年老气衰，发齿堕落，行步失度，单于过听，不足以自污。弊邑无罪，宜在见赦。窃有御车二乘，马二驷，以奉常驾。'冒顿得书，复使使来谢曰：'未尝闻中国礼义，陛下幸而赦之。'因献马，遂和亲。"中华书局1962年版，第3754—3755页。

② 《史记·吕太后本纪》，第412页。

《诗》《书》及诸子百家和列国的史书，都必须全送到地方官那里烧毁。自命令下达后三十天仍不上交者，处以脸上刺字的黥刑，发配边疆服劳役。胆敢聚集在一起，特别是师生在一块儿讨论《诗》《书》的，一律处死。同时取缔全部的私人学校，如果有人想要学习法令，就以官吏为师。

秦始皇以极其粗暴的手段强制实行文化专制主义，但依靠焚书和杀人是不可能收服人心的。汉初士人总结亡秦的教训认为，正是秦朝的暴政丧失了民心，从而加速了自身的灭亡。《挟书律》弃礼乐教化而专任刑罚，是导致秦亡的恶政。因此，汉惠帝四年，汉廷废除了这一法令。

一方面，秦始皇焚书针对的是民间藏书，当时秦国所有的书籍，包括诸子百家的著作，都在其皇家图书馆内完整地保存着。而在秦朝的官僚体系中，设有负责掌管书籍文典的博士一职，博士们也藏有并且掌握了这些史籍和文化。另一方面，秦始皇的这道法令虽然严苛，重创了文化的传承，但既不可能将私人藏书销毁得一干二净，更不可能抹去深藏在人们心中的圣人之言。因此，西汉朝廷废除了钳制学术发展的《挟书律》后，诸子之学便在较为宽松的文化政策下迅速重新活跃起来。那一年，贾谊十岁，正是汲取知识的黄金年龄。当民间教育的大门重新豁然敞开，可以想见，这个小小少年在明亮的学堂上那朗朗的读书声。

学而优则仕。当时河南郡的郡守吴公听说贾谊的才学和名声，就把他召到衙门任职，对十八岁的贾谊非常喜爱和器重。

2. 初入长安

当贾谊在家乡洛阳诵读诗书之时，一位在日后左右了贾谊命运的皇家少年也在成长，他就是代王刘恒。

刘恒是汉高祖刘邦的第四个儿子，也是汉惠帝刘盈同父异母的弟弟。高祖十一年（公元前196年），刘邦剿灭了代地陈豨的叛乱,立八岁的刘恒为代王。代地偏远,位于山西北部,是汉帝国的北部边陲。吕后在连续诛杀了刘如意、刘友、刘恢三个赵王之后,准备改立刘恒为赵王。刘恒婉辞,表示愿意戍守边疆。吕后时期,刘恒和母亲薄姬偏居一隅,小心谨慎、行事低调,在成功保全自身的同时,还赢得了宽容仁慈的好名声。

吕氏外戚势力被诛杀之后,朝臣们认为吕后所立的小皇帝刘弘不是汉惠帝的后代。此时,汉高祖刘邦的八个儿子中,"三赵不辜……燕灵绝嗣,齐悼特昌"①,仅存代王刘恒与淮南王刘长。在皇孙之中,刘邦的庶出长子齐悼惠王刘肥一支比较昌盛,刘肥的长子刘襄诛吕有功,也是皇位的有力竞争者。综合考虑各方面的因素,陈平和周勃等元老大臣最后选定刘恒为皇位继承人。公元前179年,刘恒被拥立登基,是为汉文帝②。

汉文帝即位不久,河南郡守吴公便因政绩卓著,被文帝征召进京,出任廷尉。"廷尉乃言贾生年少,颇通诸子百家之书。文帝召以为博士。"吴廷尉向文帝推荐贾谊,说贾生虽然年少,但是却精通诸子百家的学问,是难得的人才,文帝便征召贾谊为博士。于是,刚刚二十出头的贾谊初入长安。

博士是古代学官名,战国时就已设立。秦朝在诸子、诗赋、术数、方伎等方面立七十人为博士。这一制度也被汉朝沿袭下来。秦汉时期,博士的职责主要是掌管古今典籍。出任博士的人必须知识丰富、博古通今,以备皇帝问询。

在当时,贾谊是汉初众博士中最年轻的一个。"每诏令议下,诸老先生不能言,贾生尽为之对,人人各如其意所欲出。"每逢文帝下令让博士们讨论议题,那些年长者无言以对时,都是贾谊站出

---

① 《汉书·叙传》,第 4248 页。
② 详见《史记·吕太后本纪》。

来,对答如流。贾谊的见解精准、透彻,人们觉得,贾生所言正是自己想说却没能力说出来的话。"诸生于是乃以为能,不及也。孝文帝说之,超迁,一岁中至太中大夫。"贾谊的才能获得了博士们的极大认可,汉文帝也非常喜欢他。一年之内,贾谊就被破格提拔为太中大夫。

太中大夫掌议论,是评议、讨论朝政的官员。在朝廷任职期间,贾谊建议遣送列侯离开京城到自己封地上去,还多次上疏主张"改正朔,易服色,法制度,定官名,兴礼乐",这引起了朝廷上下的轩然大波。

所谓"改正朔",正即正月,是一年之始,朔为朔日,是一月之初,正朔即为一年中的第一天,而"改正朔"就是重新确定一年中的哪一天是正月初一,也就是颁布新的历法。

"易服色"中的"服色"是指车马、祭牲、服饰的颜色。按照五行学说,每个朝代都代表金、木、水、火、土五行之德中的一种,五行相生相克,交相更替,周而复始。五行对应五色,"易服色"的意思就是根据本朝的德运,变易所应崇尚的正色。

"法制度,定官名,兴礼乐"是说制定、确立国家的各项制度和规定,重新修订官名,兴盛礼乐文化。

西汉初年,刘邦建国基本承袭了秦朝的制度。秦制摒弃儒家的仁义之说,以严刑峻法著称。贾谊痛斥秦制是"废礼义,捐廉耻"的败俗,其所说的"改正朔,易服色,法制度,定官名,兴礼乐",总体而言,就是要进行全面的制度革新①。贾谊以儒学结合五行学说,着手草拟了各项礼仪和法度,重新设定官名,"悉更秦之法",想要全面改革汉初所沿袭的秦朝旧制。

是时,文帝刚刚在大动荡的政局中被众臣迎立而继承皇位,个人根基并不稳固,大规模改制的时机还不成熟,因此,并未立即施行贾谊的这一主张。但文帝对贾谊杰出的才能十分欣赏,就和大臣们商议,想把贾生提拔到公卿之位。不料,此举却遭到了丞相周勃、太尉灌婴、东阳侯张相如以及御史大夫冯敬等一干重臣的强烈反对。他们在文帝面前诋毁贾谊,说:"洛阳之人,年少初学,专欲擅权,纷乱诸事。"

丞相周勃,沛县人,是汉高祖刘邦的同乡。周勃年轻时孔武有力,以编织为生,也在丧事上做些吹吹打打的营生。刘邦起事后,周勃追随高祖南征北战,立下战功无数,是汉朝的开国元勋。太尉灌婴原本是睢阳一个卖布的小商贩,在刘邦刚刚起兵之时,就已随同他转战四方。灌婴以骁勇善战著称,不仅是汉朝的开国大将,而且在建国后一系列的平叛之战中,击败谋反的韩王信、陈豨、黥布等人,功勋卓著。东阳侯张相如也是汉朝的开国功臣,在高祖平叛时,曾力战陈豨而立下大功。

那么,周勃、灌婴、张相如等朝廷元老为什么纷纷进言,极力谤议、排挤年轻的贾谊呢?

究其原因,其一,是因为这些元老大臣多为草莽、武夫,他们戎

---

① 《汉书·律历志》:"至文帝时,贾谊以为'汉承秦之败俗,废礼义,捐廉耻,今其甚者杀父兄,盗者取庙器,而大臣特以簿书不报期会为故,至于风俗流溢,恬而不怪,以为是适然耳。夫移风易俗,使天下回心而乡道,类非俗吏之所能为也。夫立君臣,等上下,使纲纪有序,六亲和睦,此非天之所为,人之所设也。人之所设,不为不立,不修则坏。汉兴至今二十余年,宜定制度,兴礼乐,然后诸侯轨道,百姓素朴,狱讼衰息。'"中华书局1962年版,第1030页。

马一生,追随刘邦打下汉朝的江山,尚武而轻文,有着"布衣将相"之称,这个军功集团本来就看不上,甚至是鄙视儒生。据《史记》记载,刘邦看到穿儒服的人就讨厌,还曾经摘了儒生的帽子,在里面解小便①。由此可以想见,他手下的将领们对于"以能诵诗属文"进阶的贾谊,会是一个什么样的态度。

其二,是因为贾谊年轻气盛、锋芒太劲而遭人嫉恨。一个二十出头的年轻书生,刚刚入朝,一年之内就升迁为太中大夫,并且,皇帝还要继续破格提拔他登上公卿这一最高官位。从《史记》的记载看,"每诏令议下,诸老先生不能言,贾生尽为之对",贾谊平素的行事风格也是相当高调的。所谓"木秀于林,风必摧之",恐怕朝中大臣们早就对锋芒毕露的贾谊嫉妒、愤恨不已了。

其三,更为重要的是,贾谊的改革措施触动了这些朝廷重臣的既得利益。贾谊关于改制的建议虽然未被实行,但他有关"列侯就国"的上疏,却被文帝采纳了。文帝二年(公元前178年)十月,朝廷便下达诏书,命令列侯回到自己的封地去②。列侯们都不愿离开京城,这项政令一直推行不下去。事情发展到后来,是文帝下诏免去了权位最重者绛侯周勃的丞相之职,让他带头率先回到自己的封地绛县③,列侯们才陆续离京就国的。

---

① 《史记·刘敬叔孙通列传》:"叔孙通儒服,汉王憎之;乃变其服,服短衣,楚制,汉王喜。"第2721页。《史记·郦生陆贾列传》载:"沛公不好儒,诸客冠儒冠来者,沛公辄解其冠,溲溺其中。与人言,常大骂。未可以儒生说也。"第2692页。

② 《史记·孝文本纪》:"二年十月,丞相平卒,复以绛侯勃为丞相。上曰:'朕闻古者诸侯建国千余(岁),各守其地,以时入贡,民不劳苦,上下欢欣,靡有遗德。今列侯多居长安,邑远,吏卒给输费苦,而列侯亦无由教驯其民。其令列侯之国,为吏及诏所止者,遣太子。'"第422页。

③ 《史记·绛侯周勃世家》:"岁余,丞相平卒,上复以勃为丞相。十余月,上曰:'前日吾诏列侯就国,或未能行,丞相吾所重,其率先之。'乃免相就国。"第2072页。

汉文帝意欲提拔年少有为的贾谊，但周勃等朝廷重臣极力反对，说贾谊年少轻狂，祸乱朝政，想独揽大权。对于汉文帝而言，周勃等人不仅是开国元勋、高祖旧臣，还是铲除吕氏，拥立自己登上帝位的大功臣。当初，还是代王的刘恒将信将疑、小心谨慎地前往长安继承大统，行至长安城的渭桥，就是太尉周勃跪着为其献上了皇帝的玉玺和符节①。因此，初继帝位的汉文帝不可能不顾及周勃、灌婴等人的意愿而执意提拔贾谊。

此后，据《史记·屈原贾生列传》记载，"天子后亦疏之，不用其议"，文帝对贾谊日渐疏远。

而文帝之所以日益疏远了贾谊，不仅因其遭到元老重臣们的一致反对，还与贾生得罪了当时的幸臣邓通有很大的关系。

这件事情，东汉人应劭记载在《风俗通义》上：

> 及太中大夫邓通，以佞幸吮痛疮脓汁见爱，拟于至亲，赐以蜀郡铜山，令得铸钱。通私家之富，侔于王者封君。又为微行，数幸通家。文帝代服衣罽，袭毡帽，骑骏马，从侍中近臣常侍期门武骑猎渐台下，驰射狐兔，毕弋刺彘，是时，待诏贾山谏以为"不宜数从郡国贤良吏出游猎，重令此人负名，不称其举。"及太中大夫贾谊，亦数谏止游猎，是时，谊与邓通俱侍中同位，谊又恶通为人，数廷讥之，由是疏远②。

邓通是蜀郡南安人，家道殷实，读书读得不好，却擅长划船，因此做了皇宫掌管行船的黄头郎。邓通的发迹，源于汉文帝所做的一个梦。

那日，文帝在梦中梦到自己要升天，但无论如何也上不去，这

---

① 《史记·孝文本纪》："代王驰至渭桥，群臣拜谒称臣。代王下车拜。太尉勃……乃跪上天子玺符。"第415页。

② 王利器：《风俗通义校注》，中华书局1981年版，第98页。

时,一个黄头郎在背后将他推了上去。文帝回头看,见那人的衣带在背后打了结。早晨醒来,文帝走到建在未央宫西边苍池中的渐台,俯身探看,竟然真的看到一个黄头郎棹舟水上,年少俊朗,衣带打结于身后,和梦中的情景一模一样,这人就是邓通。此后,邓通成为汉文帝的男宠。文帝时常将邓通带在身边,还常常跑到邓通家去玩,日复一日,对邓通的宠爱几乎到了无以复加的地步:文帝一生节俭,自己平时穿粗丝织成的衣服,就连最宠幸的慎夫人,也不准她长裙曳地,但对于邓通,却动辄就加以赏赐,赏钱的数目多达亿万。不仅如此,更有甚者,有次文帝让人给邓通相面,相面的人说邓通最终会贫饿而死,文帝便径自把邓通家乡蜀郡的铜山赐给他,让邓通自己铸钱。"邓氏钱"因制作精良、分量充足而遍布全国,邓通也因此富甲天下。

当时,贾谊与邓通都是皇帝身边的近臣。贾谊恃才傲物,认为邓通无才无能,只是依靠献媚上位,对其嗤之以鼻,数次在朝堂上出言相讥。

当众讥讽自己最亲密的男宠,即便邓通不说贾谊的坏话,想必这数次的"廷讥",也已惹得文帝心中不快。内得罪于邓通,外有朝中元老功臣们的指责,年轻的汉文帝对贾谊日渐疏远,不再采纳他的建议。文帝三年(公元前 177 年),朝廷一纸诏令,贾谊被派往长沙,去做长沙王吴差的太傅。时年,贾谊二十四岁。

3. 贬居长沙

吴差是第一代长沙王吴芮的四世孙。秦朝末年,身为秦吏的吴芮响应陈胜、吴广的起义,举兵反秦。吴芮先期追随项羽,后来在好友张良的劝导下投奔了刘邦。汉高祖五年(公元前 202 年),吴芮由衡山王徙封为长沙王。

与吴芮同时期获封的异姓诸侯王,有赵王张耳、淮南王黥布、燕王臧荼、韩王信、齐王韩信、梁王彭越和燕王卢绾。除赵王张耳病故外,其他六人都陆续因为谋反的罪名被刘邦剪除。张耳死后,他的儿子张敖即位为赵王,后来也被刘邦废掉了王位。到文帝时,只有长沙这一个异姓诸侯国独存,最后是因吴差无子其国才被撤除的。

《汉书》说吴芮行正道,忠于汉廷,所以能传号五世,以无嗣而除国①。其实,长沙王国之所以能够在刘邦剪除异姓诸侯王的风暴中独自保存下来,是因为长沙国国力弱、面积小、地理位置偏远,在距离长安千里之外的帝国南部,根本无力造反。用贾谊的话说,就是"长沙乃才二万五千户耳,力不足以行逆,则少功而最完,势疏而最忠。全骨肉时长沙无故者,非独性异人也,其形势然矣"(《新书·藩强》)。

贾谊年少成名,从洛阳到长安,一路顺风顺水,曾经得到皇帝那般的欣赏和器重,如今却被谗言所伤,因忠被贬,外放到南部偏远潮湿的长沙,去最弱小的异姓诸侯国任一个太傅的虚职。从京城到长沙,千里迢迢,其间还要渡过湘江。船行江上,失意、郁闷的贾谊追念投汨罗江自杀的屈原,触景而伤怀,写下了流传千古的名篇《吊屈原赋》:

> 共承嘉惠兮,俟罪长沙。侧闻屈原兮,自沉汨罗。造托湘流兮,敬吊先生。遭世罔极兮,乃陨厥身。呜呼哀哉,逢时不祥!鸾凤伏窜兮,鸱枭翱翔。阘茸尊显兮,谗谀得志;贤圣逆曳兮,方正倒植。世谓伯夷贪兮,谓盗跖廉;莫邪为顿兮,铅刀为铦。于嗟嘿嘿兮,生之无故!斡弃周鼎兮宝康瓠,腾驾罢牛

---

① 《汉书·韩彭英卢吴传》:"昔高祖定天下,功臣异姓而王者八国。张耳、吴芮、彭越、黥布、臧荼、卢绾与两韩信,皆徼一时之权变,以诈力成功,咸得裂土,南面称孤。见疑强大,怀不自安,事穷势迫,卒谋叛逆,终于灭亡。张耳以智全,至子亦失国。唯吴芮之起,不失正道,故能传号五世,以无嗣绝,庆流支庶。有以矣夫,著于甲令而称忠也!"第1895页。

兮骖蹇驴,骥垂两耳兮服盐车。章甫荐屦兮,渐不可久;嗟苦先生兮,独离此咎!

讯曰:已矣,国其莫我知,独壹郁兮其谁语?凤漂漂其高逝兮,夫固自缩而远去。袭九渊之神龙兮,沕深潜以自珍;偭蠙獭以隐处兮,夫岂从虾与蛭螾?所贵圣人之神德兮,远浊世而自藏。使骐骥可得系羁兮,岂云异夫犬羊!般纷纷其离此尤兮,亦夫子之故也!历九州而相君兮,何必怀此都也?凤凰翔于千仞之上兮,览德辉而下之;见细德之险征兮,遥曾击而去之。彼寻常之污渎兮,岂能容吞舟之巨鱼!横江湖之鳣鲸兮,固将制于蝼蚁①。

这篇赋的大意是:恭敬地承受天子之命,待罪去往长沙。听闻屈原自己沉到汨罗江而死。托请湘江水啊,凭吊屈原先生。遭受了世间无尽的纷乱,毁灭了自己的生命。唉!生不逢时啊。鸾鸟凤凰躲避起来,猫头鹰却在空中翱翔。无才无德者尊贵显耀,阿谀奉承的人得志;贤臣无法立足,端正的人居于下位。世人认为廉洁的卞随、伯夷恶浊,大盗盗跖、庄跻清廉;宝剑莫邪是钝器,铅质的刀锋利。唉!屈原先生无过而遭祸啊。抛弃了周代宝鼎,把破瓦盆当奇珍;用疲牛、跛驴驾车,让骏马吃力地拉盐车;帽冠垫鞋子,颠倒上下的行为不会长久。唉!先生何其不幸,竟遭遇这样的祸难!

告之曰:算了吧!国家没人了解我,独自忧郁又能向谁诉说?凤凰高飞去,自己本来就打算引退。潜于九渊的神龙,深深地含藏保护自己;弃离水獭去隐居,怎么能够与小虾、水蛭、蚯蚓为伍?我

---

① 《史记》和《汉书》均收录了这篇赋,《汉书·贾谊传》有序文曰:"谊既以适去,意不自得,及度湘水,为赋以吊屈原。屈原,楚贤臣也,被谗放逐,作《离骚赋》,其终篇曰:'已矣!国亡人,莫我知也。'遂自投江而死。谊追伤之,因以自谕。"第2222页。

认为珍贵的东西是圣人的德行,要远离浊世隐居起来;假使骐骥也能够被束缚,那与羊犬还有什么分别?纷纷然在这乱世遭受祸难,也是您自身的原因。九州之内都可以选择君主辅佐,何必只留恋国都呢?凤凰在千仞的高空翱翔,看到美德闪耀出的光辉才下来栖息;看到劣行显示出的危险征兆,就振翅高飞而去。那狭窄的小水沟,怎能容下吞舟的大鱼?横渡江湖的大鱼,最终也会受制于蝼蚁。

从这篇文辞清丽但感情浓郁的赋中不难看出,贾谊凭吊被谗言陷害致死的屈原,其实也是在感伤自己的遭遇。"阘茸尊显兮,谗谀得志;贤圣逆曳兮,方正倒植。"奸佞的小人得志,而贤人却失意落魄,这种遭受不公、不被理解的愤懑之情,充斥在贾谊年轻的心中。

尽管如此,虽然沉吟着"凤漂漂其高逝兮,夫固自缩而远去。袭九渊之神龙兮,沕深潜以自珍",但贾谊在长沙任职期间,却并没有真的深潜、退隐而独善其身、逍遥事外。他心心所系的,依然是国事和远方的长安。

这反映在两件事情上:第一件事是关于周勃的,第二件事与邓通有关。

贾谊任职长沙的第二年,也就是汉文帝四年(公元前176年),已经被免去丞相之职的周勃,在回到其封地绛县后,被人告发意欲谋反。文帝将周勃下狱治罪。在狱中,金戈铁马、驰骋疆场的大将军周勃遭到狱吏的欺凌和侮辱,无奈之下,只得拿出千金赠予管理监狱的小吏,又重赂薄太后的弟弟薄昭。薄昭到太后那里说情。在薄太后的干预下,本来就不曾谋反的周勃才被赦免,文帝恢复了他的爵位和食邑。绛侯出狱后,由衷地感叹道:"我曾领兵百万,然而怎么知道狱吏的尊贵啊！"①

贾谊知道这件事情之后，上疏文帝，以"投鼠忌器"来比喻，阐述了大臣可杀而不可辱的道理：鞋子再漂亮也不能放在枕头上，而帽子即使十分破旧，也不能用来垫鞋。上下尊卑的等级是不可颠倒的。大臣们居于高位，曾经受到天子的礼遇、百姓的尊重。若有大臣犯错，罢官、赐死都是可以的，但不能捆绑起来排在刑徒之列，任由监狱的小吏辱骂和鞭打。将昔日的显贵下狱任由狱吏辱骂和鞭打，大臣们遭到贱民的侮辱会丧失廉耻，而贱民则会对高贵的人失去敬畏之心。如果臣民们丢掉了礼仪，或苟且偷安，或相互掠夺，那么君主就危险了，这完全不是用来教化天下的正道。所谓"礼不及庶人，刑不至君子"，以这样的古礼对待犯罪的大臣，保全了臣子的颜面和节操，才能培养出敬上、顺上，效忠君主的世风②。

《汉书》在《贾谊传》中记载："是时丞相绛侯周勃免就国，人有告勃谋反，逮系长安狱治，卒亡事，复爵邑，故贾谊以此讥上。上深纳其言，养臣下有节。是后大臣有罪，皆自杀，不受刑。"文帝对贾谊的建议深以为然，此后，有罪的大臣都是自杀，不再受刑。

而涉及邓通的那件事情，是关于铸钱的。

文帝五年（公元前175年），汉廷宣布废除盗铸钱的法令，允许

---

① 《史记·绛侯周勃世家》："岁余，每河东守尉行县至绛，绛侯勃自畏恐诛，常被甲，令家人持兵以见之。其后人有上书告勃欲反，下廷尉。廷尉下其事长安，逮捕勃治之。勃恐，不知置辞。吏稍侵辱之。勃以千金与狱吏，狱吏乃书牍背示之，曰'以公主为证'。公主者，孝文帝女也，勃太子胜之尚之，故狱吏教引为证。勃之益封受赐，尽以予薄昭。及系急，薄昭为言薄太后，太后亦以为无反事。文帝朝，太后以冒絮提文帝，曰：'绛侯绾皇帝玺，将兵于北军，不以此时反，今居一小县，顾欲反邪！'文帝既见绛侯狱辞，乃谢曰：'吏（事）方验而出之。'于是使使持节赦绛侯，复爵邑。绛侯既出，曰：'吾尝将百万军，然安知狱吏之贵乎！'"第2072—2073页。

② 贾谊上疏的内容见《新书·阶级》。

百姓自己铸钱。吴王刘濞凭借自己是诸侯,开豫章郡铜山铸钱①;邓通得了文帝赏赐的蜀郡铜山,也大铸钱币。邓氏钱和吴钱流行于天下,二人富可敌国。

对此,贾谊上《谏铸钱疏》,力陈民间私铸导致犯罪增加、导致币制混乱、导致农业人口流失和耕地荒废等危害,但是,这次文帝却并没有采纳贾谊的建议②。

寒来暑往,时光流逝,转眼见,贾谊在长沙任职已经三年了。

这年初夏,一只鹏鸟偶然飞进贾谊家的院子,伤感的贾谊忍不住向鸟儿发问,鸟儿告诉贾生说:生死一体、祸福相依,知此便可淡泊无忧。这篇人鸟之间的奇异问答,就是千古佳作《鹏鸟赋》。

单阏之岁兮,四月孟夏,庚子日斜兮,鹏集予舍。止于坐隅兮,貌甚闲暇。异物来萃兮,私怪其故。发书占之兮,谶言其度,曰:"野鸟入室兮,主人将去。"请问于鹏兮:"予去何之?吉乎告我,凶言其灾。淹速之度兮,语予其期。"鹏乃叹息,举首奋翼;口不能言,请对以臆:

"万物变化兮,固无休息。斡流而迁兮,或推而还。形气转续兮,变化而嬗。沕穆无穷兮,胡可胜言!祸兮福所依,福兮祸所伏;忧喜聚门兮,吉凶同域。彼吴强大兮,夫差以败;越栖会稽兮,勾践霸世。斯游遂成兮,卒被五刑;傅说胥靡兮,乃相武丁。夫祸之与福兮,何异纠纆;命不可说兮,孰知其极!水激则旱兮,矢激则远;万物回薄兮,振荡相转。云蒸雨降兮,纠错相纷;大钧播物兮,坱圠无垠。天不可预虑兮,道不可预谋;迟速有命兮,焉识其时。

---

① 《汉书·荆燕吴传》:"吴有豫章郡铜山,即招致天下亡命者盗铸钱,东煮海水为盐,以故无赋,国用饶足。"第1904页。

② 事见《汉书·食货志》。

且夫天地为炉兮,造化为工;阴阳为炭兮,万物为铜。合散消息兮,安有常则?千变万化兮,未始有极,忽然为人兮,何足控抟;化为异物兮,又何足患!小智自私兮,贱彼贵我;达人大观兮,物无不可。贪夫殉财兮,烈士殉名。夸者死权兮,品庶每生。怵迫之徒兮,或趋西东;大人不曲兮,意变齐同。愚士系俗兮,窘若囚拘;至人遗物兮,独与道俱。众人惑惑兮,好恶积亿;真人恬漠兮,独与道息。释智遗形兮,超然自丧;寥廓忽荒兮,与道翱翔。乘流则逝兮,得坻则止;纵躯委命兮,不私与己。其生兮若浮,其死兮若休;澹乎若深渊之静,泛乎若不系之舟。不以生故自宝兮,养空而浮;德人无累兮,知命不忧。细故蒂芥兮,何足以疑!"

鹏,是一种小鸟,样子长得像猫头鹰,时人认为它是不祥之物。鹏鸟入舍,也被认为是不祥之兆。长沙低洼潮湿,贾谊是北方人,被贬居此地本来就身体不适、心情抑郁,看到鹏鸟飞入家中,落在自己的座位旁,便更加悲痛,觉得自己恐怕是寿命不长。于是就写了这篇赋来宽慰自己,赋文的大意是:

丁卯年四月的初夏时节,庚子日太阳西斜时,一只鹏鸟飞落在我的屋子里。它停在座位旁的一角,悠闲从容。有异物到来,我心中疑惑其缘由。打开书本占卜,书上说它的吉凶有定数:"有野鸟进入房屋,主人即将离去。"请问鹏鸟:"我将到哪里去呢?如果是吉事,请告诉我,即使是凶事,也请说明灾祸。生死有定数啊,请告诉我它的期限吧。"鹏鸟叹息,昂头振翅,口不能言,请让我用心中的臆测来回答:

"万物的变化无穷无尽。回旋流变,或返回起点。形与气互相移转,如蝉蜕一般。精微深远,无法言说。祸福相依、相伴。忧喜同门,吉凶同在。吴国何等强大,夫差却以此失败;越王败居会稽山,但却以此称霸于世。李斯游于秦国成功拜相,最终身受五刑而死;傅说原为刑徒,却成为武丁的相国。祸福相依,如绳索绞合在一起;天命不可言说,谁能知道他的究竟!水流矢飞,为外物所激便迅猛有力;万物循环激荡,相互转化。云升雨降,纷纭交错;造化推动万物,变化无极。天道深不可测;生死迟速有命,岂能预知它何时到来!

天地像一个大熔炉,造化是冶金之匠;阴阳为炭,万物为铜。聚、散、生、灭没有定则。千变万化未有终极,偶然化为人形,不值得贪恋,死而化为异物,亦不足为患!小智慧只顾自身,鄙薄他物,看重自己。在达人看来,物我齐同,无所不可。贪婪者为财而死,刚烈之人为名而亡。贪求虚名者死于权势,百姓贪生。被权力引诱为贫贱所迫的人,东奔西走;得道的人不为物欲所役,对千变万化的事物等量齐观。愚笨的人被世俗牵累,困窘得如同罪人;至德之人遗世弃物,与大道同行。众生迷惑,爱憎积聚;得道的真人安然恬静,独与大道生生相息。遗形弃智,超然物外而忘其身,深远空旷、缥缈恍惚,与道同游。顺水漂流,行止随遇而安;把身体托付给命运,因任自然,不私自持有。活着随波漂流,死去长休息;淡泊深邃如同深渊般幽静,自然自在好像不系之舟。不因为活着而珍重自我,涵养空虚之性而浮游人世;至德之人无所牵累,知天命、无忧愁。区区琐事,不足为虑!"

假托鸟儿之口,贾谊将庄子那种天地一体、超然物外、无物无我的人生态度说给自己听。不过,若是真的超脱了、放下了,何需以鹏鸟的名义自我宽慰?贾谊让鸟儿说得如此豁达,但字里行间,却满溢着他内心深深的无奈、落寞和惆怅。

当贾谊为怀才不遇而忧伤,为前途渺茫而怅惘的时候,远在长安的汉文帝其实并没有遗忘他。过了大约一年,文帝下令,将贬居长沙四年的贾谊召回京城长安。

4. 再入长安

公元前173年,二十八岁的贾谊奉召返回京城,进宫去谒见汉文帝。

那日,刚刚举行过祭祀,文帝正坐在未央宫的正室——宣室里,领受神的福佑。祭祀是国家的大事,有感于天地鬼神,文帝便向贾谊询问神鬼之事的本原。阔别四年,贾谊又见到皇帝,又得到皇帝的垂询,又有机会当面向皇帝进言,便详详细细地将神鬼之事的种种情形一一道来。

交谈一直进行着。

已经是夜半时分了,文帝不但丝毫没有倦意,反而是听得入了神,在不知不觉间,将自己的坐席一直向贾谊那边挪动。

谈话结束时,文帝不禁感慨道:"我很久没有见到贾谊,以为自己的学识已经超过了他,现在看来,还是比不上啊。"此后不久,贾谊被文帝任命为梁怀王太傅。

关于发生在宣室的这场长谈,后世有许多议论,唐代诗人李商隐的《贾生》一诗是这样说的:

宣室求贤访逐臣,贾生才调更无伦。

可怜夜半虚前席,不问苍生问鬼神。

汉文帝求贤若渴,在未央宫的宣室殿召见昔日被贬谪之臣,贾谊那无与伦比的才华确实卓尔不群。只可惜夜半时分的移席向前,关心的不是天下苍生,而是神神鬼鬼。和贾谊一样,李商隐也是一位怀才不遇的大才子,因为政治上受排挤,一生郁郁不得志。这首诗截取宣室夜谈的画面,以犀利的文辞,批评、讥讽了汉文帝的虚意求贤——白白和贾谊谈到大半夜,明明知道贾生的才华,却只说些鬼神的事情,对于朝政、民生没有只言片语的询问。在李商隐的笔下,汉文帝并非真的重视人才,也不是真的想任贤用能。

贾谊阔别长安四年,文帝早已不是那个在疑惑中从代地远赴长安、初登大宝的新君,朝廷上的人事也几经变迁,不复当初。此时,除了邓通依然承宠之外,周勃已被免去丞相的职位,离开京城回到自己的封地居住,期间还曾因谋反之罪下过狱,差点丢掉性命;太尉灌婴虽然接任了周勃的丞相之职,不过已经在文帝四年(公元前176年)死在丞相任上了。当年诋毁贾谊的大臣中,分量最重的两个反对人物都已不在朝中,至于东阳侯张相如、御史大夫冯敬等人,其影响力相对较弱,不足以单独成事。通过这些年的经营文帝已经立稳根基,如果他想像当年那样提拔贾谊至公卿之位,是没有人能够阻拦的。但是很显然,文帝此次召回贾谊,并无意加以重用。其中的具体原因,引起了后人的种种猜想。

一种意见认为,汉文帝当初将贾谊贬到长沙去做太傅,是迫于周勃等朝中重臣的压力,不得已而为之,与此同时,让贾谊远离京城、谪居长沙,其实是对贾谊的保护。也有学者认为,宣室殿中的"不问苍生问鬼神",是因为在苍生的问题上,文帝已经十分认可贾谊的政治主张,因此无须再问,而能在深夜畅谈鬼神,则足以证明二人的关系是十分密切的。

如果上述看法成立,那么,文帝这次将贾谊召回京城之后,理应将其留在身边委以重任,但一个基本的事实是,贾谊只得到了一个梁怀王太傅的官职。

所谓的梁怀王太傅,就是给梁怀王做老师。梁怀王名叫刘揖,又名刘胜,是汉文帝的小儿子。《史记》和《汉书》都说,文帝的这个小儿子很爱读书,也很得宠。文帝对刘揖的疼爱,是他的三个哥哥,包括后来继位为汉景帝的大儿子刘启所不能比拟的[1]。梁怀

---

[1] 《史记·梁孝王世家》:"初,武为淮阳王十年,而梁王胜卒,谥为梁怀王。怀王最少子,爱幸异于他子。"第2082页。《汉书·文三王传》:"梁怀王揖,文帝少子也。好《诗》《书》,帝爱之,异于他子。"第2212页。

王太傅的任命说明,虽然文帝对贾谊的才学和人品都是非常认可的,但与在朝中任职、直接参与朝政相比,文帝认为贾谊还是更适合去教书。

不过,宣室夜谈之后,贾谊的新官职梁怀王太傅和之前的长沙王太傅相比,重要程度还是提升了不少。一方面,长沙王只是一个弱小的异姓诸侯王,而梁怀王则是文帝的亲儿子,还是最钟爱的一个;另一方面,长沙国位于偏僻的南方,而梁国地处中原,在今天的河南商丘一带,不仅位置重要,而且距离京城也比较近。所以,此时,贾谊的人生境遇也算是有了一定的转机。

5. 早逝

贾谊到梁怀王的封国任职之后,虽然人在梁国,但依然心系长安,积极为朝廷献言建策。贾谊这一时期的上疏,首先是针对同姓诸侯王叛乱而发的。也就是现在收入在《新书》中的《宗首》篇所说的:"今或亲弟谋为东帝,亲兄之子西乡而击,今吴又见告矣。"

"亲弟谋为东帝"中的亲弟指汉文帝的弟弟淮南厉王刘长。汉文帝六年(公元前 174 年),刘长联络匈奴叛乱,图谋称帝,事情败露之后被拘捕,在押解途中不食而死。刘长的封地在长安的东方,所以贾谊说他"谋为东帝"。

"亲兄之子西乡而击"中的亲兄之子指汉文帝之兄齐悼惠王刘肥的儿子,济北王刘兴居。"西向而击"指刘兴居叛乱之事。汉文帝三年(公元前 177 年),济北王刘兴居趁汉文帝亲征匈奴之机举兵谋反,袭击荥阳,失败后被杀。

"今吴又见告"指刘邦之兄刘仲的儿子吴王刘濞抗拒朝廷法令,被告发之事。事情的起因是由于刘濞的太子刘贤进京朝见,陪皇太子刘启喝酒时,因为态度很不恭敬,被刘启打死了。刘濞对此既生气又怨恨,弃藩臣应尽的礼节于不顾,抗命称病不入朝,并在暗中计划谋反。

汉朝初年，刘邦剪除异姓诸侯王、割裂疆土分封刘氏子弟为王的目的，就是希望以血亲为纽带，加强和巩固汉廷的统治。但事与愿违，当同姓诸侯王的力量强大起来之后，却与朝廷形成了互相猜疑、彼此对立的局面，甚至造成了叛乱。

针对这一严峻的形势，贾谊分析道：这些同姓诸侯王名义上是臣子，但实际上没有一个不想自己做皇帝的。关系疏远的异姓王自恃实力强大犯上作乱，而如今，事实证明，同姓诸侯王们已经沿着这条老路在继续发动叛乱，危害国家。因此，必须采取"削藩"的政策，将每一个大诸侯国拆分为几个小的诸侯国，多多建立诸侯小国，以削弱他们的势力。势力小了，封国小了，没有实力与中央抗衡，他们也就不会有谋反的邪心。这就是著名的"众建诸侯而少其力"之说。现存于《新书》中的《宗首》《藩伤》《藩强》等篇，都在反复论述这一观点。

其次，文帝的弟弟淮南厉王刘长谋反，事败而死之后，汉文帝顾念亲情，抑或是迫于舆论的压力①，想要封刘长的几个儿子为王。贾谊上疏，极力反对此事。

在《新书》的《淮难》篇中，贾谊一方面阐述了淮南厉王刘长是自作孽、不得活，作为哥哥，汉文帝对其已是仁至义尽，没有丝毫对不起他的地方。另一方面，贾谊力陈封罪人之子为王的危害：等刘长的四个儿子长大，听说父亲的事情，必定要怨恨文帝，想要为父报仇。那么，现在分封给他们土地无疑是为虎添翼，给予他们复仇的资本。这对于皇帝来说，是十分危险的事情。

再次，是关于匈奴的。

---

① 《史记·淮南衡山列传》："孝文十二年，民有作歌歌淮南厉王曰：'一尺布，尚可缝；一斗粟，尚可舂。兄弟二人不能相容。'"第3080页。对于淮南厉王的"不食而死"，有观点认为是相关官员在文帝的授意下，在押解途中故意中断淮南厉王的食物供应，导致刘长活活被饿死。

匈奴的南下侵扰一直令汉廷十分苦恼。汉初迫于国力民生的疲弱，只能对匈奴实行和亲政策以换取短暂的和平，贾谊认为，这是上下颠倒、首尾倒置，致使蛮夷居上，实在令人痛心疾首。如何对付匈奴，贾谊提出"建三表，设五饵"，以德服之的策略。具体的做法，见于《新书》的《威不信》《匈奴》《势卑》等篇。

最后，贾谊上疏建议"以礼治国"，这也是他的一贯主张。在贾谊生活的时代，朝廷中，前有异姓诸侯王的反叛，后有同姓诸侯王作乱；在民间，随着经济的恢复和工商业的发展，富商大贾家的女人，无论是其妻子还是小妾，都可以穿皇后的服饰，这两类行为都是对皇权的极大危害。所谓"礼"，是用来确定和规范人们的等级与地位的。贾谊认为，"以礼治国"就能解决上述王公贵族和平民百姓的僭越行为。《新书》中的《孽产子》《等齐》等诸篇对此多有论述。

贾谊的这些上疏，文帝有的采纳了，有的没有采纳。但不管接受与否，这一时期，文帝对贾谊还是相当重视的，据《汉书·贾谊传》记载，贾谊就任梁怀王太傅之后，文帝"数问以得失"。

就在一切都看起来正在慢慢变好的时候，命运却并没有真的让贾谊从此步入坦途。

文帝十一年（公元前169年），梁怀王刘揖在入朝谒见时，不慎从马上摔下来，摔死了。贾谊觉得，这是自己作为太傅的失职，为此常常哭泣。一年后，贾谊也死了，时年三十三岁。

纵观贾谊的一生，这个天资异常聪颖灵慧的少年，通过后天的勤奋努力，不仅学得满腹经纶，而且具备了极其敏锐的政治洞察力和雄阔的大局观。从他给文帝的一道道上疏中可以看出，年轻的贾谊想要做的，是针对处于草创状态的汉家王朝，进行全面的、整体的制度性建设，以此保证国家的长治久安。这种整体的制度性建设，正是汉初这样由草莽将相组建的草莽政府所迫切需要的。

虽然贾谊的诸项制度设计在他的有生之年并未得以全面实施,但这丝毫无碍于对其历史功绩的评价。后来七国之乱等史实证明,贾谊的政治眼光不可不谓之宏大深远,贾谊的个人才华不可不谓之超凡卓绝①。

"贾生矫矫,弱冠登朝。"②年少得志、高调登场的一代俊杰,纵然是满腹治国的经纶,最终却还是怀才不遇,年仅三十三岁便抑郁而终,这一令人扼腕的遭遇博得了后世无数的怜悯和哀叹。司马迁读过《鹏鸟赋》后,禁不住在怅然若失中默然无语③;吟咏着《行路难》的李白,拔剑四顾,为"汉朝公卿忌贾生"而义愤难平④;白居易怀古的忧思,久久萦绕在汉时的那一场降职外放:"汉文明圣贾生贤,谪向长沙堪叹息。"⑤凡此种种,连同杜甫"去国哀王粲,伤时哭贾生"的一行清泪⑥,都在历史的记忆中反复书写着对一代才子落寞早逝的无限同情。

但是,正如白居易诗中所说的"汉文明圣贾生贤",贾谊侍奉的君主——汉文帝并不是昏君,而是一位可以被称作"明君圣主"的好皇帝。这个好皇帝的圣明,在《史记·孝文本纪》里,被司马迁誉为:"汉兴,至孝文四十有余载,德至盛也。"文帝的德行、德政已经

---

① 具体内容详见"导读"的第五部分:《〈新书〉的历史影响》。
② 《汉书·叙传第七十下》,第4252页。
③ 《史记·屈原贾生列传》:"太史公曰:余读《离骚》、《天问》、《招魂》、《哀郢》,悲其志……及见贾生吊之,又怪屈原以彼其材,游诸侯,何国不容,而自令若是。读《服鸟赋》,同死生,轻去就,又爽然自失矣。"第2503页。
④ 李白在《行路难三首·之二》有云:"淮阴市井笑韩信,汉朝公卿忌贾生。"
⑤ 白居易做《偶然二首·之一》,诗云:"楚怀邪乱灵均直,放弃合宜何恻恻。汉文明圣贾生贤,谪向长沙堪叹息。人事多端何足怪,天文至信犹差忒。月离于毕合滂沱,有时不雨何能测。"
⑥ 杜甫《久客》一诗曰:"羁旅知交态,淹留见俗情。衰颜聊自哂,小吏最相轻。去国哀王粲,伤时哭贾生。狐狸何足道,豺虎正纵横。"

达到了极盛的地步。那么,才子遇明君而不能用,这一状况就着实令人深省了。

对此,同样在宦海中几经沉浮的宋代大文豪苏轼曾写过一篇文章,专门发表了自己的看法。文章的题目就叫做《贾谊论》。

非才之难,所以自用者实难。惜乎!贾生,王者之佐,而不能自用其才也。

夫君子之所取者远,则必有所待;所就者大,则必有所忍。古之贤人,皆负可致之才,而卒不能行其万一者,未必皆其时君之罪,或者其自取也。

愚观贾生之论,如其所言,虽三代何以远过?得君如汉文,犹且以不用死。然则是天下无尧、舜,终不可有所为耶?仲尼圣人,历试于天下,苟非大无道之国,皆欲勉强扶持,庶几一日得行其道。将之荆,先之以冉有,申之以子夏。君子之欲得其君,如此其勤也。孟子去齐,三宿而后出昼,犹曰:"王其庶几召我。"君子之不忍弃其君,如此其厚也。公孙丑问曰:"夫子何为不豫?"孟子曰:"方今天下,舍我其谁哉?而吾何为不豫?"君子之爱其身,如此其至也。夫如此而不用,然后知天下果不足与有为,而可以无憾矣。若贾生者,非汉文之不能用生,生之不能用汉文也。

夫绛侯亲握天子玺而授之文帝,灌婴连兵数十万,以决刘、吕之雌雄,又皆高帝之旧将,此其君臣相得之分,岂特父子骨肉手足哉?贾生,洛阳之少年。欲使其一朝之间,尽弃其旧而谋其新,亦已难矣。为贾生者,上得其君,下得其大臣,如绛、灌之属,优游浸渍而深交之,使天子不疑,大臣不忌,然后举天下而唯吾之所欲为,不过十年,可以得志。安有立谈之间,而遽为人"痛哭"哉!观其过湘为赋以吊屈原,纡郁愤闷,趯然有远举之志。其后以自伤哭泣,至于夭绝。是亦不善处穷者也。夫谋之一不见用,则安知终不复用也?不知默默以待其变,而自残至此。呜呼!贾生志大而量小,才有余而识不足也。

古之人,有高世之才,必有遗俗之累。是故非聪明睿智不惑之主,则不能全其用。古今称苻坚得王猛于草茅之中,一朝尽斥去其旧臣,而与之谋。彼其匹夫略有天下之半,其以此哉!愚深悲生之志,故备论之。亦使人君得如贾生之臣,则知其有狷介之操,一不见用,则忧伤病沮,不能复振。而为贾生者,亦谨其所发哉!

苏轼在这篇文章里说,一个人有才能不难,难得的是把自己的才能充分发挥出来。贾谊本是王佐之才,遇到汉文帝这样的明君,却不得施展,未必都是君王的过失。其实,贾谊的人生悲剧,也是他自己不善处逆境、穷时,志大才高但气量狭小造成的。

一个君子想要实现远大的目标,建立伟大的功业,一定要像孔子周游列国那样善于寻找机会、等待时机,并且能够以坚忍不拔的意志力去忍耐、去坚持。贾谊这样初出茅庐的年轻人,是不能恃才傲物、孤高不群的。在朝中为官,应该主动去结交周勃、灌婴之类的朝廷重臣,逐渐培养、加深彼此间的感情,这样就不会遭到大臣的猜忌,也不会使得天子产生疑虑。如果能够做到"上得其君,下得其大臣",那么,自己的政治主张就会慢慢影响政策的走向,最终落实在朝廷的各项政策中,怎么会壮志难酬啊。

再者说,古往今来,出类拔萃、走在时代前列的人因为眼光超前而"不合时宜",都会招致困顿。身处逆境之时,不必忧伤愤懑,要韬光养晦,默默等待局势的变化,等待机会的再次降临。保护好自己,爱惜好自己,你怎么知道命运就不会发生转机呢?

苏轼一方面提醒君主遇到贾谊这样性格孤高的人才要小心呵护,另一方面也指出贾谊的人生悲剧出自其"志大而量小,才有余而识不足"的性格缺陷。这,确实值得后人反思与警醒。

二 《新书》的真伪与流传

1. 关于《新书》的真伪

《新书》,也称《贾子》,和大多数古籍一样,在历史上也存在着文本的真伪之争。

《汉书·艺文志》中记载"《贾谊》五十八篇",《隋书》《旧唐书》《新唐书》和《宋史》也都在《经籍志》或《艺文志》里录有《贾子》。在记载这本书时,史籍也有称其为《贾谊新书》的。到了宋代,官修的目录书《崇文总目》上说,《贾子》十九卷,汉代贾谊所撰,原本共计七十二篇,经汉代的刘向删定,确定为五十八篇。此外,宋代晁公武的《郡斋读书志》谓《新书》十卷,陈振孙《直斋书录解题》记有《贾子》十一卷,王应麟的《汉书艺文志考证》也说《贾谊》五十八篇。

《汉书·艺文志》中的记载说明,贾谊的文章被集结成书是确有其事的,并且其文集在汉代已经问世。隋唐等史籍中著录的《贾子》或《贾谊新书》,表明贾生的文集一直在历史的变迁中绵绵不息地流传。不过,历经朝代更替流传下来的贾谊《新书》,还是《汉书》中所说的那本贾谊文集吗?

对于传世本《新书》的真伪,自汉代以后,一直到北宋时期,都不曾有人提出过疑问。第一个质疑该书的人,是南宋的学者陈振孙。陈振孙认为传至南宋的《新书》,其文字大多浅陋、驳杂,根本不值得一读,已非《汉书》中记载的贾谊之书。此后,关于《新书》是否为伪书的讨论经久不息,可谓众说纷纭。概括起来,学者们的观点大致可分为以下三种。

其一,伪书说。持这一点观点者,以南宋陈振孙和清代的姚鼐为代表。

班固在《汉书》的《贾谊传》里收录了贾谊的《治安策》（又名《陈政事疏》）等长文，而这一长篇上疏，在《新书》中则是以数个零散的、单独成篇的短文为形式呈现的。陈振孙认为，《新书》中除了《汉书》所引的内容之外，其余的部分浅薄不足观，绝非贾谊所著。

清人姚鼐继承了陈氏的观点，在《惜抱轩文集》卷五《辨贾谊〈新书〉》中阐述道："贾生书久不传矣，世所有云《新书》者，妄人伪为者耳。班氏所载贾生之文，条理通贯，其辞甚伟，及伪为者分析，不复成文，而以陋辞联厕其间，是诚由妄人之谬，非传写之误也。"姚鼐认为班固所载的贾生之文条理清晰、贯通，传世的《新书》乃后人割裂其文，伪造出来的，并进一步判断，伪造者乃"魏晋后人"。对此，姚鼐列举的判断依据是：《新书》中的某些词语，如"妃""陛下"等，不是汉代的用语。"易王后曰妃，自魏晋始。"

其二，真书说。持这一点观点者，以宋代的朱熹和王应麟、清代的卢文弨、近人余嘉锡等为代表。

朱熹在《朱子语类》中指出，《新书》应是贾谊平时所记的杂稿，王应麟在《汉书艺文志考证》中分析认为，班固在《汉书》中著录的《治安策》等长文，是根据《新书》的相关篇章，摘取其中切于世事者，合成而来的。清代著名的校勘学家卢文弨曾校订《新书》，他在《抱经堂文集》卷十《书校本贾谊〈新书〉后》中说"《新书》非贾生所自为也，乃习于贾生者萃其言以成此书耳"，即《新书》是贾谊的作品，乃由其后学集结而成。卢文弨还一并驳斥了姚鼐等人的观点，说《新书》"其规模、节目之间，要非无所本而能凭空撰造者"。《容经》《道德说》等篇辞义典雅，绝非魏晋人所能伪造。据卢文弨判断，该书的编辑者，"去贾生之世不大相辽绝"，这本文集在贾谊去世后不久就已经问世。

上述学者都基本上肯定了《新书》是贾谊的作品，而真正全面、深入地论证了"真书说"的学者，当属近人余嘉锡。

余嘉锡是清末举人,近代著名的文献学家和目录学家。他在《四库提要辨证》中对比了《汉书·贾谊传》与《新书》的相关内容之后指出,班固剪裁、熔铸《新书》而成《汉书·贾谊传》中的长文,其间的"斧凿之痕,有显然可见者"。比如:

《势卑》篇文云:"陛下何不以臣为典属国之官以主匈奴?行臣之计。"而删去《匈奴》篇五饵三表之说,使非《新书》具在,班固又于赞中自言之,则读者莫知其所谓"行臣之计"者为何等计,将不觉其为操术之疏,而疑为行文之疏矣。

《治安策》以痛哭、流涕、长太息起,其后即为痛哭者一,流涕者二,长太息者三,而其文终焉,则痛哭、流涕、长太息者一篇之干也。

而于移风易俗(即"商君弃礼义"节)及礼貌大臣(即"人主之尊譬如堂"一节)两太息之间,忽取《新书·保傅》及见于《大戴》之《礼察》二篇阑入其中,既无长太息之语,又与前后文义不侔。《礼察》篇亦言保傅之事,故曰"为人主师傅者,不可不日夜明此"。其言礼禁将然,法禁已然,汤、武置天下于仁义礼乐,秦王置天下于法令刑罚,犹是《保傅》篇三代明孝仁礼义以道习天子,而秦使赵高傅胡亥而教之狱之意。班固删去"为人主师傅"数语,使此一节若泛言礼与法之短长者,以起下文"礼貌大臣"之意,似可前后联贯为一矣。然豫教太子与礼貌大臣究非一事,何可并为长太息之一耶? 以此一节赘于其间,无乃如贾生所谓"方病大肿,一胚之大几如要"也乎! 凡此皆其删并痕迹之显然者,而曾无人肯为细心推寻,亦可怪也。

余嘉锡所举的前两个"斧凿之痕",正像王兴国在《贾谊评传》中所指出的那样,从语法上来说叫"苟简"。"苟简"是指由于行文简略、言语不周而没有把意思表达完整,这属于班固的"行文之疏"。班固在剪裁《新书》时,删除了原文中的某些语句,导致删减后的文本文意断裂,部分内容语义不明。而班氏的"行文之疏",又恰恰证明了《新书》的可靠性①。余嘉锡所举的第三个"斧凿之痕",从逻辑上来说,叫做"论据不相干",从语法上来说,就是"文不对题"②。这也是由于班固剪裁《新书》时的疏忽,造成了前言不搭后语的现象。

余嘉锡最后总结道:"陈振孙谓决非贾本书,固为无识,即《提要》调停之说,以为不全真亦不全伪者,亦尚考之未详也。"余氏这里所说的"《提要》调停之说",就是关于《新书》真伪之争的第三种观点:不全真亦不全伪说。

其三,不全真亦不全伪说。这一观点,是《四库全书总目》提出来的。

《四库全书总目》又称《四库全书总目提要》,也就是余嘉锡口中所说的"《提要》"。《四库全书总目》著录《新书》时,认为它既不是伪书,也不是真书,称其为"不全真亦不全伪"。对于《新书》那长期辩论不休而得不出定论的真伪之争,这一观点被认为是一种调

---

① 班固取《势卑》篇文"陛下何不以臣为典属国之官以主匈奴?行臣之计",而删去《匈奴》篇五饵三表之说,就使人不知"行臣之计"何所指。所以余氏说:"使非《新书》具在,班固又于赞中自言之,则读者莫知其所谓'行臣之计'者为何等计"。余氏的这种分析,既说明了班氏"行文之疏",又证明了《新书》之可靠。因为班氏在《赞》中虽提到"五饵三表",但未介绍内容,颜师古在注中介绍了内容,但也只是一个提纲,而《新书·匈奴》篇则有详细分析,且现存《新书·匈奴》与颜师古所引内容是一致的,这就说明了它的可靠性。见王兴国:《贾谊评传》,南京大学出版社1992年版,第49页。

② 班固将《新书·保傅》篇阑入移风易俗与礼貌大臣两太息之间,不仅"与前后文义不侔",而且将《保傅》篇中"为人主师傅"数语删去,"使此一节若泛言礼与法之短长者,以起下文'礼貌大臣'之意,似可前后联贯为一矣。然豫教太子与礼貌大臣究非一事,何可并为长太息之一耶?"这种错误做法从逻辑上来说,叫做"论据不相干",从语法上来说,就是"文不对题"。余氏的分析证明,所谓"颠倒"、"割裂"者并非《新书》,而是班固。见王兴国:《贾谊评传》,第49-50页。

停性的说法。

说《新书》有"真"的成分,是因为《四库全书总目》通过考察、对比《新书》与《汉书》贾谊本传以及应劭、颜师古等人对《汉书》所做的注释,发现《汉书》贾谊本传及注释中的相关信息,与传世的《新书》基本吻合:

"今考《汉书》谊本传赞称:'凡所著述五十八篇,掇其切于世事者,着于传。'应劭《汉书注》亦于《过秦论》下注曰:《贾谊书》第一篇名也。则本传所载皆五十八篇所有,足为显证。赞又称'三表五饵以系单于',颜师古《注》所引《贾谊书》与今本同。又《文帝本纪注》引《贾谊书》'卫侯朝于周,周行人问其名',亦与今本同。则今本即唐人所见,亦足为显证。"

说《新书》有"伪"的成分,是因为《四库全书总目》认为,"然决无摘录一段立一篇名之理,亦决无连缀十数篇合为奏疏一篇,上之朝廷之理。"在编纂《新书》时,编辑者不可能将原文一段一段的摘录出来,各自加上标题,单独成篇;而对于作者来说,也不可能将数篇短文连缀起来,上疏朝廷。所以,《四库全书总目》认为,比较可能的情况是:"谊《过秦论》《治安策》等本皆为五十八篇之一,后原本散佚,好事者因取本传所有诸篇,离析其文,各为标目,以足五十八篇之数,故饾饤至此。"贾谊的文集中原本含有《过秦论》《治安策》,《过秦论》和《治安策》二者都是五十八篇中的一篇。后来文集的原本散失了,有人将《汉书》贾谊本传中的这些文章拆分开来用在《新书》里,以便凑足原来的五十八篇之数。

总体而言,《四库全书总目》还是认为,传世本《新书》抄袭了《汉书·贾谊传》,割裂、颠倒了原文的章节次序,以至于该书显得杂乱无章:"其书多取谊本传所载之文,割裂其章段,颠倒其次序,而加以标题,殊督乱无条理。"

不论是陈振孙、姚鼐还是《四库全书总目》,他们否定传世本

《新书》,都是认为《汉书》本传中录入的贾生之文条理清晰、文辞壮美,而传世本的《新书》读起来则倍感凌乱无序。对于这一点,如上文所引,余嘉锡已经通过实例分析班固的"斧凿之痕"予以驳斥,指出不是《新书》抄袭、割裂《汉书》,而是《汉书》颠倒、割裂了《新书》。

从宋代开始的《新书》真伪之争,一直延续到近现代。经过近人余嘉锡的论证,真书派已明显占据上风。在当代学者中,虽然也有人试图驳斥余嘉锡的观点,支持姚鼐等人的"伪书说",但大部分研究者还是继承并推进了余氏的"真书说"。其中的代表人物,有魏建功、王洲明等。

20世纪60年代,魏建功、阴法鲁、吴竞存、孙钦善在《北京大学学报》发表了《关于贾谊〈新书〉真伪问题的探索》一文,沿用余嘉锡的研究思路,逐篇检核、对比了《新书》与《汉书》相关内容的异同。通过多篇文字的对比分析,魏建功等作者指出,《汉书》与贾谊原书的关系是:第一,《汉书》载文的本源是贾谊原书,而且陈政事的数次上疏组成了原书的重要内容;第二,本传中所录仅是五十八篇中"切于世事者",班固是有选择的;第三,载文只是叙其"大略",班固是作了剪裁加工的,不全是原文。总之,比较现存《新书》与《汉书》,证明了今本的这一部分接近原本,具体而言,就是今本这一部分的绝大多数篇章不仅思想内容可靠,而且语言形式也比《汉书》引文更接近原貌,它基本上保存了原本的样子。

在魏建功之后,1982年代,《文学遗产》发表了王洲明的文章,题目为《〈新书〉非伪书考》。该文在前人研究的基础上,进一步论证了传世本《新书》的可靠性。

王文首先指出,宋代以前几乎所有的类书都征引了贾谊作品的内容,而且,有关《新书》内容的载录也非常多见。如隋虞世南的《北堂书钞》、唐马总的《意林》、魏征的《群书治要》、欧阳询的《艺文类聚》、徐坚的《初学记》、南宋王应麟的《玉海》等。从这些著录看,今本《新书》和古本《新书》的确有着具体的联系,最迟从南朝的梁代开始,以至隋、唐、宋代,《新书》的篇目次序和今本《新书》的篇目次序基本一致。从内容方面看,今本《新书》和古本《新书》也同出于一个系统。

继而,王洲明的文章对姚鼐"伪书说"的依据逐一进行了反驳。关于姚氏的第一条理由:"易王后曰妃,自魏晋始。"是因为姚氏将《新书·等齐》篇中的"妃"字误读为"嫔妃""妃子",没搞清"妃"字在这里的真正含义应为"匹配""配偶",而妄断《新书》为"魏晋后人"伪作。"妃"作"匹配""配偶"义的用法,在汉代以前其实是非常普遍的。至于姚鼐的第二条理由,汉代诸侯王不称"陛下",也不能成立:汉朝廷已袭用秦制,称皇帝为陛下,这在汉书中比比皆是;《等齐》篇通篇都是讲的"诸侯王乃侉至尊"的越轨行为,诸侯王以皇帝自居,令臣下称其为陛下,是完全可能的。

接下来,王文沿袭余嘉锡的研究方法,把《汉书》和《新书》的有关章节进行对照,发现多处《汉书》所载不若《新书》更合情理的地方,说明《汉书》称引的贾谊作品,有明显删削《新书》的斧凿之痕。由此可见,绝不是伪作者割裂《汉书》中贾谊的作品伪造《新书》,而是班固选取《新书》的内容写入《汉书》。

最后,王洲明在文章中通过考察《新书》的遣词造句,《新书》所引《诗经》的文字等情况,论证了《新书》为汉初作品无疑,《新书》基本出自贾谊之手,其成书的时代,离贾谊亦不致太远。

综上所述,目前学术界比较一致的看法是,《新书》虽然不是贾谊自己编纂的,但其中的内容是基本可信的。

2.《新书》的版本与流传

前述《汉书》《隋书》《旧唐书》《新唐书》和《宋史》等对贾谊文集的著录,《北堂书钞》《意林》《群书治要》等隋唐各种类书对贾谊作品的征引都说明,自汉代以来,其书一直流传不绝。不过,该书汉唐时期古本的情况,现今已不得而知,目前可以探究到的,是始于宋朝的刻本。

其一,《新书》的宋本系统。

《新书》在宋代出现了刻本,《新书》宋刻本有四种:程漕使本、潭州本、建宁本以及陈振孙所见本。

程漕使本:刻于宋淳熙八年,是根据漕使程公家藏的抄本刊刻的。

潭州本:简称"潭本",宋淳祐八年的刻本,是以程漕使本为底本重刻的。

建宁本:简称"建本",是宋建宁府陈八郎书铺的刊本。

陈振孙所见本:陈振孙在《直斋书录解题》中描述过自己所见的《新书》,这个版本的《新书》首载《过秦论》,末为《吊湘赋》。

上述四种宋代的刻本均已亡佚,如今都已经见不到它们的原貌了。不过,清代的卢文弨校注《新书》时,曾经参考了宋代的潭州本和建宁本,因此,潭本和建本的异文,有幸在卢文弨的校本里得以保存。

其二,《新书》的明代刻本。

明代的《新书》多以宋刻本为底本和参照,主要刻本有以下几种。

李空同本,明正德八年刻,前有李氏所撰的"贾子序"。

陆良弼本,明正德九年刻。陆氏当时为长沙太守,以宋潭州本《贾子新书》残版,补辑、刊刻而成。

何孟春本,明正德十五年刻,前有张志淳序、何孟春自序。

胡维新《两京遗编》本,明万历十年刻。

吉府本,明正德十年刻,被收入《四部丛刊》初编。

吴郡沈颉本,明弘治十八年刻。

程荣本、何允中本,均属《汉魏丛书》系列,刻于万历年间,底本均为建本。

乔缙本,明成化十九年刻。

《子汇》本,明万历年间刻。

其三,《新书》的清代刻本。

清代刊刻的《新书》,大多上承明代的刻本,但其校勘则比明刻本更为精当和详尽。清人的刻本主要有以下几种。

《四库全书》本。

王谟《增订汉魏丛书》本,清乾隆五十六年刻。

卢文弨《抱经堂丛书》本,清乾隆五十四年刻。

湖北崇文书局《子书百家》本,清光绪初年刻。

浙江书局《二十二子》本,清光绪初年刻。

王耕心本,清光绪二十九年刻。

卢文弨的《抱经堂丛书》本以潭本和建本为底本,以明代吴郡沈颉本、李空同本、陆良弼本、程荣本、何允中本5个具有代表性的版本为参照,是目前较为通行的一个精校本。不过,卢本校勘虽精,但为了疏通文义,删改、削减文字较多,恐亦有所失。

1976年,上海人民出版社出版了《贾谊集》,在现代人的校本及译本中,阎振益、钟夏的《新书校注》(新编诸子集成本,中华书局2000年版),王洲明、徐超的《贾谊集校注》(人民文学出版社1996年版),方向东译注的《新书》(中华书局2012年版),丁智荣译注的《贾谊新书》(黑龙江人民出版社2003年版),都是较好的版本,可备参考。

三 《新书》的主要内容

现存通行本的贾谊《新书》共计十卷五十八篇,其中《问孝》《礼容语上》两篇有目无文,实际上是五十六篇。通行本的五十八篇是将《过秦》分为上、中、下三篇，本书以"新编诸子集成"本《新书校注》为底本，这个版本中的《过秦》只分为上、下两篇，所以全书共计十卷五十七篇。从卷一到卷四共三十一篇：

卷一：《过秦上》《过秦下》《宗首》《数宁》《藩伤》《藩强》《大都》《等齐》《服疑》《益壤》。

卷二：《权重》《五美》《制不定》《审微》《阶级》。

卷三：《俗激》《时变》《瑰玮》《孽产子》《铜布》《壹通》《属远》《亲疏危乱》《忧民》《解县》《威不信》。

卷四：《匈奴》《势卑》《淮难》《无蓄》《铸钱》。

这四卷中的文章在《新书》中被标记为"事势"。"事势"类的文章都是论说政治形势和治国之策的，应是贾谊给朝廷的上疏。《汉书·贾谊传》中的名篇《治安策》绝大部分取自这类政论文，具体而言，是将《数宁》《宗首》《亲疏危乱》《制不定》《藩强》《五美》《大都》《解县》《势卑》《孽产子》《时变》《俗激》《阶级》等篇加以串联、组合，再进一步加工、剪裁而成。

从卷五到卷八共十八篇：

卷五：《傅职》《保傅》《连语》《辅佐》《问孝》（阙）。

卷六：《礼》《容经》《春秋》。

卷七：《先醒》《耳痹》《谕诚》《退让》《君道》。

卷八：《官人》《劝学》《道术》《六术》《道德说》。

这四卷中的文章属于"连语"类。其中卷五的《保傅》篇也是《治安策》中的一部分。

卷九有四篇文章：《大政上》《大政下》《修政语上》《修政语下》，这四篇文章没有标注类别。

卷十为四篇文章：《礼容语上》（阙）《礼容语下》《胎教》《立后义》，本卷的文章均被标记为"杂事"。

与"事势"那类上书朝廷的文章不同，"连语"和"杂事"的性质应是贾谊的个人笔记和文稿,大多是他任太傅时为教育太子而做的,内容涉及礼、仪、古人事迹、为君之道、胎教幼教等,反映了贾谊的哲学思想、政治理念和教育观。

关于《新书》的主要内容,可以从以下几个方面进行分析和总结。

1. 贾谊理想中的国家蓝图

在中国历史上,对理想政治和政治理想的探索与争论,在先秦时期就已经沸沸扬扬。老子的理想社会是小国寡民,鸡犬之声相闻而老死不相往来;孔子期待统治者都能为政以德,士民人人知仁守礼,全社会在君君臣臣与父父子子的伦常秩序中风和日丽、春暖花开;而在商鞅和韩非看来,孔子那套仁政礼制学说完全是祸乱朝政的亡国之言,只有严刑峻法、以法为教、厉行赏罚、奖励耕战,从而打造出一个国富兵壮的强国,称王称霸,才是正道。

那么,对于这个根本性的问题,贾谊有什么观点呢?在《新书》的《数宁》篇里,他列出的理想之国的条目是:

常安,四望无患。

诸侯附亲轨道,致忠而信上耳。

上不疑,其臣无族罪,兵革不动,民长保首领耳。

德穷至远,近者匈奴,远者四荒,苟人迹之所能及,皆乡风慕义,乐为臣子耳。

天下富足,资财有余,人及十年之食耳。

民素朴顺而乐从令耳。

官事甚约,狱讼盗贼可令鲜有耳。

大数既得,则天下顺治,海内之气清和咸理,则万生遂茂。

以上是贾谊给汉文帝陈述治安之策时,描绘的一幅国家长治久安的美好愿景:天下太平,四方边境没有战事;各封国诸侯都归附、亲近君上,遵循法规,忠诚守信;君主信任自己的臣子,大臣从无灭族之罪,战争不起,平民无性命之忧;君主恩德远播,近至匈奴,远至天地四荒,只要是人迹所能到达的地方,都向往追慕,想要臣服归顺;天下富足,资财有余,民众存有十年的粮食;人民纯朴温顺,乐于服从政令;政事简约,官司、盗窃之类的事情很少发生;治国大计已定,天下大治,社会和谐,万物繁荣。

很显然,贾谊心中这一派君主仁德、臣民忠顺、四方臣服、海内升平的美景,不是商、韩霸道之术创造的军事强国,而是上承自孔子一脉的王道乐土。这种政治理念的确立,是源于贾谊对此前大秦帝国二世而亡的反思。

战国中期,秦孝公在商鞅的辅佐下,捐弃仁义礼让,内立法度,驱使民众努力耕战,外连衡而斗诸侯,使秦国迅速崛起。到了秦始皇时期,终于以此强国之术,荡平六国而一统天下。如此强大的秦国,本来以为会是千秋不败的万世基业,但建立仅仅十几年就轰然倒塌,因此,汉初形成了一股"过秦"的社会思潮,这其中最著名的,当属贾谊的《过秦论》。

《过秦论》在《新书》的卷首,分为上下两篇。上篇讲述秦从孝公到始皇帝的一百多年间,通过变法图强,苦心经营,从弱小变为强大,却又盛极而衰的全过程,并指出其速亡的原因:"一夫作难而七庙堕,身死人手,为天下笑者,何也?仁心不施,而攻守之势异也。"

在《过秦下》,贾谊详细阐述了何为"攻守之势异"。

> 秦王怀贪鄙之心,行自奋之智,不信功臣,不亲士民,废王道而立私爱,焚文书而酷刑法,先诈力而后仁义,以暴虐为天下始。夫并兼者高诈力,安危者贵顺权,以此言之,取与、攻守不同术也。秦虽离战国而王天下,其道不易,其政不改,是以其所以取之也。孤独而有之,故其亡可立而待也。借使秦王论上世之事,并殷周之迹,以制御其政,后虽有淫骄之主,犹未有

倾危之患也。故三王之建天下，名号显美，功业长久。

在进行兼并战争的时候，崇尚诡诈和实力，这就是所谓的"霸道"。而国家建立之后，想要社会安定则需顺应形势的变化，实行仁义之道。夺取天下和保有天下用的是完全不同的方法。秦始皇在夺取天下之后，不能适时改变统治方法，依然崇尚暴政，这就是其迅速灭亡的根本原因。

贾谊这里所说的"取与、攻守不同术也"，他的前辈思想家陆贾早前已经向刘邦阐述过，还留下了一则"马上得天下"的经典轶事。

据《史记·郦生陆贾列传》记载①，陆贾在朝廷的官职为太中大夫，他常常在汉高祖刘邦面前谈论《诗经》《尚书》，惹得刘邦很不高兴。刘邦对着陆贾破口大骂："老子的天下是骑在马上东拼西杀打下来的，哪里用得着什么《诗》《书》！"

陆贾淡定地反问道：马上可以得天下，难道您可以在马上治天下吗？汤武都是用武力征服天下而后以文治守住江山，文武并用，才是国家的长治久安之道。从前吴王夫差、智伯都因穷兵黩武而亡国；秦朝也是不知变化地一味使用严刑而灭亡。假如秦统一天下之后，实行仁义，效法先圣，陛下您又怎能取得天下呢？刘邦听完这番话后，神色惭愧。

贾谊继承了陆贾的观点，将秦帝国的速亡归结为是在武力夺取天下之后，不改易其统治方法，不实行仁政王道的结果。通过比较以商、韩理论立国的秦始皇与夏商周三代的圣王仁君，贾谊认

---

① 《史记》原文为："陆生时时前说称《诗》《书》。高帝骂之曰：'乃公居马上而得之，安事《诗》《书》！'陆生曰：'居马上得之，宁可以马上治之乎？且汤武逆取而以顺守之，文武并用，长久之术也。昔者吴王夫差、智伯极武而亡；秦任刑法不变，卒灭赵氏。乡使秦已并天下，行仁义，法先圣，陛下安得而有之？'高帝不怿而有惭色，乃谓陆生曰：'试为我著秦所以失天下，吾所以得之者何，及古成败之国。'陆生乃粗述存亡之征，凡著十二篇。每奏一篇，高帝未尝不称善，左右呼万岁，号其书曰'新语'。"第2699页。

为,遵循夏禹、商汤、周文王等三代君主的治国之道,礼治天下、轻徭薄赋、优抚民众,那样一个君安民乐的国家,才是一个好的国家。

2. 治国之道

那么,如何才能实现这一理想的国家蓝图呢?贾谊提出的治国之道,主要在于安民、任贤、尊君、以礼治国、以农为本这几个方面。

其一,安民

"陈涉不用汤、武之贤,不藉公侯之尊,奋臂于大泽,而天下向应者,其民危也。"(《过秦下》)陈涉这样出身贫苦的穷小子振臂一呼就得到天下的云集响应,一人发难便顷刻间令秦国宗庙尽毁,其中的原因不在于陈涉有多么杰出的才能和多么崇高的威望,而是民众处于极度危难之中,苦于秦的暴政已久,反抗的火种早已在心中暗流涌动了。所以,和历代的有识之士一样,贾谊也特别告诫统治者,要想国家长治久安,务必要以民为本,爱民、安民。

闻之于政也,民无不为本也。国以为本,君以为本,吏以为本。故国以民为安危,君以民为威侮,吏以民为贵贱。此之谓民无不为本也。闻之于政也,民无不为命也。国以为命,君以为命,吏以为命,故国以民为存亡,君以民为盲明,吏以民为贤不肖。此之谓民无不为命也。闻之于政也,民无不为功也。故国以为功,君以为功,吏以为功。国以民为兴坏,君以民为强弱,吏以民为能不能。此之谓民无不为功也。闻之于政也,民无不为力也。故国以为力,君以为力,吏以为力。故夫战之胜也,民欲胜也;攻之得也,民欲得也;守之存也,民欲存也。故率民而守,而民不欲存,则莫能以存矣;故率民而攻,民不欲得,则莫能以得矣;故率民而战,民不欲胜,则莫能以胜矣。故其民之为其上也,接敌而喜,进而不可止,敌人必骇,战由此胜也。夫民之于其上也,接而惧,必走去,战由此败也。故夫灾

与福也,非粹在天也,又在士民也。呜呼,戒之!戒之!夫士民之志,不可不要也。呜呼,戒之!戒之!(《大政上》)

古代民本思想的产生,可以追溯到殷周时期。《尚书·五子之歌》有云:"民惟邦本,本固邦宁。"从《尚书·泰誓》中的"天视自我民视,天听自我民听"到孔孟的节用爱人、民贵君轻,民本思想的形成和确立在先秦时期已经完成①。贾谊吸取前代的思想资源,对这一观点进行了充分的论述。

"闻之于政也,民无不为本也。"对于治理国家的人来说,无论是国君还是各级官吏,没有不把民众作为根本的。国家的安危依靠民众,君主的荣辱依靠民众,官吏的贵贱也依靠民众。为什么这样说呢?因为国家想要做什么,只有民众与之同心同德,事情才能成功。比如领兵作战,"夫战之胜也,民欲胜也;攻之得也,民欲得也;守之存也,民欲存也"。攻城凡是攻得下的,都是民众想要攻取,才会奋勇作战;守城凡是守得住的,也都是民众想要守卫,才会拼死防守。其他事情亦然。"故夫灾与福也,非粹在天也,又在士民也。"君、国的祸福,不在于上天,而是由民众所决定的。所以,贾谊说:

> 故夫民者,至贱而不可简也,至愚而不可欺也。故自古至于今,与民为仇者,有迟有速,而民必胜之。(《大政上》)

民众最低贱,但是不可轻视;最愚笨,但是不可欺压。从古至今,凡是与民众为敌的,或早或晚、或快或慢,民众都一定会战胜他。因此,凡是居于上位的,不管是君主还是官吏,都必须爱护民众,"简士苦民者是谓愚,敬士爱民者是谓智"(《大政上》)。轻视民众、劳苦民众的叫做愚蠢,敬爱民众的才是聪明。

---

① 古代的民本思想与现代的民主观念有着本质的区别。古代民本思想的前提、中心和目的,都是为了维护君主专制。

一个聪明的统治者要想国泰君安，必须安民、爱民。爱民要做到爱民如子。贾谊在《新书》的不同篇章里，反复强调了这一点。

在《君道》篇，贾谊引用《诗经·大雅·泂酌》的诗句："恺悌君子，民之父母。"并记述了周文王受到民众敬爱的两则往事。周文王曾经戴着手铐脚镣被商纣王囚禁在羑里，关了七年才被放出来。武王灭掉商朝之后，人们在拆除文王当年戴过的那些手铐脚镣时，将它们小心地捧在手里，不敢掉在地上。另一件事情是，文王想要建造灵台，老百姓听说了，都自己带着干粮主动去做工，人多得像赶集一样。这一切都是因为周文王仁爱德厚，才受到民众发自内心的拥护和爱戴。贾谊借此阐明了爱民如子是圣王之德的道理，作为人君，都应该具有这样的品质和情怀。

在《谕诚》篇，贾谊记述了成汤祝网的故事。商汤王有一次在郊外看到一个猎人四面设下罗网，正在祷告："从天上落下的，从地里生出的，从四方来的，都进到我的网里。"商汤说："这样的话禽兽就被杀光了。除了夏桀那样的暴君，谁还会这样做呢？"商汤于是命令猎人收起三面的网，只留下一面，重新教猎人祷告说："想往左去的就往左去，想往右去的就往右去，想往高处去的就向高处去，想往低处去的就向低处去，我只猎取那些不听命令、自投罗网的。"商汤王对鸟兽都如此爱护，更何况是自己的人民呢？

在《春秋》篇，贾谊又列举邹穆公的事迹来阐述这个道理。邹穆公爱护民众如同爱护自己的孩子，邹国路不拾遗，上下团结一心，即便国家弱小，邻国也不敢小觑。穆公去世时，老百姓悲伤痛哭，卖酒、卖肉的商贩关闭了店铺，妇女无心装扮，连儿童都不再歌唱嬉耍。君民亲如父子，就像《周易·中孚》中所说的那样："鸣鹤在阴，其子和之。"鹤在山的北面鸣叫，小鹤们随声附和。

邹穆公、商汤王和周文王，这些统治者都是爱民如子的典范。他们因为仁爱百姓，无论国家大小，都得到士民的拥护，因而国运昌盛。

安民还要求君主身体力行,教育、带领民众走正道。

《论语·颜渊》谓:"君子之德风,小人之德草,草上之风必偃。"意思是说,居于上位者的品德好比风,民众的品德好比草,风吹到草,草就必定跟着往风吹的那一边倒。贾谊在《新书》中,也告诫统治者要率先垂范,并带领民众走正道、行仁义、忠诚、守信:

> 君能为善,则吏必能为善矣;吏能为善,则民必能为善矣。故民之不善也,吏之罪也;吏之不善也,君之过也。呜呼,戒之!戒之!故夫士民者,率之以道,然后士民道也;率之以义,然后士民义也;率之以忠,然后士民忠也;率之以信,然后士民信也。故为人君者,其出令也,其如声;士民学之,其如响;曲折而从君,其如景矣。呜呼,戒之哉!戒之哉!君乡善于此则失然协,民皆乡善于彼矣,犹景之象形也;君为恶于此则嘑嘑然协,民皆为恶于彼矣,犹响之应声也。(《大政上》)

君主发号施令,就像声音,士民学习,如同回声;士民随从,如同影子。君主做好的事情,民众也会做好事,恰如影子跟随形体而动。而君主如果做坏事,民众也会做坏事,宛如回声响应原音。所以,君主爱民,就要以身作则,引导民众向善。关于这一点,《论语》有云:季康子问政于孔子,孔子对曰:"政者,正也。子帅以正,孰敢不正?"在《子路》篇,孔子又说:"其身正,不令而行;其身不正,虽令不从。"讲的都是这个道理。

"夫民者,诸侯之本也。教者,政之本也。"(《大政下》)民众是诸侯、是国家的根本,而教化,即教育民众,则是政治的根本。"夫民之为言也,瞑也;萌之为言也,盲也。故惟上之所扶而以之,民无不化也。"(《大政下》)"民"这个字的意思是昏暗,"萌"这个字的意思是昏昧。老百姓无知无识,必须由统治者对其施以教化。也正因为民众愚氓,所以,居于上位者的教化,民众都会接受下来。士民在君主德行的教导和感化下,就会一心向善。而民众善良淳朴,愿意为国效力,国家才能兴旺昌盛。

安民,也要求君主宽以待民。

贾谊在《新书》的《连语》篇中,记叙了一则梁王断案的故事。

> 梁尝有疑狱,群臣半以为当罪,半以为不当,虽梁王亦疑。梁王曰:"陶之朱叟,以布衣而富侔国,是必有奇智。"乃召朱公而问之,曰:"梁有疑狱,吏半以为当罪,半以为不当,虽寡人亦疑,为吾决是奈何?"朱公曰:"臣鄙人也,不知当狱,然臣家有二白璧,其色相如也,其径相如也,其泽相如也。然其价也,一者千金,一者五百金。"王曰:"径与色泽皆相如也,一者千金,一者五百金。何也?"朱公曰:"侧而视之,其一者厚倍之,是以千金。"王曰:"善。"故狱疑则从去,赏疑则从予,梁国说。以臣谊窃观之,墙薄咫亟坏,缯薄咫亟裂,器薄咫亟毁,酒薄咫亟酸。夫薄而可以旷日持久者,殆未有也。故有国畜民施政教者,臣窃以为厚之而可耳。

梁国有一桩疑案,群臣一半认为应叛定为有罪,一半认为应叛定为无罪,梁王也犹豫不决,于是就请陶朱公范蠡来帮忙。范蠡以玉璧启发梁王:两块相同品相和直径的白璧,一块的厚度是另一块的一倍,厚的那块的价值也比薄的那块高出一倍,借此讲述宽以待民的道理。梁王将这件疑案判为无罪,国人都很高兴。所谓"墙薄咫亟坏,缯薄咫亟裂,器薄咫亟毁,酒薄咫亟酸",薄墙壁坏得快,薄绸缎裂得快,薄器皿会很快坏掉,薄酒将很快变酸。所以,畜养民众、实施政教的统治者,还是宽厚一些为好。

在《大政上》篇,贾谊更是直接表述了这样的观点:"诛赏之慎焉,故与其杀不辜也,宁失于有罪也。故夫罪也者,疑则附之去已;夫功也者,疑则附之与已。则此毋有无罪而见诛,毋有有功而无赏者矣。戒之哉!戒之哉!"重赏轻罚,对于每一项罪行,有疑惑不清之处就按无罪处理,宁可放过有罪的人,也不错杀一个无辜者。即使民众真的犯了错,"下为非,则矜而恕之,道而赦之,柔而假之",也要同情之、宽恕之、安抚之,优待下民。

除此之外,安民还体现为君主藏富于民、取信于民。

在《春秋》篇,贾谊记述了邹穆公用官仓的粟米换百姓瘪谷的故事。

> 邹穆公有令,食凫雁者必以秕,毋敢以粟。于是,仓无秕而求易于民,二石粟得一石秕。吏以请曰:"秕食雁,为无费也。今求秕于民,二石粟而易一石秕,以秕食雁则费甚矣。请以粟食之。"公曰:"去!非而所知也。夫百姓煦牛而耕,曝背而耘,苦勤而不敢惰者,岂为鸟兽也哉?粟米,人之上食也,奈何其以养鸟也?且汝知小计而不知大会。周谚曰:'囊漏贮中',而独弗闻与?夫君者,民之父母也。取仓之粟,移之于民,此非吾粟乎?鸟苟食邹之秕,不害邹之粟而已。粟之在仓,与其在民,于吾何择?"

邹穆公下令,饲养鸭和鹅只能用秕,也就是瘪的谷粒。粮仓里的秕不够用,官吏便向民间去交换,二石粟米才换一石秕。管理粮仓的官吏认为这样做很不值,请求用官仓里的粟米喂食家禽,遭到了穆公的严厉斥责。邹穆公说:"百姓把牛喂饱去耕地,在烈日下光着脊背锄草,辛辛苦苦不敢有丝毫怠惰,难道是为了鸟兽而劳作的吗?粟米是上等的食粮,怎么可以拿去喂鹅。你只会打小算盘而不会算大账。周人的俗语说:'袋子漏了也是漏在粮仓里。'难道你没有听到过?一国之主,是百姓的父母。拿仓里的粟换给百姓,难道就不是我的粟米了吗?鹅吃邹国的秕,没有糟蹋邹国的粟米。粟米存在仓库中跟收藏在百姓家里,对我来说有什么不同的呢?"

而关于取信于民的道理,贾谊在《谕诚》篇里,用周文王的故事进行了表达。

文王昼卧,梦人登城而呼己曰:"我东北陬之枯骨也,速以王礼葬我。"文王曰:"诺。"觉,召吏视之,信有焉。文王曰:"速以人君礼葬之。"吏曰:"此无主矣,请以五大夫。"文王曰:"吾梦中已许之矣,奈何其倍之也!"士民闻之曰:"我君不以梦之故而倍槁骨,况于生人乎?"于是,下信其上。

周文王白天睡觉,梦见有人登上城头呼喊自己说:"我是东北角的枯骨,赶快用君王的礼仪来葬我。"文王答应下来。醒来以后,文王让官吏去察看,发现那里的确有一具枯骨。文王下令用国君葬礼的规格埋葬他。官吏觉得此人身份不明,请求用五大夫的丧礼下葬。文王说:"我在梦中已经答应他了,怎么能违背呢?"士民们听到这件事,说:"我们的国君不因为是梦中应允而违背对枯骨的诺言,更何况对我们这些人呢!"因此,民众都信任他们的君主。

治理国家的根本在于治理民众,治理民众的关键在于安定民众。君主爱民如子、率先垂范、宽厚仁慈、言而有信,民众安定了,国家也就安定了。国君高坐在朝廷之上,他的政权和统治也就安安稳稳的了。

其二,任贤

治国务在安民,但和老百姓直接打交道的不是国君本人,而是国家的各级官吏,所以,选拔德才兼备的贤能之士作为国君的膀臂并用好这些左膀右臂,也是国政中的大事、要事。

首先,君主身边的臣子,对于国君和朝政都有重要影响,甚至可以主导国家的存亡,所以,选择和任命大臣,一定要慎之又慎。

抑臣又窃闻之曰,有上主者,有中主者,有下主者。上主者,可引而上,不可引而下;下主者,可以引而下,不可引而上;中主者,可引而上,可引而下。故上主者,尧舜是也,夏禹、契、后稷与之为善则行,鲧、驩兜欲引而为恶则诛。故可与为善,而不可与为恶。下主者,桀纣是也,虽侈、恶来进与为恶则行,比干、龙逢欲引而为善则诛。故可与为恶,而不可与为善。所谓中主者,齐桓公是也。得管仲、隰朋则九合诸侯,任竖貂、易牙则饿死胡宫,虫流而不得葬。故材性乃上主也,贤人必合,而不肖人必离,国家必治,无可忧者也。若材性下主也,邪人必合,贤正必远,坐而须亡耳,又不可胜忧矣。故其可忧者,唯中主耳,又似练丝,染之蓝则青,染之缁则黑,得善佐则存,无善佐则亡,此其不可不忧者耳。《诗》曰:"芃芃棫朴,薪之槱之;济济辟王,左右趋之。"此言左右日以善趋也,故臣窃以为练左右急也。(《连语》)

人由于天生的禀赋和后天的际遇不同,其才性也有上下、高低的不同。贾谊认为,对于君主来说也是这样,人主也有上主、中主和下主之分。《论语·阳货》中记载了孔子的语录:"唯上知与下愚不移。"只有上等的智者与下等的愚者是改变不了的。言下之意,除了上智和下愚之外,中等才质的人容易受他人影响,是可以改变的。贾谊将孔子的上智下愚说用在君主身上:尧舜那样的上等人君,可以与之为善,即使有鲧、驩兜之类的坏人想带着他们干坏事,也不会得逞;桀、纣那样的下等人君,侈、恶来与之为恶,大干坏事,即使有比干、龙逢那样的贤人想要引导他们向善,也不会成功,反而受到桀纣的惩罚。上等和下等的君主都是周围人改变不了的,而中等的人君,像齐桓公,得到管仲、隰朋这样贤臣的辅佐就能九合诸侯、平定天下;任用了竖貂、易牙那样的奸臣,自己被活活饿死,尸身爬出蛆虫还不得下葬。贾谊用前代的史实充分论证了"得善佐则存,无善佐则亡"的道理。

问题的关键在于,像尧舜那样的上智和桀纣那样的下愚都不常见,和大多数人都是中等才质一样,大多数的君主也都是处于上主和下主之间的中等人君。"中主者,可引而上,可引而下。"而引导君主向上或者向下、引导君主行善或者作恶的,就是他们身边的大臣。由此可见,选拔官员和任用官吏是多么重要的事情。

其次,既然君主身边的辅佐之人关系到国运的兴衰和君主的生死,那么,怎样才能将贤能的人选拔出来,放在管理民众的位置上呢?贾谊在《新书》中也讨论了这个问题。

> 故夫民者虽愚也,明上选吏焉,必使民与焉。故士民誉之,则明上察之,见归而举之;故士民苦之,则明上察之,见非而去之。故王者取吏不忘,必使民唱,然后和之。故夫民者,吏之程也。察吏于民,然后随之。夫民至卑也,使之取吏焉,必取其爱焉。故十人爱之有归,则十人之吏也;百人爱之有归,则百人之吏也;千人爱之有归,则千人之吏也;万人爱之有归,则万人之吏也。故万人之吏,选卿相焉。(《大政下》)

贾谊明言,君主选拔官吏,一定要让民众参与其中,以民意为选官的标尺。具体而言,就是君主不凭空提拔人,看到有谁受到民众的赞誉,就加以考察。如果考察的结果是此人得到士民的归依,就委以官职。而将这个人提拔到哪一级的职位上,也要看民众的态度。有十个人喜爱并归附他,就让他担任管理十个人的官职;有一百个人喜爱并归附他,就让他担任管理一百个人的官职;有一千个人喜爱并归附他,就让他担任管理一千个人的官职;有一万个人喜爱并归附他,就让他担任管理一万个人的官职。朝廷的重要官员,比如公卿和丞相,就从这些"万人之吏"中选拔出来。

除了民意之外,贾谊还提出要考察候选人的亲友的态度。

> 事君之道,不过于事父……使下之道,不过于使弟……慈民之道,不过于爱其子……居官之道,不过于居家,故不肖者之于家也,不可以居官。夫道者,行之于父,则行之于君矣;行之于兄,则行之于长矣;行之于弟,则行之于下矣;行之于身,则行之于友矣;行之于子,则行之于民矣;行之于家,则行之于官矣。故士则未仕而能以试矣。圣王选举也,以为表也。问

之，然后知其言；谋焉，然后知其极；任之以事，然后知其信。故古圣王君子不素距人，以此为明察也。(《大政下》)

由于早期氏族社会的血缘宗法制度解体不彻底，以小农经济为主导的中国古代社会，国家的组织结构与家庭、家族具有很强的共同性，这就是人们常说的"家国同构"。在古人的观念里，家是微观的国，国是放大的家；父亲是家里的君主，君主就是这个国家的父亲。所以，贾谊说"事君之道，不过于事父"。侍奉君主的道理，和侍奉父亲的道理是一样的。同理，对于管理下属和民众，也和对待弟弟和孩子一样。一个人将来能不能侍奉好君主，可以看看他在家里能不能侍奉好父亲；能不能使用好下属，可以看看他在家里能不能带好弟弟；能不能爱护好士民，可以看看他在家里能不能爱护好儿女。"故士则未仕而能以试矣"，用这种办法，在候选的士人还没有做官之前，就可以预测出他将来为官的情形了。由此，贾谊提出，亲友的态度和家庭关系状况，也是选拔官吏的标准。

最后，贤能的人才被选拔出来，放在了合适的职位上之后，官吏在任职期间做得到底好不好，是否称职，其政绩如何，君主要对他们进行考察。而考察的标准，是看他们是否能为君主安民、富民，给民众带来安乐和富裕。

人臣之道，思善则献之于上，闻善则献之于上，知善则献之上。夫民者，唯君者有之，为人臣者助君理之。故夫为人臣者，以富乐民为功，以贫苦民为罪。(《大政上》)

国以民为存亡，君以民为盲明，吏以民为贤不肖。(《大政上》)

国以民为兴坏，君以民为强弱，吏以民为能不能。(《大政上》)

"吏之为言，理也。故吏也者，理之所出也。"(《大政下》)"吏"的意思，是治理。所以，官吏是负责治理民众的。为人臣者，主要的职责就是献计献策,制定措施并加以实施,辅助君主治理百姓。那么,官吏的政绩,自然也表现在对民众的治理上。

为官一任,治理得好,民众安乐富裕,就是有功;治理得不好,民众贫穷困苦,就是有罪。"士民誉之,则明上察之,见归而举之;故士民苦之,则明上察之,见非而去之。"(《大政下》)获得民众赞誉的,就提拔他;遭到民众痛恨的,就撤掉他。对于官吏的考核,贾谊主张全权以民意为标准,来确定其是否称职。

贾谊的这一观点,对于君主任贤为能来说,可谓是切中要害,需要引起足够的重视。

在皇权专制社会中,官吏的升迁,甚至是生死,都全凭主上的意志,抑或仅仅是系于君王的一念之间。因此,察言观色、悉心揣摩、投其所好;巧言令色、奉迎巴结、唯命是从;拉帮结派、党同伐异、相互包庇不可避免地成为官场的常态。官员们或是得过且过、尸位素餐、只求自保,或是处心积虑、溜须拍马,企望飞黄腾达,严重者甚至欺上瞒下来攫取个人利益,以致最终祸国殃民。所以,君主在考察官吏时,务必要保持清醒,不能以自身的好恶为标准。

逢迎之徒对君主治国有害无益,这个道理不言自明,而那些在官位上仅以完成本职工作为己任的人,也称不上贤臣。在贾谊的时代,这类不识大体的臣子也大有人在:

> 大臣之俗,特以牍书不报,小期会不答耳,以为大故,以为大故不可矣……加刀笔之吏,务在筐箧,而不知大体。(《俗激》)

官场的时风,大臣们只是把官文来往、及时上承报表当做大事;刀笔小吏们只埋头于案卷,致力于日常文书的处理。这样的官吏仅仅能勉强维持政治运作,远远不是国家的栋梁之才。只有那些心系民众,为君主安抚、造福一方百姓的臣子,才能令君主在庙堂之上高枕无忧,才是真正的尽忠报国、效忠君王。所以,君主考核大臣的标准不在于其说话办事是否适合自己的私意,也不在于其自诩的政绩或同僚的意见如何,而是要看民众对他的评价。"以富乐民为功,以贫苦民为罪",用这一条标准考核官吏,贤能者与不肖之徒即刻现形。

君主有上主、中主和下主之分,同样是贤能者,各自的才能和品德也是具有差异的。只有了解和准确判断出这些差异,才能更好地使用他们。《新书》将官员分为六种,并给出了相应的区分标准。

> 王者官人有六等:一曰师,二曰友,三曰大臣,四曰左右,五曰侍御,六曰厮役。知足以为源泉,行足以为表仪;问焉则应,求焉则得;入人之家足以重人之家,入人之国足以重人之国者,谓之师。知足以为砻砺,行足以为辅助,仁足以访议;明于进贤,敢于退不肖;内相匡正,外相扬美者,谓之友。知足以谋国事,行足以为民率,仁足以合上下之欢;国有法则退而守之,君有难则进而死之;职之所守,君不得以阿私托者,大臣也。修身正行不怍于乡曲,道语谈说不怍于朝庭;智能不困于事业,服一介之使,能合两君之欢;执戟居前,能举君之失过,不难以死持之者,左右也。不贪于财,不淫于色;事君不敢有二心,居君旁不敢泄君之谋;君有失过,虽不能正谏以其死持之,憔悴有忧色,不劝听从者,侍御也。柔色伛偻,唯谀之行,唯言之听,以睢盱之间事君者,厮役也。(《官人》)

君主任命的官吏依照德与能,从高到低,可以依次划分为师、友、大臣、左右、侍御、厮役六种。能被称为"师"的官员,拥有足以成为治世之源的智慧,无所不知、有问必答,其行为也足以成为表率和楷模;称为"友"的官员,他的智慧足以砥砺、匡正和辅佐君主,明于进贤,敢于屏退不肖者;"大臣"这一类的官员,智慧足以处理好国政和民事,刚正不阿,可以为君解忧,慷慨赴难;"左右"之人,品行端正,能出色地完成本职工作,敢于以死进谏;至于"侍御",不贪恋钱财和女色,侍奉君主从无二心,如果君主有过失,虽不能以死进谏,但也不会勉强从君之命;而那些成为"厮役"的人,则完全是察言观色、阿谀奉承、唯命是从之徒,已经属于不肖者了。

贾谊提醒君主要明确分辨、谨慎任用各级各类官员。"与师为国者帝,与友为国者王,与大臣为国者伯,与左右为国者强",任用师、友、大臣、左右治理国家的,可以成帝业、成王业、成霸主、成强者。"与侍御为国者若存若亡",与侍御一起治国者,或存或亡,政权处于飘摇之中。而以厮役这等官员治国的,国家的灭亡指日可待,"与厮役为国者亡可立待也"(《官人》)。

与此同时,贾谊还从言与行这两种能力上,对人才进行了分类:"士能言道而弗能行者谓之器,能行道而弗能言者谓之用,能言而能行之者谓之实。故君子讯其器,任其用,乘其实,而治安兴矣。呜呼,人耳!人耳!"(《大政下》)在贤能之中,有些人能说却不能干,他们叫做器具型的人才;有些人能干却不能说,他们叫做运用型的人才;有些人既能干又能说,他们叫做实力型的人才。君主因才施用,咨询器才、任用用才、使用实才,做到各尽其才,国家不愁不兴旺发达。

国家的治理,要依靠各级官吏,因此,选贤任能的重要性不言自明。在这个问题上,贾谊的基本观点是:任何朝代、任何国家都不缺少贤能之士,难的是将贤者选拔出来,放在合适的岗位上,用好、管理好他们,令其为国出力。任用官吏,关乎国家的兴衰,所以,贾谊大声疾呼:"呜呼,人才啊!人才啊!"

其三,尊君

在《新书》中,对爱民如子的反复论述和特别强调,其立足点和落脚点,都在于贾谊心中那最尊贵的君主能够江山永固。

贾谊陈说爱民如子,是因为"夫忧民之忧者,民必忧其忧;乐民之乐者,民亦乐其乐。与士民若此者,受天之福矣"(《礼》)。君主要为民众的忧虑而忧虑,为民众的快乐而快乐,因为只有如此,君主才能得到老百姓的拥戴和效忠。而这里所说的承受上天福佑的人,显然也不是士民,而是君主。

对于君臣关系,也是如此。

在《谕诚》篇,贾谊记叙了一则豫让的故事。

> 豫让事中行之君,智伯灭中行氏,豫让徙事智伯,及赵襄子破智伯,豫让剂面而变容,吞炭而为哑,乞其妻所而妻弗识,乃伏刺襄子,五起而弗中。襄子患之,食不甘味,一夕而三易卧,见不全身。人谓豫让曰:"子不死中行而反事其雠,何无可耻之甚也?今必碎身靡躯以为智伯,何其与前异也?"豫让曰:"我事中行之君,与帷而衣之,与关而枕之。夫众人畜我,我故众人事之。及智伯分吾以服衣,饣舀吾以鼎实,举被而为礼。是以国士遇我,我故国士报之。"故曰:"士为知己者死,女为悦己者容",非冗言也,故在主而已。

豫让是春秋末期晋国人,是晋国六大世袭卿族之一中行氏的家臣。同为晋国六卿之一的智伯灭掉中行氏之后,豫让做了智伯的家臣。后来,智伯进攻六卿之一的赵襄子时,被赵襄子所灭。豫让为了给智伯报仇,吞炭割面,毁坏了容貌和声音去行刺赵襄子。搞得赵襄子一夜换三个地方睡觉,坐不安寝、食不甘味。

豫让侍奉中行氏时,背叛旧主并投靠了杀主仇人智伯;等到智伯被杀,反而拼了命,粉身碎骨也要为主人报仇。人们对其前后行为的巨大差异表示不解,豫让说:"我侍奉中行氏,他把我当成一般人对待,所以我也像一般人那样侍奉他。而到了智伯那里,他把我当成国士看待,优待我,所以我就像国士那样报效他。"

贾谊讲述豫让的故事,重点在于向君主陈说这样一个道理:如果人主不好好对待大臣,大臣们就会如犬马一样没有节操、没有廉耻,苟且偷安,那么,最受损害的还是君主。君主只有优待臣下,才能获得他们誓死效忠的忠心,才能最终维护好自身的利益。

毫无疑问,在君、臣、士民三者之中,《新书》立论的核心在于尊君。

贾谊是等级制度的虔诚信奉者,在《阶级》篇,他以台阶作比喻,论述了君主地位的至尊、至贵。

> 人主之尊,辟无异堂。阶陛九级者,堂高大几六尺矣。若堂无陛级者,堂高治不过尺矣。天子如堂,群臣如陛,众庶如地,此其辟也。故陛九级上,廉远地则堂高;陛亡级,廉近地则堂卑。高者难攀,卑者易陵,理势然也。故古者圣王制为列等,内有公卿大夫士,外有公侯伯子男,然后有官师小吏,施及庶人,等级分明,而天子加焉,故其尊不可及也。

人主的尊贵,和厅堂一样:天子如同厅堂,群臣如同台阶,老百姓则像是地面。以此喻指各阶级地位的高下,贾谊认为是很贴切的。台阶越多,厅堂就被抬得越高,所以,古代的圣王制定了各种等级,内有公、卿、大夫、士,外有公、侯、伯、子、男,之下还有官师和小吏,一直到平民,官阶众多且层阶分明。天子在最顶端,被一层又一层的官阶抬离地面,高高在上、遥不可及,他的尊贵是无人可以比拟的。在《服疑》篇,贾谊又把如此这般尊贵的人君比喻为天上独一无二、光芒万丈、普照众生的太阳:"于是主之与臣,若日之与星以。"

君主的地位至高无上,所谓"专威定功,安危之本"(《过秦下》),贾谊认为,君主独擅威势是其安危的根本所在。因此,君主一定要不遗余力地把这种至高无上的绝对权威在臣民心中树立起来、确定下来。可是,"人之情不异,面目状貌同类,贵贱之别非人天根着于形容也"(《等齐》),人们的面容、形体等都大致一样,君主也不是三头六臂,其内在的性情和外在的面貌与常人并无二致,那么,贵贱之别从哪里体现出来呢？贵贱之别怎么才能展现得一目了然呢？

> 所持以别贵贱明尊卑者,等级、势力、衣服、号令也。乱且不息,滑曼无纪。天性则同,人事无别。然则,所谓臣臣主主者,非有相临之具、尊卑之经也,持面形而肤之耳。近习乎昼,近貌然后能识,则疏远无所放,众庶无以期,则下恶能不疑其上？君臣同伦,异等同服,则上恶能不眩于其下？孔子曰:"长民者,衣服不二,从容有常,以齐其民,则民德一。"《诗》云:"彼都人士,狐裘黄裳,""行归于周,万民之望。"孔子曰:"为上可望而知也,为下可类而志也,则君不疑于其臣,而臣不惑于其君。"(《等齐》)

用来别贵贱、明尊卑的,是等级、势力、衣服和号令。所以,贾谊说,人们的地位高低不同,"则名号异,则权力异,则事势异,则旗章异,则符瑞异,则礼宠异,则秩禄异,则冠履异,则衣带异,则环佩异,则车马异,则妻妾异,则泽厚异,则宫室异,则床席异,则器皿异,则食饮异,则祭祀异,则死丧异"(《服疑》),从名号到权力、从印章到俸禄、从衣服到配饰、从妻妾到宫室,从生到死的一切,都必须是有差别的。"贵周丰,贱周谦",尊贵者在各方面都丰富、华美,低贱者在各方面都短缺、简朴。而对于君主来说,要让士民们远远地就能识别出他的高贵,产生恭敬、臣服之心,必须像孔子说的那样,"衣服不二,从容有常",其服饰要有一定的规矩。

贾谊强调说,国君要在名号、旌旗、车马、宫室等各个方面,将自己的至尊至贵展现出来,此间尤其要注重的,是服饰方面。"制服之道,取至适至和以予民,至美至神进之帝。奇服文章,以等上下而差贵贱。"(《服疑》)关于服饰,民众以舒适为原则,而君主则以极致的美丽和神奇为标准,用那奇异的衣服、错杂的花纹来显示自己不可企及的尊贵。就像《诗经》上说的:"彼都人士,狐裘黄裳。"

"行归于周,万民之望。"居于上位的漂亮人士身着锦衣,狐皮袍子黄罩衫,走在回镐京的路上,从远处一望,就可以被认出来,接受万民的景仰。

在贾谊看来,贵贱尊卑之别如同天理一般,不容置疑。一旦有人胆敢僭越,就要受到严惩。当等级已定,威势已经树立起来,还要建立法度让人们知道和熟悉,并设立专职官员进行管理。士民们都尊奉这种制度,看到服饰便知贵贱,见到旗帜便知权势,都安于各自的本分并尊君敬上,没有丝毫非分之想,人心自然就安定了。人心安定了,社会也就安定了:"贵贱有级,服位有等。等级既设,各处其检,人循其度。擅退则让,上僭则诛。建法以习之,设官以牧之。是以天下见其服而知贵贱,望其章而知其势,使人定其心,各著其目。"(《服疑》)

其四,以礼治国

在《新书》的表述中,国家由处于最底层的民众、位于中间部位的多层阶的各级官吏和高居最顶端的君主构成,恰如一栋建筑的地面、台阶和厅堂。那么,如何维护和保持这栋建筑长期的、甚至是君主期望中的永久稳定,将尊君、任贤、安民的治世之道完美地、整体性地落实在国策上,贾谊提出的对策是以礼治国。

《新书》中专门有一篇名为《礼》的文章,论述了以礼治国的必要性和重要性。

> 礼者,所以固国家,定社稷,使君无失其民者也。主主臣臣,礼之正也;威德在君,礼之分也;尊卑大小,强弱有位,礼之数也。礼,天子爱天下,诸侯爱境内,大夫爱官属,士庶各爱其家。失爱不仁,过爱不义。故礼者,所以守尊卑之经、强弱之称者也。礼,天子适诸侯之宫,诸侯不敢自阼阶。阼阶者,主之阶也。天子适诸侯,诸侯不敢有宫,不敢为主人礼也。君惠臣忠,父慈子孝,兄爱弟敬,夫和妻柔,姑慈妇听,礼之至也。

君惠则不厉,臣忠则不贰,父慈则教,子孝则协,兄爱则友,弟敬则顺,夫和则义,妻柔则正,姑慈则从,妇听则婉,礼之质也。

贾谊说,礼,是用以巩固和安定国家政权,让君主不失去他的民众的。为什么礼会具有固国家、定社稷、安民心这样的作用呢?因为它是"守尊卑之经、强弱之称者也",是一种规定并保持尊卑、上下、强弱的等级秩序和名分的法则。

"尊卑大小,强弱有位,礼之数也。"尊卑、大小、强弱各有自己的位次和名分,是礼的定数。名分和等级确定之后,如前文所述,人们在权力、俸禄、服饰、妻妾、宫室等从生到死的各个方面,都是有差别的。这种差别是尊贵者丰富而华美,低贱者短缺而简朴,从而将有限的物资进行了差别性的再分配。所谓"主主臣臣,礼之正也",如果把君主当做君主、把臣下当做臣下,全体社会成员都信守这种制度,安分守己,整个国家就走在礼制的正途上。礼制的规定,深入到社会生活的方方面面,甚至是人们的一举一动、一颦一笑。由于礼的节制,人们的好恶、喜怒和欲望都得到有效的控制,因为没有超出自己本分的愿望从而获得满足,没有争斗,国君自然就太平无事了。

和先秦时期的荀子一样①,贾谊也认为君主是治国的根本,"威德在君,礼之分也",礼制的本分就是君主恩威并施,一手行使威权,一手施以仁政。所以,《新书》的以礼治国在首先强调了君威,强调了尊卑上下的定数之后,便规劝君主要仁爱、要仁义。

"礼,天子爱天下,诸侯爱境内,大夫爱官属,士庶各爱其家。"依照礼,天子要爱天下,诸侯要爱封国,大夫要爱属下,士民则各自爱自己的家。天子治国,主要依靠的是各级官吏,在君臣关系中,

---

① 《荀子·礼论》:"礼有三本:天地者,生之本也;先祖者,类之本也;君师者,治之本也。"中华书局 1988 年版,第 349 页。

仁爱的君主合礼的行为就是要礼遇臣下、优待臣下。

> 礼者,所以节义而没不逾,故飨饮之礼,先爵于卑贱,而后贵者始羞,穀膳下浃而乐人始奏。觞不下遍,君不尝羞;穀不下浃,上不举乐。故礼者,所以恤下也。(《礼》)

礼制是如何规定并体现着君主对下属那适宜、适度的爱护呢?《新书》举了乡饮酒礼的例子。乡饮酒礼是一种聚会宴饮的礼仪。在乡饮酒礼上,先请地位低的人饮酒后,地位高者才进餐。所有的人都喝到酒之后,君主才进食;所有的菜肴都被尝了一遍之后,君主才下令奏乐。"故礼者,所以恤下也",所以君主以礼治国,就是要优抚下级。

接下来,贾谊在《礼》这篇文章里,引用《诗经》中《卫风·木瓜》投桃报李的诗句"投我以木瓜,报之以琼琚;匪报也,永以为好也"对君主说:"上少投之,则下以躯偿矣。弗敢谓报,原长以为好。古之蓄其下者,其施报如此。"主上给臣下少许的恩惠,臣下就会投以全身心的报答。古代以礼畜养臣下的,其付出和回报就是这样的。

所谓"君使臣以礼,臣事君以忠"①,君主礼敬臣下,臣子们就会以忠心侍奉君主。在这方面,前面提到的豫让的事例太典型了,在《阶级》篇,贾谊上疏汉文帝,又一次讲到他:"故此一豫让也,反君事雠,行若狗彘,已而折节致忠,行出乎烈士,人主使然也。故人主遇其大臣如遇犬马,彼将犬马自如也;如遇官徒,彼将官徒自为也。"同一个豫让,可以叛君投敌,行为像猪狗一样,已而又誓死效忠,行为超乎烈士,为什么呢?是人主让他这样的。人主将臣下当做犬马一样对待,臣下就会像犬马那样做;人主以礼而行,敬重、爱护臣子,臣子就会忠心效死。

---

① 《论语·八佾》:"定公问曰:'君使臣,臣事君,如之何?'孔子对曰:'君使臣以礼,臣事君以忠。'"

除了礼遇臣下之外,君主治理国家,还要处理好君民关系。所谓"刑不上大夫,礼不下庶人",以礼治国对于治民来说,是要移风易俗,在民间培养和树立起符合礼制的风俗和习惯。

> 今世以侈靡相竞,而上无制度,弃礼义,捐廉丑,日甚,可为月异而岁不同矣。逐利乎不耳,虑念非顾行也。今其甚者,剄父矣,孴大母矣,踝媦矣,刺兄矣。盗者虑探柱下之金,掇寝户之帘,搴两庙之器,白昼大都之中,剽吏而夺之金。矫伪者出几十万石粟,赋六百余万钱,乘传而行郡诸侯,此靡无行义之尤至者已。其余猖獗而趋之者,乃豕羊驱而往。
>
> 夫邪俗日长,民相然席于无廉丑,行义非循也。岂且为人子背其父,为人臣因忠于主哉?岂为人弟欺其兄,为人下因信其上哉?(《俗激》)

从《新书》中来看,当时的世风确实不容乐观。人们对礼义廉耻的抛弃日甚一日,可谓是日新月异。人们只追逐利益,丝毫不顾及道德。光天化日之下,在闹市区进行抢劫,其中的严重者到了杀夫伤母的地步。贾谊在文章中反问道:"为人子者背叛生父,那他为人臣时会忠于主上吗?为人弟者欺骗兄长,那他为人属下时会对上级讲诚信吗?"如何扭转这种局面,贾谊呼吁君主要加大力度移风易俗,因为这着实关系到国家的生死存亡。

> 夫移风易俗,使天下移心而向道,类非俗吏之所能为也。陛下又不自忧,窃为陛下惜之。夫立君臣等上下,使父子有礼,六亲有纪,此非天之所设也。夫人之所设,弗为持此则僵,不循则坏。秦灭四维不张,故君臣乖而相攘,上下乱僭而无差,父子六亲殃僇而失其宜,奸人并起,万民离叛,凡十三岁而社稷为墟。今而四维犹未备也,故奸人冀幸,而众下疑惑矣。岂如今定经制,令主主臣臣,上下有差,父子六亲各得其宜,奸人无所冀幸,群众信上而不疑惑哉。此业一定,世世常安,而

后有所持循矣。若夫经制不定,是犹渡江河无维楫,中流而遇风波也,船必覆败矣。悲夫。备不豫具之也,可不察乎?(《俗激》)

君君臣臣、父父子子的等级秩序,父子有礼、六亲有纪的社会伦常不是上天所设置的,而是由人构建的。移风易俗,使这种等级秩序和礼义廉耻的道德观念深入人心,完全内化于士民的内心深处,使天下移心而向道,并非俗吏所能做到,一定要君主对此有清醒、自觉的认识,亲身实行。贾谊在这里特别指出,强大如秦朝,就是因为世代奉行商鞅之政,形成了遗礼义、弃仁恩、并心于进取的败俗,才二世而亡。君臣上下有差,父子各得其宜的礼制不确定下来,如渡江时没有缆绳和船桨一样,遇到风浪,再大的船也会倾覆。而礼制一定,则能保证汉家江山"世世常安"。

以礼治国之所以能够保证汉家江山"世世常安",是因为礼不仅是君主畜养臣民的正途,与此同时,它更是"善为人臣者"的奉君之道。

礼者,臣下所以承其上也。故《诗》云:"一发五豝,吁嗟乎驺虞。"驺者,天子之囿也。虞者,囿之司兽者也。天子佐舆十乘,以明贵也。二牲而食,以优饱也。虞人翼五豝以待一发,所以复中也。人臣于是所尊敬,不敢以节待,敬之至也。甚尊其主,敬慎其所掌职,而志厚尽矣。作此诗者,以其事深见良臣顺上之志也。良臣顺上之志者,可以义矣。故其叹之也长,曰"吁嗟乎"。虽古之善为人臣者,亦若此而已。(《礼》)

这里的"《诗》云",出自《诗经·召南·驺虞》,诗句的意思是:"一发箭射五只小猪,哎呀管理鸟兽的虞人啊。"驺虞是天子苑囿中掌鸟兽的官。天子游猎时有十辆副车陪同,进餐时要准备两种肉食,狩猎时,虞人围赶五头野猪以供天子射杀。按照《毛传》和郑玄的说法,虞人围赶五头野猪是尽忠职守,天子只射其中的一只是仁爱有德，君臣双方都完美的符合礼制的要求。贾谊以此为例是要说明，天子仁德，礼遇臣下，那么，臣下对待尊贵的天子不敢有丝毫的俭省，总是尽心尽意，恭敬谨慎地尽忠职守，竭尽所能地事奉君主，此所谓"敬之至也""志厚尽矣"。

"作此诗者，以其事深见良臣顺上之志也。"贾谊此语，道出了礼制治世之功的核心——"顺上"。做这首诗的人以及引用这首诗的贾谊，都是借此深深地表达了臣下必须顺从主上的道理。而"顺上"，正是礼在规定了尊卑等级之后，对臣子、民众的核心要求。

《论语·里仁》篇孔子说："事父母几谏，见志不从，又敬不违，劳而不怨。"人子对待父母，即使父母有错，也是以委婉的态度进行劝谏。如果劝而不从，人子依然心甘情愿地从父而行，从不违背。"孝乎惟孝，友于兄弟，施于有政。"①在宗法社会里，家国同构，父父子子的家庭伦理就是君君臣臣的社会政治。所以，在礼制的要求和培育下，士民臣子在家敬顺父母，在外敬顺君主上级。这也就是前引《新书》在《礼》篇所说的，"君惠则不厉，臣忠则不贰，父慈则教，子孝则协，兄爱则友，弟敬则顺，夫和则义，妻柔则正，姑慈则从，妇听则婉，礼之质也。"礼的本质，一言以蔽之，就是君仁从而使得臣忠、民从。

而如何将礼制观念推行到全社会，有效地实施以礼治国，贾谊指出，一定要防微杜渐，严守礼制，坚决杜绝一切僭越行为。

《新书》中的《审微》篇，开篇就阐述了明察秋毫以防患于未然的重要性："善不可谓小而无益，不善不可谓小而无伤。非以小善为一足以利天下，小不善为一足以乱国家也。当夫轻始而傲微，则

---

① 《论语》对此多有论述。如在《为政》篇，有人问孔子为什么不从事政治，孔子回答道："书云：'孝乎惟孝，友于兄弟，施于有政。'是亦为政，奚其为为政？"《学而》篇说："其为人也孝弟，而好犯上者，鲜矣；不好犯上，而好作乱者，未之有也。"

其流而令于大乱,是故子民者谨焉。"不要轻视那些微小的事情,无论是好事还是坏事。不论是恪守礼制还是教化风俗,如果无视事物的萌芽,忽视那些微小的方面,必将酿成大祸,统治者对此一定要慎之又慎。接下来,贾谊以具体的例子,证明了这一点。

　　昔者,卫侯朝于周,周行人问其名,曰:"卫侯辟疆。"周行人还之,曰:"启疆、辟疆,天子之号也,诸侯弗得用。"卫侯更其名曰炘,然后受之。故善守上下之陛者,虽空名弗使逾焉。

　　礼,天子之乐宫县,诸侯之乐轩县,大夫直县,士有琴瑟。叔孙于奚者,卫之大夫也。曲县者,卫君之乐体也。繁缨者,君之驾饰也。齐人攻卫,叔孙于奚率师逆之,大败齐师。卫于是赏以温叔孙于奚辞温,而请曲县、繁缨以朝,卫君许之。孔子闻之,曰:"惜乎!不如多与之邑。夫乐者所以载国,国者所以载君。彼乐亡而礼从之,礼亡而政从之,政亡而国从之,国亡而君从之。惜乎!不如多与之邑。"

从前,卫侯去朝见周天子。报上名字之后,却被掌管宾客礼仪的周行人拒绝了。因为卫侯的名字是"辟疆",而按照周礼,"辟疆"是天子的名号。后来,卫侯改了名字,周行人才接待了他。贾谊说,"善守上下之陛者,虽空名弗使逾焉",守住礼制规定的上下等级,即使只是一个空名,也不能有丝毫放松。

第二个例子讲的是卫国大夫叔孙于奚的事情。礼制规定,奏乐时天子四面悬挂乐器,诸侯三面悬挂,大夫只在一面悬挂。繁缨,则是国君的车马才能使用的装饰物。叔孙于奚作战有功,卫侯赏赐土地给他,他不接受,请求三面悬挂乐器并在朝见时使用繁缨。卫侯答应了。孔子听说这件事后评论说,礼乐制度是国家存在的象征,是用来承载君国的。乐制的消亡只是一个开端,会导致一连串严重的后果:乐亡则礼亡,礼亡则政亡,政亡则国亡,国亡而君从之。太可惜了!不如多多赏赐给他土地。在这里,孔子的观点显然也是贾谊的意见。

畜养臣下要恪守礼制,对于教化士民来说,也是如此。《审微》篇也讲到良吏治民的事例。

> 宓子治亶父。于是齐人攻鲁,道亶父。始,父老请曰:"麦已熟矣,今迫齐寇,民人出自艾傅郭者归,可以益食,且不资寇。"三请,宓子弗听。俄而麦毕还乎齐寇。季孙闻之怒,使人让宓子曰:"岂不可哀哉!民乎,寒耕熟耘,曾弗得食也。弗知犹可,闻或以告,而夫子弗听!"宓子蹴然曰:"今年无麦,明年可树。令不耕者得获,是乐有寇也。且一岁之麦,于鲁不加强,丧之不加弱。令民有自取之心,其创必数年不息。"季孙闻之,惭曰:"使穴可入,吾岂忍见宓子哉!"

宓子是孔子的学生,名叫宓子贱。亶父为鲁邑。宓子贱治理亶父的时候,齐攻鲁,取道亶父。眼见齐国的入侵者就要到来,亶父的民众想要出城把近郊已经成熟的麦子割回来。经过再三请求,宓子贱都没有同意。后来,麦子果然被齐人抢走了。面对鲁国大夫季孙氏的愤怒指责,宓子贱恭敬地解释说,麦子损失掉了,明年还可以再种,如果让百姓有了抢夺之心,有了不劳而获的想法,那样对民风民俗将造成长久的伤害。礼制的树立和培育都是长期的,明智的君主和官吏必须要深谋远虑、谨慎对待,从源头杜绝违礼之事,哪怕这样的事情看起来十分微小。这样,危害国家的祸乱就不会发生。"明者之感奸由也蚤,其除乱谋也远,故邪不前达。"(《审微》)

"君臣相冒,上下无辨,此生于无制度也。"(《瑰玮》)君臣之间相互侵犯,上下没有区别,是源于没有制度。这里的制度,指的就是礼制。治理国家,只有将礼制建立并切实实施起来,才能达到君尊、臣贤、民安的治境,才能实现贾谊心中理想的王道乐土。"圣王在上,则君积于仁,而吏积于爱,而民积于顺,则刑罚废矣。"(《修政

语下》》)

圣王治理天下,君主仁德有嘉,官吏清正爱民,民众安分顺从,那么,刑罚就可以废除了。与严刑峻法的商鞅之学相比,相对于刑罚对人们外在行为的约束,以礼不以刑的教化更为关注的是人们内心的归属,更具统御人心的力量。君主通过为政以礼和"笃信好学,守死善道"(《论语·泰伯》)的教化,使人们发自内心地、自觉自愿地遵守社会秩序,从而达到礼制的理想境界:长惠幼顺、君仁臣忠。治世者仁爱慈惠,宽厚容众;臣民们恭顺、忠诚,从无犯上作乱之心。相对于商鞅之学所建立的霸道强国,《新书》的王道礼制可以有效缓解专制社会统治阶层与被统治阶层之间尖锐的矛盾对立。如果以礼治国能够全面实行,礼制观念真的深入人心,它所构造的社会,显然会比强秦更加和谐、安定。所以,贾谊在《新书》中,竭力陈说君主要以秦为鉴,为政以礼、以礼治国。

贾谊是一个现实的政治家,《新书》对以礼治国的申述,并非仅仅停留在理论层面,而是有着操作层面的具体要求和制度设计。比如在《辅佐》篇,贾谊定官名,陈说了大相、大拂、大辅、道行、调讯、典方、奉常、桃师八种职官的职事,这大约是其对礼制国家的职官设想。

大相相当于丞相,统领百官,负责"广教化,修礼乐,以美风俗";大拂相当于御史大夫,负责"批天下之患,匡诸侯之过";大辅辅佐主政者,负责"正法则,颁度量,论贤良,次官职";道行负责出行的礼法,掌管"掌仆及舆马之度,羽旄旌旗之制,步骤徐疾之节,春夏秋冬马之伦色;居车之容,登降之礼"等等;调讯负责咨询与进谏,礼乐之正、坐立之端、揖让之容等等,"出入不从礼,衣服不从制,御器不以度"都是调讯的责任;典方主管交往和接待,负责安排诸侯、远来之君的位次以及朝觐、宗遇、会同、享聘之事;奉常负责祭天之事,掌管宗庙礼仪;桃师主管祭祖之事,"掌国之众庶、四民之序,以礼义伦理教训人民"。至于在各种场合下合乎礼制的体态、仪容和言语,《新书》中有《容经》《礼容语》等篇进行了具体、细致的讲述,此不赘言。

总而言之,在《新书》中,贾谊对礼制可谓推崇备至。以礼治国不仅是巩固国家、安定社稷的正途,可以确保汉朝世世代代长治久安,他甚至说,礼制一定,自然界的万事万物都会井然有序、各得其所。待到德泽深广,天地间就会阴阳调和,大顺大畅,天空清澈,土地富饶,连毒虫、毒草都看不见了。"故仁人行其礼,则天下安而万理得矣。逮至德渥泽洽,调和大畅,则天清澈,地富煴,物时熟,民心不挟诈贼,气脉淳化;攫啮搏挚之兽鲜,毒蠚猛蚘之虫密,毒山不蕃,草木少薄矣。铄乎大仁之化也。"(《礼》)

其五,以农为本。

古代中国是以自然经济为主体的农业社会,以农为本的思想由来已久,且源远流长。西周及春秋战国时期的统治者均已十分重视农业生产,被贾谊所痛斥的商鞅之学,也在其《商君书》中,直接将农业称为"本业",把手工业、商业叫做"末业",从国家生存与发展的战略高度突出强调对了农业的重视。"民以食为天",农产品是人类赖以生存的基本生活资料,在以农为本这一点上,历代执政者并无异议。但是,正所谓"无工不富,无商不活",天下太平之后,工商业慢慢地复苏并兴盛起来,带来物资的丰富和经济的繁荣,执政者对重农的警醒程度也会有所降低。因此,作为一个具有忧患意识的、清醒的政治思想家,贾谊还是一再提醒君主:农业才是王朝的根基。

首先,《新书》指出,粮食生产,特别是粮食储备乃为国之命脉。

王者之法,民三年耕而余一年之食,九年而余三年之食,三十岁而民有十年之蓄。故禹水九年,汤旱七年,甚也,野无青草,而民无饥色,道无乞人。岁复之后,犹禁陈耕。古之为

天下,诚有具也。王者之法,国无九年之蓄谓之不足,无六年之蓄谓之急,无三年之蓄曰国非国也。(《忧民》)

禹有十年之蓄,故免九年之水;汤有十年之积,故胜七岁之旱。夫蓄积者,天下之大命也。苟粟多而财有余,何向而不济?以攻则取,以守则固,以战则胜,怀柔附远,何招而不至?管子曰:"仓廪实,知礼节;衣食足,知荣辱。"民非足也,而可治之者,自古及今,未之尝闻。(《无蓄》)

先王治国的方法,是让民众努力从事耕种,耕种三年便储存下够吃一年的粮食,耕种九年储存够吃三年的粮食,如此下来,三十年便有了十年的粮食积蓄。夏禹治国,正是因为有十年的粮食积蓄,才战胜了九年的水灾;商汤治国,也正是因为有十年的粮食积蓄,才战胜了七年的旱灾。即使那时的灾害严重到野外连青草都没有的程度,民众却依然面无饥色,路上根本没有乞讨之人。所以说,"蓄积者,天下之大命也"。

在农耕占据主体地位的古代社会,粮食不仅是衣食之源,国家实力的强弱也取决于农业生产。国家大力提倡农业,民众倾全力从事耕种,收获的粮食多,不仅可以解决温饱问题,还可以发展经济,从而使国家富裕、兴旺。如果拥有充裕的粮食和财力,国家想做什么事情,都会成功:"以攻则取,以守则固,以战则胜。"凭借这样的实力去招抚远方的人民,何愁无人前来归附啊。

与此相反,如果国家平时不注重农耕和积蓄,没有充裕的粮食和物资储备,那么,"即不幸有方二三千里之旱,天下何以相救?卒然边境有数十万众聚,天下将何以馈之矣"?一旦不幸有方圆两三千里的大旱,君主拿什么救济天下?如果边境突发战事,君主拿什么供应十万大军的粮饷?"兵旱相承,民填沟壑,剽盗攻击者兴继而起,中国失救,外敌必骇,一日而及,此之必然。"(《忧民》)兵灾和旱灾接连发生,死亡的民众填满沟壑,到处是偷盗和抢劫。"勇力者聚徒而横击,罢夫羸老易子孙而齩其骨。"(《无蓄》)士民中强壮的聚众暴乱,年老体弱者易子而食。国内动乱,外敌必然乘机入侵。到那时再惊慌失措,匆忙应对想去拯救,岂不是为时已晚。

"五岁小康,十岁一凶,三十岁而一大康,盖曰大数也。"(《忧民》)每五年一次小的饥荒,十年一次大灾,三十年一次大的饥荒,这是自然规律,不可抗拒。君主要做的事,就是时刻不忘以农为本,大力提倡和鼓励民众从事农业生产,增加粮食积蓄,以备不时之需。但在当时,汉朝建立已经三十年,而国家的粮食却少到"至寡"的程度,"未获耳,富人不贷,贫民且饥;天时不收,请卖爵鬻子,即或闻耳。曩顷不雨,令人寒心。一雨尔,虑若更生。天下无蓄若此,甚极也"。(《忧民》)歉收的年景,富人不借给穷人粮食,民众饥饿到向朝廷请求卖掉儿女,以求活命。旱灾中,一旦下起雨,百姓好像获得新生那般狂喜。管子说:"仓廪实,知礼节;衣食足,知荣辱。"民众不富足而能将国家治理好的,从古至今,闻所未闻。面对这样危急的现实,贾谊忧虑不已,在《新书》中力谏发展农业生产,反复陈述广种厚积的重要性和紧迫性。

其次,贾谊分析了弃农经商的危害。

古人曰:"一夫不耕,或为之饥;一妇不织,或为之寒。"生之有时而用之无度,则物力必屈。古之为天下者至悉也,故其蓄积足恃。今背本而以末,食者甚众,是天下大残;从生之害者甚盛,是天下之大贼也;汰流、淫佚、侈靡之俗日以长,是天下之大祟也。残贼公行,莫之或止;大命贬败,莫之振救;何计者也,事情安所取?生之者甚少而靡之者甚众,天下之势,何以不危?(《无蓄》)

夫雕文刻镂周用之物繁多,纤微苦窳之器日变而起,民弃完坚而务雕镂纤巧以相竞高。作之宜一日,今十日不轻能成。用一岁,今半岁而弊。作之费日挟功,用之易弊。不耕而多食

农人之食,是天下之所以困贫而不足也。故以末予民,民大贫;以本予民,民大富。(《瑰玮》)

传统观念认为,商人不从事生产,商业活动也不创造价值,只是起到促进流通、调剂余缺的作用。但是,工商业却给私人带来了丰厚的利润,商人做买卖发家致富,就是手工业者也可以凭一技之长养家糊口。恰如《史记·货殖列传》所云:"用贫求富,农不如工,工不如商。"于农耕相比,工商业的致富速度快而轻巧。民众看到这种情况,必然不甘心守着尺寸土地春耕秋收,于是便导致国家农业劳动力的转移和流失,侵蚀和威胁着农业生产。

古语说:"一夫不耕,或为之饥;一妇不织,或为之寒。"一个男子不耕种,就会有人因此而挨饿;一个女子不纺织,就会有人因此而受冻。如果人们都趋向于"背本而以末",种地的人少而要吃饭的人多,从事生产的人少而进行消费的人多,这种情况的危害性,商鞅在《商君书》中就曾经说过:"夫农者寡而游食者众,故其国贫危。今夫螟螣蚼蠋,春生秋死,一出而民数年不食。今一人耕而百人食之,此其为螟螣蚼蠋亦大矣。"

螟、螣、蚼蠋这些害虫春生秋死,但出现一次就会造成土地歉收,使人们数年吃不上饭。如果从事农业生产的劳动力日益减少而不事生产的游食者众多,一人耕种供应百人的衣食,其危害性比自然灾害还要大得多。虫灾并非年年都有,但社会一旦形成"农者寡而游食者众"的状况,就会成为一种积习和常态,甚至还有愈演愈烈的可能。这样的国家收入少、支出多,必然导致贫弱。

更何况,那些花纹繁复的日用器物,为了追求雕刻的精巧和装饰的精美,本来一天就能做好的,现在十天也做不出来,因此消耗了更多的劳动力。"不耕而多食农人之食,是天下之所以困贫而不足也。"不稼不穑却要吃掉农人所种的粮食,这样的人太多了,《新书》中明确指出,弃农经商正是导致国家粮食不足、天下困顿的原因。

不仅如此,工商业的发展和发达还败坏了社会风气,致使人们日益骄奢、淫逸。

> 黼黻文绣纂组害女工。且夫百人作之,不能衣一人,方且万里不轻能具天下之力,势安得不寒?世之俗侈相耀,人慕其所不如,慔迫于俗,愿其所未至,以相竞高,而上非有制度也。今唯刑馀鬻妾下贱,衣服得过诸侯、拟天子,是使天下公得冒主而夫人务侈也。(《瑰玮》)

> 民卖产子,得为之绣衣、编经履、偏诸缘,入之闲中,是古者天子后之服也,后之所以庙而不以燕也,而众庶得以衣孽妾。白縠之表,薄纨之里,緁以偏诸,美者黼绣,是古者天子之服也,今贵富人大贾者丧资,若兄弟召客者得以被墙。古者以天下奉一帝一后而节适,今贵人大贾屋壁得为帝服,贾妇优倡下贱产子得为后饰,然而天下不屈者,殆未有也。(《孽产子》)

细白丝绸做面,白绸子做里子,绣着漂亮的花纹还滚着花边,这本是古代天子穿的衣服,贾谊说,现在它们被大家富户用来装饰墙壁。而古代皇后祭祀时才穿的礼服和绣花鞋,也被平民家的庶妾穿在身上。世风的骄奢无度可见一斑。这无疑也是舍本逐末的结果。

一旦华美的衣服和用具被制造出来,得到它们的人将其展示出来加以炫耀,人们看到别人拥有锦衣珍玩而自己还没有得到,便会去追求,得到之后再拿出来互相攀比,"以相竞高"。如此循环往复,奢靡的社会风气逐渐滋生、发展起来,并不断升级,直至出现了"帝服披墙"的状况。

"奇巧末技、商贩游食之民,形佚乐而心县愆,志苟得而行淫侈。"(《瑰玮》)与日复一日地辛苦耕作相比,那些拥有奇巧技艺的商贩和工匠能够轻易谋取财富。财富得之轻松就不知节俭,除了奢侈无度，还会进一步滋长对安逸和享乐的追求。这样的人在社会上又导致了好逸恶劳的恶劣风气。

好逸恶劳加上奢侈无度，"百人作之，不能衣一人，方且万里不轻能具天下之力，势安得不寒？"一百个纺织，已经不能满足一个人穿衣，况且真正从事生产的人又越来越少。在这种邪风恶俗的影响下，又进一步加剧了国家的困顿。

最后，《新书》指出，使人们复归于农业生产，才能遏制骄奢淫逸之势，净化社会风气。

《瑰玮》篇在陈述了"奇巧末技、商贩游食之民，形佚乐而心县愆，志苟得而行淫侈"会导致财用不足而蓄积少之后，接着说道：

> 即遇凶旱，必先困穷迫身，则苦饥甚焉。今驱民而归之农，皆著于本，则天下各食于力。末技、游食之民转而缘南亩，则民安性劝业而无县愆之心，无苟得之志，行恭俭蓄积而人乐其所矣，故曰"苦民而民益乐"也。

商人为追逐利益四处游走，见多识广，四海为家，难以统治和驾驭。而农民正好与此相反。从早到晚，甚至是世世代代都劳作在各自的田间地头，一心一意从事耕种的农民质朴、贫穷、胆怯。质朴也隐含着无智无识的意思，在《大政上》，贾谊就表达了民众低贱、愚昧的观点，而且是至贱、至愚。愚昧便不了解自己的劳动价值，因而不吝惜力气；贫穷极易利诱；胆怯则害怕刑罚、听从召唤。因此，分散的、贫穷的、胆小怕事而又愚昧无知的农民最容易役使，最好管理。这就是商鞅说的："圣人知治国之要，故令民归心于农。归心于农，则民朴而可正也，纷纷则易使也，信可以守战也。壹则少诈而重居，壹则可以赏罚进也，壹则可以外用也。夫民之亲上死制也，以其旦暮从事于农。"（《商君书·农战》）

贾谊也主张一定要驱使民众从事农业生产，将工商业者变成农民，只是他不像商鞅讲得那样直接和赤裸。一方面，把做工经商的民众赶回去务农，他们就可以自食其力，自己种、自己吃，即"皆著于本，则天下各食于力"。另一方面，"末技、游食之民"成为农民，被固定在土地上之后，不再有机会施展计谋，轻易获得巨额的财富和丰富的讯息，性情也会跟着安定、专一下来。农民的眼睛和心思只专注于土地和庄稼，老实本分，没有、也不敢有非分之想和放荡之心。由此，在民间，人人恭敬、节俭、爱积蓄，这就是统治者最希望看到的安分、纯朴的民风。贾谊还把这称作让民众受苦民众反而更快乐："苦民而民益乐。"

有了发达的农业，才能使以自然经济为主体的国家强大、富裕。而以农民为主要成员的庶众群体所具有的纯朴民风，也正与礼制所要求的"移风易俗，使天下移心而向道"两相符合。为政以礼和以农为本相互配合，君主仁爱有礼、官吏恭顺敬上、民众安分守己，这就是《新书》主张的治世之道。在《修政语上》《修政语下》两篇，贾谊还通过从黄帝、颛顼、帝喾到尧、舜、禹、商汤等古代圣王的言论以及周文王、周武王等人与粥子的对话，将这一治国之道进行了集中展示和总结。

3. 时政对策

尊君、敬士、爱民，以礼治国与以农为本是一套具有普遍意义的治国之道，除此之外，每个朝代的政权又都有其自身面临的特殊问题，迫切需要应对和解决。汉廷当然也不例外。在贾谊的时代，文帝一朝最棘手的问题是诸侯王叛乱、匈奴扰境等。在这些方面，《新书》也有诸多讨论和建议。

其一，割地定制，削弱诸侯

当初，汉高祖刘邦打败项羽，建立西汉王朝，曾将功勋卓著的开国重臣分封为诸侯王，这批异姓诸侯王主要有楚王韩信、梁王彭越、淮南王黥布、赵王张耳、燕王臧荼、长沙王吴芮、韩王信及后燕王卢绾八人。其后，刘邦疑心手握重兵的异姓王们会威胁到中央政权,韩信、黥布这批人在高祖剪除异姓诸侯王的运动中,几乎全部被剿灭。

刘邦铲除异姓诸侯王之后,改封自家的刘氏子孙为王,以为这样便可以让地方拱卫中央,凝聚宗族的力量,强化王权,确保汉家江山世代稳固。但后来的事实证明,刘邦此举恰恰是给自己的儿孙埋下了新的祸患的种子。《新书》的《宗首》篇说:

> 今或亲弟谋为东帝,亲兄之子西向而击,今吴又见告矣。天子春秋鼎盛,行义未过,德泽有加焉,犹尚若此,况莫大诸侯权势十此者乎?

如前所述,当时同姓诸侯王们正沿着异姓诸侯王叛乱的老路继续危害国家。文中的"亲弟"是指汉文帝的弟弟淮南厉王刘长。刘长是刘邦的少子,黥布反叛遭到诛杀后,被高祖刘邦立为淮南王。刘长年幼丧母,由吕后一手抚养长大,因此得以逃过吕氏专政时期的血雨腥风。待到诸吕作乱被平息之时,他和代王刘恒是刘邦一众儿子中仅存的两人。代王刘恒登基为汉文帝,刘长可谓是文帝身边最亲近的人,是他唯一的亲兄弟。但就是这个唯一的亲弟刘长,却在汉文帝六年(公元前174年)联络匈奴叛乱,图谋称帝。事败之后,刘长被拘,在押解途中不食而死。唯一的亲兄弟尚且如此,更不用说皇族中的其他成员了。

上述三起事件的当事人,一个是文帝的弟弟,一个是文帝的侄子,一个是文帝的堂兄,从其反叛可见,企图以血缘关系维系皇权统治的设想是根本不可行的。"天子春秋鼎盛,行义未过,德泽有加焉,犹尚若此,况莫大诸侯权势十此者乎?"贾谊心情沉重地指出,现在天子正当壮年,品行端正,恩德有加,情况尚且如此,而还有一些诸侯王的势力比这几个人大十倍,今后他们会不会有不轨的企图呢?如果他们一旦图谋不轨,皇帝是否能控制住局势呢?

《新书》中的《亲疏危乱》篇,回答了这个问题。

> 陛下有所不为矣,臣将不敢不毕陈事制。假设令天下如曩也,淮阴侯尚王楚,黥布王淮南,彭越王梁,韩信王韩,张敖王赵,贯高为相,卢绾王燕,陈豨在代,令六七诸公皆无恙,案其国而居,当是时,陛下即天子之位,试能自安乎哉?臣有以知陛下之不能也。天下殽乱,高皇帝与诸公并肩而起……高皇帝南面称帝,诸公皆为臣,材之不逮至远也……然其后十年之间,反者九起,几危天下者五六。陛下之与诸公也,非亲角材而臣之也,又非身亲封王之也,自高皇帝不能以是一岁为安,陛下独安能以是自安也?

贾谊为文帝假设,如果当今的天下像从前那样,楚王韩信、淮南王黥布、梁王彭越、韩王信、赵王张敖、燕王卢绾等人都无病无灾地据守在各自的封国,陛下您登基之后能感到太平和安稳吗?答案是否定的。这些人追随刘邦打天下,才能比不上刘邦,所以战争之后高祖称帝,他们只是臣子。但高祖在世时,这些人就已经起兵反叛,害得皇室有五六次几乎丢掉了江山。有那些诸侯王在,高祖都不得安宁,更何况是并未在战场上使他们臣服过的皇帝您呢?

接着,贾谊又写道,也许可以找到借口说,韩信等人并非皇室宗亲,是因为关系相对疏远才谋反的,那么,请允许我来说说同姓王的事情吧:

> 假令齐悼惠王王齐,元王王楚,中子王赵,幽王王淮阳,共王王梁,灵王王燕,厉王王淮南,六七贵人皆无恙,各案其国而居,当是时,陛下即天子之位,能为治乎?臣又窃知陛下之不能也。诸侯王虽名为人臣,实皆布衣昆弟之心,虑无不帝制而天子自为者。擅爵人,赦死罪,甚者或戴黄屋,汉法非立,汉令非行也。虽离道如淮南王者,令之安肯听,召之焉可致?幸而至,法安可得加?动一亲戚,天下环视而起,天下安可得制也……此所谓亲也者,故疏必危,亲必乱。

如果高祖的兄弟和其他几个儿子还都健在,齐悼惠王刘肥在齐,楚元王刘交在楚,赵隐王刘如意在赵,赵幽王刘友在淮阳,赵共王刘恢在梁,灵王刘建在燕,淮南厉王刘长在淮南,陛下您登基后能管理好他们吗?答案也是否定的。这些诸侯王擅自封爵、赦免罪犯,不遵守法令,甚至还乘坐天子专属的黄屋车,对于天子的命令也不听从。他们虽然名义上是臣子,但各个都怀着布衣昆弟之心,都想当天子。所以说,关系疏远的异姓王必定危害国家,而关系亲近的同姓王必定反叛作乱。

既然说"疏必危,亲必乱",那么,为什么那些大诸侯王们还安安静静的,没有发生变故,现如今天下看起来还算安定呢?贾谊在《宗首》篇分析到,天下之所以看起来还算安定,并非是那些大诸侯王们对朝廷忠心不二,而是因为他们羽翼未丰,还没有成长起来:

> 然而天下少安者,何也?大国之王幼在怀衽,汉所置傅相方握其事。数年之后,诸侯王大抵皆冠,血气方刚,汉之所置傅归休而不肯住,汉所置相称病而赐罢,彼自丞尉以上遍置其私人,如此有异淮南、济北之为耶!此时而乃欲为治安,虽尧、舜不能。臣故曰:时且过矣,上弗蚤图,疑且岁闻所不欲焉。

大国之王年纪尚小,汉廷派去的太傅和相国还掌握着诸侯国的大权。不过用不了几年,这些诸侯王便会长大成人,血气方刚。待他们控制了封国的实权,其所作所为,会和淮南王、济北王一样。目前看似天下安定,其实这种安定只是暂时的,只是表象,实际上却是危机四伏。在《数宁》篇,贾谊将这种"少安"的形势比喻为"抱火措之积薪之下而寝其上",人睡在堆积的木柴上面,木柴下已经被放上了火。"火未及燃,因谓之安,偷安者也。"那火还没有烧起来,睡在上面的人还以为太平无事,实际只不过是一时的苟且偷安,而祸患则马上就要来临。

那么,如何才能扭转局势,避免这种灾祸的发生呢?

首先，按照《藩强》篇的分析，在犯上作乱这件事情上，大抵总是"强者先反"。

> 窃迹前事，大抵强者先反。淮阴王楚最强，则最先反；韩王信倚胡，则又反；贯高因赵资，则又反；陈豨兵精强，则又反；彭越用梁，则又反；黥布用淮南，则又反；卢绾国北最弱，则最后反。长沙乃才二万五千户耳，力不足以行逆，则少功而最完，势疏而最忠。全骨肉时长沙无故者，非独性异人也，其形势然矣。

汉初异姓诸侯王中，淮阴王也就是楚王韩信的实力最强大，他最先造反，接着是实力稍逊的韩王信、贯高、陈豨、彭越、黥布等人。相比之下，燕王卢绾偏居北部，实力最弱，也是最后一个反叛的。到了贾谊为官之时，汉初分封的那批异姓王中，只有长沙王吴芮传至五世，始终没有谋反。长沙王没有谋反，并不是他心怀忠诚，性情和其他诸侯王有什么不同，而是因为他的食邑只有两万五千户，是一个国力弱、面积小、地理位置偏远的小国，根本没有能力造反。

通过考察前事，贾谊得出"强者先反"且"强者必反"的结论。他说："曩令樊、郦、绛、灌据数十城而王，今虽以残亡可也；令之伦为彻侯而居，虽至今存可也。"如果先前将樊哙、郦商、周勃、灌婴等人封为诸侯王，封土占据几十座城池，现今可能也会因叛乱而国破身亡；若是让韩信、黥布、彭越等人只做个彻侯，他们没有实力叛乱，也许至今还能保全自己的性命和宗族。

其次，贾谊不仅具有超越常人的居安思危的敏锐洞察力，还具备解决问题的能力。导致诸侯王叛乱的原因找出来之后，贾谊在《新书》中提出了解决这一问题的办法，那就是"众建诸侯而少其力"。

> 然则天下大计可知已。欲诸王皆忠附，则莫若令如长沙；欲勿令菹醢，则莫若令如樊、郦、绛、灌；欲天下之治安，天子之

无忧,莫如众建诸侯而少其力。力少则易使以义,国小则无邪心。若与臣下相残,与骨肉相饮茹,天下虽危无伤也,则莫如循今之故而勿变。

分封诸侯王时,一定要限制他们的实力,不能让他们具有可以与朝廷抗衡的国土和财富。如果诸侯王们都像长沙王那样弱小,就不敢有忤逆之心,只会,也只能忠心归附朝廷。对于如今已然做大做强的诸侯国来说,就是要多多分封诸侯,从而削弱大诸侯国的实力。"力少则易使以义,国小则无邪心。""众建诸侯而少其力"的具体实施办法叫做"割地定制"。

制令:其有子以国其子,未有子者建分以须之,子生而立。其身而子,夫将何失?于实无丧,而葆国无患,子孙世世与汉相须,长沙可以久矣。所谓生死而肉白骨,何以厚此?(《藩伤》)

制定法令:诸侯王有儿子的,将藩国的封地分封给儿子;那些没有儿子的,先要将封地设置出来,等待儿子的出生,儿子出生后便行封立。这样一来,一个大的诸侯国就被分成数个小诸侯国,父亲的封地分给儿子们,儿子们再分给孙子们,以此类推,一直分割下去。随着诸侯王子孙的陆续降生和家族人数的日益增加,他们的封地被切割成更多的份数,每一份封地的面积也必将随之变得越来越小。

"割地定制,齐为若干国,赵、楚为若干国,制既各有理矣。"(《五美》)依照这一地制,齐国、赵国、楚国等所有的诸侯国都将被有条不紊地分为若干个小国,诸侯王的子孙们依次分到祖上的一份土地而称王,一直到封地分完为止。对于诸侯王来说,封国的土地传给自己的子孙,在总数上实际并未有所损失;对于朝廷来说,一个强大的诸侯国被分割成数个小国,每个小国便不再具有与中央分庭抗礼的实力。随着诸侯国的势力越来越弱,他们便只能依靠朝廷同生共存,从此遵守道义,再无二心了。

这种封地制度不确立,即使是英明神武的高祖皇帝,也要为下臣的反叛一而再、再而三地奔赴战场、劳苦于军旅之中。"以高皇帝之明圣威武也,既抚天下,即天子之位,而大臣为逆者,乃几十发;以帝之势,身劳于兵间,纷然几无天下者数矣。"(《制不定》)这种封地制度不确立,即使是淮阴侯、韩王信那样昔日宠信的爱将和功臣,也纷纷变为仇敌和叛贼。"淮阴侯、韩王信、陈豨、彭越、黥布及卢绾皆功臣也,所尝爱信也,所爱化而为仇,所信反而为寇。"(《制不定》)而将这种封地制度用法令确立下来,它带来的好处却不止一点两点,《五美》篇曰:

> 割地定制……一寸之地,一人之众,天子无所利焉,诚以定治而已,故天下咸知陛下之廉。

> 经制一定,宗室子孙虑莫不王。制定之后,下无倍背之心,上无诛伐之志,上下欢亲,诸侯顺附,故天下咸知陛下之仁。

> 地制一定,则帝道还明而臣心还正,法立而不犯,令行而不逆,贯高、利几之谋不生,栈奇、启章之计不萌,细民乡善,大臣致顺,上使然也,故天下咸知陛下之义。

> 地制一定,卧赤子天下之上而安,植遗腹,朝委裘,而天下不乱,社稷长安,宗庙久尊,传之后世,不知其所穷。故当时大治,后世诵圣。

封地制度一确定下来,每一寸土地的分配都是为了天下太平,人们都知道天子没有从中牟利,国人都会称颂陛下廉洁;封地制度一确定下来,宗室的子孙都被封为王,下无背叛之心,上无讨伐之志,国人都会称颂陛下仁爱;封地制度一确定下来,朝廷政令通畅,帝道明而臣心正,奸人不生而臣民向善,国人都会称颂陛下正义;封地制度一确定下来,社稷长安,江山永固,婴儿临朝国家也会太平安宁,国人都会称颂陛下圣明。由此可见,"割地定制"对于汉廷来说,是多么必要和重要。

最后,对于解决诸侯王问题,不仅要定地制,还要定礼制。

如前所述,贾谊在《新书》中大力提倡以礼治国,这是针对汉初礼治观念薄弱,各项制度极其不完善的现实提出的。礼制观念和制度的薄弱与混乱,体现在诸侯王与皇帝在政治生活的各方面几乎都等齐无差上:

> 诸侯王所在之宫卫,织履蹲夷,以皇帝所在宫法论之;郎中、谒者受谒取告,以官皇帝之法予之;事诸侯王或不廉洁平端,以事皇帝之法罪之。曰一用汉法,事诸侯王乃事皇帝也。谁是则诸侯之王乃将至尊也。然则,天子之与诸侯,臣之与下,宜撰然齐等若是乎?天子之相,号为丞相,黄金之印;诸侯之相,号为丞相,黄金之印,而尊无异等,秩加二千石之上。天子列卿秩二千石,诸侯列卿秩二千石,则臣已同矣。人主登臣而尊,今臣既同,则法恶得不齐?天子卫御,号为大仆,银印,秩二千石;诸侯之御,号曰大仆,银印,秩二千石,则御已齐矣。御既已齐,则车饰恶得不齐?天子亲,号云太后;诸侯亲,号云太后。天子妃,号曰后;诸侯妃,号曰后。然则,诸侯何损而天子何加焉?妻既已同,则夫何以异?天子宫门曰司马,阑入者为城旦;诸侯宫门曰司马,阑入者为城旦。殿门俱为殿门,阑入之罪亦俱弃市。宫墙门卫同名,其严一等,罪已钧矣。天子之言曰令,令甲令乙是也;诸侯之言曰令,□仪之言是也。天子卑号皆称陛下,诸侯卑号称陛下。天子车曰乘舆,诸侯车曰称舆,乘舆等也。衣被次齐贡死经纬也,苟工巧而志欲之,唯冒上轶主次也。然则,所谓主者安居,臣者安在?(《等齐》)

诸侯王的王宫卫兵,穿麻、棉编成的鞋,蹲坐,和皇宫的规制、待遇相同;天子的相,号称丞相,佩带黄金之印,诸侯的相,也号称丞相，也佩带黄金之印，两者的俸禄都在二千石之上；天子的母亲号称太后，诸侯的母亲也号称太后；天子的宫门称为司马，擅入者叛为"城旦"罪，诸侯的宫门也称为司马，擅入者也叛为"城旦"罪；天子的指示叫做令，令甲令乙是也，诸侯的指示也叫做令，也叫令甲令乙；天子的谦称皆曰陛下，诸侯的谦称也皆曰陛下，凡此种种，诸侯王在称谓、服饰、车马、名号、用度等各个方面都与君主相同，毫无差别。侍奉诸侯王就像侍奉皇帝一样，这样的话，诸侯王就已经等同于皇帝了。可是，皇帝是独一无二的天子，诸侯王们只是臣子，面对这样的等齐无差，贾谊反问道："天子之与诸侯，臣之与下，宜撰然齐等若是乎？"像这样尊卑贵贱没有区别的等级制度，怎么能不让诸侯王们生出骄心淫志，怎么会不发生犯上的叛乱呢？

所以，在确定地制的同时，还要建立礼制。礼制一定，上下尊卑的等级便从各个方面区别开来、显现出来、固定下来。天子就是天子，是至高无上的独尊者；诸侯王只是臣子，不能怀有丝毫的非分之想，更不可有丝毫的僭越之行。

在《藩伤》篇，贾谊说，皇帝因为爱自己的手足宗亲，才分封给他们土地和臣民，让他们享受美味而充足的食物，欣赏美妙动听的音乐，让他们称王。不过，既然已经宣布诸侯王为藩臣、为臣下，却使他们权重且实力雄厚，令其不可避免地产生骄纵之心，桀骜不驯，这无异于将宝剑交给恶徒，最终必将造成手足相残的局面，是自取其祸。只有割地定制，削弱诸侯王的实力，让他们的权力不足以产生妄念，势力不足以抗衡中央，"无骄心无邪行。奉法畏令，听从必顺，长生安乐，而无上下相疑之祸"，才是能令骨肉之亲两相保全，令皇家世代长生安乐的最好办法。

"众建诸侯而少其力"是解决诸侯王问题的大政方针，此外，在"割地定制"这个政策上，《新书》还提出了一些具体的规划。

比如，在《益壤》篇，贾谊建议文帝扩大淮阳和梁这两个诸侯国的疆域。

汉文帝共有四个儿子，除了大儿子太子刘启外，次子刘武为淮阳王，三子刘参为代王，小儿子刘揖为梁王，所以，淮阳国、代国和梁国是文帝的主要依靠对象。代国在今天的山西东北部，北邻匈奴，仅仅能够自保而已。如果要靠淮阳国和梁国卫护中央，但这两国的疆域实在是太小了，小到贾谊在《益壤》中说，它们和那些大的诸侯国相比，一个像脸上的黑痣，另一个却像整个脸那么大："今淮阳之比大诸侯，仅过黑子之比于面耳。"所以，贾谊主张一定要扩大淮阳和梁的封土。

淮阳国在今天的河南省淮阳县一带，梁国在今河南省商丘市一带。具体来说，就是将位于今天安徽六安一带的淮南国的土地划给淮阳，以增加淮阳国的面积。贾谊上疏时，梁王刘揖已经坠马而死，贾谊在文章中说，如果梁国有后代为王，则可以分割淮阳北边的几个城邑和东郡（在今河南省濮阳市南部）赐给梁国，来扩大其疆域。代国可以迁都到睢阳（在今河南省商丘市南部），梁国从新郑以北靠着黄河，而淮阳国围绕着陈地以南与长江相连。这样，梁国足以抵御齐国（都城在今山东省淄博市东）和赵国（在今河北省邯郸市一带），而淮阳国则足以抵挡吴国（在今江苏省吴县一带）和楚国（都城在今江苏省徐州市），那些诸侯大国便不敢再图谋不轨了。

再如，贾谊认为目前朝廷所属郡县的分布和设置都不甚合理，有些郡与京城远隔千里，中间还横亘着诸侯国的封地，如"越两诸侯之中分"（《属远》）的庐江。庐江郡位于今天安徽省合肥市庐江县一带，从长安出发，要越过梁和淮阳两个诸侯国才能到达。对于那些距离都城过于遥远的朝廷直属领地，要设法将其连接起来，以避免边地民众费尽家财长途奔波，为朝廷运输物资及服役的劳苦。

在《壹通》篇，贾谊再次对汉初封国的远近无序、大小失措提出了批评：

> 天子都长安，而以淮南东南边为奉地，弥道数千，不轻输致，郡或乃越诸侯而有免侯之地，于远方调均发征，又且必同。大国包小国为境，小国阔大国而为都，小大驳跦，远近无衰。天子诸侯封畔之无经也，至无状也。

汉天子在长安建都，却将几千里之外的淮南东南边的土地作为自己的领地。朝廷要越过诸侯国去管理直属的郡县，而大小诸侯国又混乱无序地错杂在一起。在这种状况下，朝廷从直属的领地收取一个铜钱的贡赋，可能要消耗十个铜钱的运输费用，还不能轻易送到。那些从淮南派往长安服劳役的人，走到半路，已经衣衫褴褛，要靠借贷维持路费花销了。"上之所得者甚少，而民毒苦之甚深，故陈胜一动而天下不振。"（《属远》）秦朝就是因为庶民不堪重负而产生哗变，最终亡国的。贾谊在文章中说，如今，庐江郡的民众苦不堪言，不想直属朝廷，希望设置诸侯王，而有的民众已经自行逃往其他诸侯国。所以，必须确定地制，改变目前诸侯国与朝廷属地那"无经""无状"的情况，否则有重蹈亡秦覆辙的危险。

此外，贾谊还主张撤除关隘，使天下的道路畅通无阻。

> 所为建武关、函谷、临晋关者，大抵为备山东诸侯也。天下之制在陛下，今大诸侯多其力，因建关而备之，若秦时之备六国也。岂若定地势使无可备之患，因行兼爱无私之道，罢关一通，示天下无以区区独有关中者。（《壹通》）

当初建造武关、函谷、临晋关，是为了防备崤山以东的诸侯。现在，因为大诸侯国的实力雄厚，所以设立关隘加以防范，就像秦防备山东六国的诸侯那样，这显然不是天下一统于汉廷的做派。按照贾谊之计，还是应该确定地制，不如分散崤山以东的土地，削弱诸侯国的力量，疏远他们之间的关系，并严格限制每个诸侯王的地域。这样一来，山东的诸侯无力与中央抗衡，朝廷无祸患需要防备,便可以"罢关一通",使国内的道路处处通畅,这无疑十分有益于国家经济的发展和区域经济的交流。所谓"因行兼爱无私之道,罢关一通,示天下无以区区独有关中者",在贾谊看来,通过确定地制、罢除关隘,可以昭示出汉家的江山并非只有区区的关中之地。通关所展现的,是汉廷天下一家的大国气象和天子兼爱无私的仁德情怀。

其二,三表五饵,瓦解匈奴

匈奴是中原王朝北边的游牧民族,逐水草而居,以掠夺为生,历史悠久。西周时,匈奴就已经建立政权,并不断侵扰中原王朝。春秋战国时期,为了抵抗匈奴的进犯,秦、赵、燕三国修建长城进行防御。秦始皇统一中国后,大将蒙恬率领三十万大军北击匈奴,成功收复河套地区,将其赶到河套以北的寒冷沙漠中。但是,秦汉之际,匈奴趁着楚汉战争扩充自己的国力,又逐步强大起来。西汉初年,莫顿单于统治的匈奴部族已经发展成一个实力雄厚的军事强国。匈奴人人善于攻占骑射,部队的战斗力极强。他们从未忘记过觊觎中原,是西汉王朝北边最大的祸患。

汉高祖时期,匈奴屡屡犯境,双方进行了多次大战。如前所述,刘邦在白登(今山西大同市东北)被匈奴四十万骑兵围困,险些丧命。此后,汉廷便只得实行和亲政策,每年送给匈奴大批的丝、锦绣、酒和粮食等物资,并将宗室女作为公主嫁给单于,以换得边境的短暂和平。但是,匈奴对此并不满足,依然不断地对汉朝进行侵扰和掠夺。

这种状况令贾谊倍感愤慨和屈辱,在《新书》中,他写道:

> 天下之势方倒县,窃愿陛下省之也。凡天子者,天下之首也,何也?上也。蛮夷者,天下之足也,何也?下也。蛮夷征令,是主上之操也;天子共贡,是臣下之礼也。足反居上,首顾居下,是倒县之势也。天下倒县,莫之能解,犹为国有人乎?

非特倒县而已也,又虑躄,且病痱。夫躄者一面病,痱者一方痛。今西为上流,东为下流,故陇西为上,东海为下,则北境一倒也,西郡、北郡,虽有长爵不轻得复,五尺以上不轻得息,苦甚矣!中地左戍,延行数千里,粮食馈饷至难也。斥候者望烽燧而不敢卧,将吏戍者或介胄而睡,而匈奴欺侮侵掠,未知息时。于焉信威广德难。(《解县》)

匈奴侵甚、侮甚,遇天子至不敬也,为天下患,至无已也。以汉而岁致金絮缯彩,是入贡职于蛮夷也,顾为戎人诸侯也。势即卑辱,而祸且不息,长此何穷!陛下胡忍以帝皇之号持居此宾?(《势卑》)

《匈奴》篇引《诗经·小雅·北山》的"普天之下,莫非王土;率土之滨,莫非王臣"之后说,普天之下,舟车所至、人迹所及,理所当然,都应是君王的土地和臣民,东夷、西戎、南蛮、北狄当然也不例外。君王是天子,天子是天下之首,居于上位;匈奴是蛮夷外族,是天下之足,居于下位。但如今,匈奴侵犯、欺侮汉朝,汉朝年年向匈奴进贡,这岂不是"足反居上,首顾居下",天下倒悬了吗?朝廷卑躬受辱,像是匈奴的诸侯国那样,低三下四;北边、西边郡县的汉民,因为备战,即使是未成年的儿童,也得不到休息,苦不堪言;内地的民众连续奔走几千里地去戍边,缺吃少喝;边关的战士披甲而坐,守望着烽火,夜不敢寐。这种状况,不仅仅是手足倒悬,还像是得了偏瘫且瘸了一条腿,天下简直是病得太厉害了。

匈奴的欺侮侵掠何时才能停息,长此以往,这种祸害哪里有尽头。在古代,"东西南北,苟舟车之所达,人迹之所至,莫不率服,而后云天子;德厚焉,泽湛焉,而后称帝;又加美焉,而后称皇"(《威不信》)。普天之下、率土之滨,全部归附,而后称"天子";德泽深厚,而后称"帝";再加上享有美名,而后称"皇"。"昔高帝起布衣而服九州,今陛下杖九州而不行于匈奴",从前,高祖皇帝以平民之身征服了九州,但如今,陛下依仗着九州却不能震慑匈奴。天子的称号虽然美好,但势力不出长城之外,还遭受匈奴的欺凌。贾谊写道此处,忍不住大声疾呼:陛下您怎能秉承"皇帝"这至尊至美的称号而处于这种境地呢?

所以,令大汉天子威势不得伸张,令天下倒悬的匈奴问题,必须得到解决。

关于解决匈奴问题的途径,贾谊认为,靠打仗,是不可行的。一旦对匈奴开战,北方边境突然集结几十万大军,"旁午走急数十万之众,积于北方,天下安得食而馈之",以文帝朝的国力,根本无法解决粮食供给。粮草都供应不上,还怎么去打仗。因此,贾谊提出的解决方案是不战而屈人之兵,也就是所谓的"帝者战德"。

在名为《匈奴》的上疏中,贾谊开篇分析了匈奴的势力:"窃料匈奴控弦大率六万骑,五口而出介卒一人,五六三十,此即户口三十万耳,未及汉千石大县也。"匈奴的骑兵大约有六万人,按每五人出一名甲兵计算,匈奴不过三十万人口,还不及汉朝一个大点的县。陛下完全可以凭借德行征服他们。贾谊说:"伯国战智,王者战义,帝者战德。"称霸者用智谋作战,称王者用道义作战,而称帝者使用德行作战。这样的例子古已有之:成汤祝网①,使汉水以南的国家都投降了;舜舞干羽②,便令有苗氏顺服了。"今汉帝中国也,宜以厚德怀服四夷,举明义,博示远方。"所以,如今我们大汉帝国,也要广施仁德、怀柔远方,从而让匈奴臣服。具体的实施方案,

---

① 据《史记·殷本纪》,成汤外出游猎,看见有狩猎的人四面张着罗网,祷告天上地下、四方的禽兽都进入他的网内。成汤把罗网撤去三面,并祷告说:"想往左的往左边走,想往右的往右边逃。不听命令的,就往我的网里钻吧。"汉水以南的国家因此都臣服了。

② 据《韩非子·五蠹》,虽然南方有苗氏部落不臣服,但舜不以武力征伐,而是实行德教,停止了战争,自己拿着盾牌和箭羽跳跃舞蹈。有苗氏听说舜的德政,便顺服了。

《新书》中称为"建三表,设五饵",以此与匈奴单于争其民。

"建三表"意为建立三种表识,也就是标志,让匈奴人知晓汉朝天子的仁德和好意。"三表"中,一表为"信",就是天子言出必行,取得匈奴民众的信任;一表为"仁",就是天子仁爱外族,令匈奴民众感到如幼子遇到慈母;一表为"好",就是让匈奴民众觉得天子喜好他们的技艺。

"设五饵"意为设置五种诱饵,以招降匈奴民众。"五饵"中,一饵为锦衣华车,赏赐给匈奴来降者锦缎绣衣和银饰的马车,以此来吸引他们的眼球;一饵为珍馐美味,赏赐给匈奴来降者从未吃过的美味佳肴,以此来吸引他们的食欲;一饵为美女乐舞,赏赐匈奴来降者欣赏美妙的乐舞,接受美女的服侍,以此来吸引他们的视听;一饵为高堂豪宅,赏赐给匈奴来降者高堂大屋和马棚粮仓,以此来吸引他们的腹腔;一饵为召幸优抚,天子常常召见匈奴来降者,爱抚他们的孩子,以此来招引他们的内心。贾谊在文章中预计,吸引了匈奴人的目、口、耳、腹,再安抚、牵引住匈奴民众和头领的内心,单于的子民就会向流水一样,纷纷前来投奔、归附汉廷。用不了三年五载,单于就会失去自己的民众,匈奴随之灭亡。这就是贾谊提出的不战而屈人之兵的以德取胜。

"建三表,设五饵"招徕匈奴,需要大量的资金投入。钱从哪里来,贾谊说,不需花费国库的一分一毫,"国有二族,方乱天下,甚于匈奴之为边患也。使上下踳逆,天下篑贫,盗贼、罪人蓄积无已,此二族为祟也。上去二族,弗使乱国,天下治富矣。臣赐二族,使祟匈奴,过足言者"(《匈奴》)。国内有两大家族,为非作乱,导致天下贫困。只要除掉他们,用两大家族的钱财,足以瓦解匈奴。

其三,铜不布下,禁止私铸

"国有二族,方乱天下,甚于匈奴之为边患也。"贾谊上疏建议用"三表五饵"瓦解匈奴时说的"国有二族,方乱天下",指的是吴王刘濞和邓通这两大巨富家族。匈奴扰境的边患虽然十分严重,但国内两大家族的祸患比它有过之而无不及。贾谊之所以这样说,是因为二人开矿采铜、私自铸钱,积蓄了大量的财富,而国家和士民却因此陷入混乱和穷困之中。

刘濞是刘邦之兄刘仲的儿子,二十岁时就随从高祖出征讨伐黥布,后来被封为吴王。吴国的豫章郡有座山出产铜,吕后时期,刘濞便已招募亡命之徒私下盗铸钱币,吴国富甲一方[1]。邓通是汉文帝的男宠,如前所述,因为有一个相面的人说邓通最终会贫饿而死,文帝便径自把邓通家乡蜀郡的铜山赐给他,让邓通自己采铜铸钱。文帝五年(公元前175),为了发展经济,汉廷下令解除禁止民间铸钱的盗铸钱令,允许私人铸币。"邓氏钱"制作精良、分量充足;吴国的钱发行量大,这两种钱币遍布全国,刘濞和邓通都富可敌国。

但是,贾谊对于私铸持明确的反对意见,他认为:"铜布于下,为天下灾。"《新书》的《铜布》篇写道:

> 铜布于下,为天下灾,何以言之?铜布于下,则民铸钱者,大抵必杂以铅铁焉,黥罪日繁,此一祸也。铜布于下,伪钱无止,钱用不信,民愈相疑,此二祸也。铜布于下,采铜者弃其田畴,家铸者损其农事,谷不为则邻于饥,此三祸也。故不禁铸钱,则钱常乱,黥罪日积,是陷阱也。且农事不为,有疑为灾,故民铸钱不可不禁。上禁铸钱,必以死罪。铸钱者禁,则钱必还重;钱重则盗铸钱者起,则死罪又复积矣,铜使之然也。故铜布于下,其祸博矣。

---

[1] 《汉书·荆燕吴传》:"会孝惠、高后时天下初定,郡国诸侯各务自拊循其民。吴有豫章郡铜山,即招致天下亡命者盗铸钱,东煮海水为盐,以故无赋,国用饶足。"第1904页。

"铜布于下,为天下灾。"为什么这样说呢,原因有三点。铜散布在民间,民众铸钱十有八九会掺入铁、铅等杂质,汉法规定铸币造假者处以黥刑,于是遭到黥刑的人一天比一天多,这是"铜布于下"导致的第一条灾祸。铜散布在民间,假币屡禁不止,货币信誉度降低,民众更加疑虑,这是"铜布于下"导致的第二条灾祸。铜散布在民间,百姓为采铜放弃耕田、耽误农时。粮食歉收,人们就会挨饿,这是"铜布于下"导致的第三条灾祸。

就当时的实际情况而言,"铜布于下"的弊端确如贾谊所言。汉初立国时,由于经济凋敝,允许民间私人铸钱,结果导致了通货膨胀、物价飞涨[1],于是汉廷便下令严禁私铸,违者处死。但受利益的驱使和诱惑,盗铸的事件还是不断发生。文帝五年(公元前175年),朝廷废除了盗铸钱令,允许私人铸钱。与此同时,为了保证私铸铜币的质量,规定铸币不得掺杂铅、铁等杂质,违者处以黥刑。但是,这并不能遏制劣币的产生和泛滥。

> 法使天下公得顾租铸钱,敢杂以铅铁为它巧者,其罪黥。然铸钱之情,非淆铅铁及以杂铜也,不可得赢;而淆之甚微,又易为,无异盐羹之易,而其利甚厚。张法虽公铸铜锡,而铸者情必奸伪也。名曰顾租公铸,法也,而实皆黥罪也。有法若此,上将何赖焉?夫事有召祸而法有起奸,今令细民操造币之势,各隐亲其家而公铸作,因欲禁其大利微奸,虽黥罪日报,其势不止,民理然也。(《铸钱》)

在当时,铸钱不掺杂铅铁等杂质,就不能盈利;以巧妙的手法掺杂造假,则获利丰厚。贾谊说,在这种状况下,民众各自隐藏在

---

[1] 《史记·平准书》:"汉兴,接秦之弊,丈夫从军旅,老弱转粮饷,作业剧而财匮,自天子不能具钧驷,而将相或乘牛车,齐民无藏盖。于是为秦钱重难用,更令民铸钱,一黄金一斤,约法省禁。而不轨逐利之民,蓄积余业以稽市物,物踊腾粜,米至石万钱,马一匹则百金。"第1417页。

家里铸造铜钱,想让他们放弃丰厚的利润不掺杂使假、以次充好,即使每天都抓捕犯罪者处以黥刑,风起云涌的造假之势也不可能得到遏制。

然而,货币的问题并不仅仅在于铸钱造假这一方面。

秦末使用的是半两钱,钱文与实际重量都是半两。汉初承袭秦制,秦半两钱继续使用。吕后时期铸造了八铢钱和重约三铢的"榆荚钱"①,文帝登基后又改铸四铢钱,但这些钱币的钱文都标注为半两。在市场上进行交易时,"或用轻钱,百加若干,轻小异行;或用重钱,平称不受"(《铸钱》)。那些分量不足的轻钱,原本需要一百枚的,交易时还要另外加上若干枚才行;那些分量重的重钱,交易时想按照实际重量折算,又不被接受。市场上,秦半两、八铢钱、榆荚钱、四铢钱,再加上掺假者铸造的劣币统统都在流通,劣币与好币并行,轻币与重币相杂,其混乱可想而知。国家货币不统一,铸币权掌握在刘濞、邓通这样的私人和权贵手中,养富了豪门大族,却加剧了社会矛盾、损害了国家利益。所以,贾谊上疏强烈要求禁止私铸。

"铜布于下,为天下灾。"若能除去这一灾祸,《铜布》篇详细陈述了"铜不布下"将给国家和士民带来的七大好处。

> 今博祸可除,七福可致。何谓七福?上收铜勿令布下,则民不铸钱,黥罪不积,一。铜不布下,则伪钱不繁,民不相疑,二。铜不布下,不得采铜,不得铸钱,则民反耕田矣,三。铜不布下,毕归于上,上挟铜积以御轻重,钱轻则以术敛之,钱重则以术散之,则钱必治矣,四。挟铜之积以铸兵器,以假贵臣,小大多少,各有制度,以别贵贱,以差上下,则等级明矣,五。挟铜之积,以临万货,以调盈虚,以收畸羡,则官必富,而末民困

---

① 二十四铢为一两。

矣,六。挟铜之积,制吾弃财,以与匈奴逐争其民,则敌必怀矣,此谓之七福。故善为天下者,因祸而为福,转败而为功。今顾退七福而行博祸,可为长太息者,此其一也。

朝廷把铜收上去,禁止民间私铸,民众不铸钱便不会触犯黥刑;私铸的假币减少,士民不再猜疑;百姓不得铸钱便会回流到农耕上;朝廷独有铸币权便可以适时调整币值的高低,平抑物价;国家以铜铸造兵器,依照等级赏赐臣下,可以别尊卑贵贱,彰明礼制;朝廷依靠持有的铜,就能控制物品的流通、调剂余缺,抑制工商游民;有了铜的积蓄,汉廷就有财力与匈奴争夺百姓,则匈奴必败。禁止私铸的好处,足可以使朝廷"因祸而为福,转败而为功"。

把铜全部收归国有,牢牢把持住货币铸行的权柄,稳定经济秩序,积蓄国力。国家财力雄厚了,就有条件实行"三表五饵"的政策诱降匈奴,彻底解决边境上的祸患。而"众建诸侯以少其力"的地制确定下来,贯彻下去,便可以破除诸侯王意欲犯上作乱的危局,从而保证统治集团内部的稳定。贾谊在《新书》中对汉廷当时潜在的和已经面临的危难,都一一提出了自己的对策。可惜这些建议文帝大多没有采纳,或者没有立即实施并完全推行下去,以至于为后来的景帝朝埋下了"七国之乱"的祸根。

4. 教育理论与教育方法

贾谊短暂的一生在宦海中几经沉浮,其为官最主要的职务是太傅,曾经先后给长沙王和梁怀王做老师,并卒于梁怀王太傅任上。因此,《新书》中有相当一部分篇幅是关于教书育人的,其具体内容为如何教导和培育太子。

关于教育的作用和功能,贾谊在《劝学》一文中说道:

谓门人学者:舜何人也?我何人也?夫启耳目,载心意,从立移徙,与我同性。而舜独有贤圣之名,明君子之实;而我曾无邻里之闻、宽狗之智者,独何与?然则舜傀偯而加志,我僮侵而弗省耳。

舜是古代著名的圣人贤君。而舜之所以能够拥有贤明通达的君子品质，并不是他天赋异禀，与那些默默无闻的乡人在本性上有何差异。舜的"君子之实"，是其刻苦学习的结果。

当普通人懒懒散散，贪图安逸享乐，放纵自己的时候，舜却抓紧一切时间和机会潜心向学，勤奋努力且矢志不渝。贾谊说，如果把人的天分比作女子的容貌，那么，即使天赋英才，像是绝色美人西施，若令其容貌蒙受不洁，肮脏邋遢，路过的人也会捂着鼻子，厌恶地斜着眼睛躲避。假如让她洗去前尘，再淡淡梳妆，那微微一笑之间的回眸婉转，上至王公大臣，下至平民百姓，没有人不为之动容。而教育，就是开启心智，不让人心蒙尘的方法和途径。所以，不论人们的天赋如何，后天的学习和教育都是至关重要的。

对于每一个单独的个体来说，教育在很大程度上左右了他们的个人命运；对于一个国家来说，是否能教育好子弟中的一个人，则着实关系着社稷的安危。这个将家道国运系于一身的人，就是太子。

>天下之命，县于太子；太子之善，在于蚤谕教与选左右。心未滥而先谕教，则化易成也；夫开于道术，知义理之指，则教之功也。若其服习积贯，则左右而已矣。夫胡越之人，生而同声，嗜欲不异，及其长而成俗也，累数译而不能相通；行有虽死而不相为者，则教习然也。臣故曰："选左右、蚤谕教最急。"夫教得而左右正，则太子正矣，太子正而天下定矣。《书》曰："一人有庆，兆民赖之。"此时务也。（《保傅》）

天下的命运，是维系在太子身上的。商朝的统治传承了二十多代，周朝治国历经三十多代，秦取代周朝治理天下，却只传了两代就国破身亡，《新书》认为，夏商周三代能够国运长久而秦国却二世而亡，并不是因为其人性有什么差异，而是三代的君主以正道培育和教养了太子。

以周成王为例,贾谊阐述道:"昔者周成王幼在襁褓之中,召公为太保,周公为太傅,太公为太师。保,保其身体;傅,傅之德义;师,道之教训:三公之职也。于是为置三少,皆上大夫也,曰少保、少傅、少师,是与太子燕者也。"当成王还在襁褓之中,就由仁人贤士教育和训导他,并选派端正之士与太子朝夕相处,影响他、扶持他。所以,成王在幼儿时期就明白礼仪和道义,这就是三代长久享有其国的原因。

如何才能教育好太子,贾谊认为有两点是其中的关键,即"蚤谕教"与"选左右"。

"蚤谕教"的意思是说,对太子的教育要尽早展开。早到什么时候呢?贾谊的观点是要尽可能的早,早到初纳新妇之时,早到十月怀胎期间。在《新书》中,专门有一篇名为《胎教》的文章,对此进行了阐述。

《胎教》一文开篇引用《易经》中的话"正其本而万物理,失之毫釐,差以千里",来说明万物之始的重要。皇室为后世子孙所做的谋划,要在婚嫁的时候就有所考虑。凤凰生下来就心怀仁义,虎狼生来就有贪婪、暴戾之心,是由于它们的母亲不同。因此,一定要谨慎地选择那些孝悌传世的良家之女,娶进门、立为后,只有这样的母亲才能哺育出仁义敬顺的孩子。

当王后怀孕七个月的时候,就要搬到侧室居住,太师、太宰、太卜等人也依礼一一就位。王后怀孕期间,太师等人负有督察之职,监督王后不听郑声淫乐,只听合乎礼制的雅乐;不食异味之物,只吃符合正味的饮食。周成王的母亲在身怀成王之时,"立而不跛,坐而不謑,独处不倨,虽怒不骂",坐立端正、不偏不斜,独处时也不叉开腿、伸着脚坐着,生气时也不斥责谩骂,可谓谨言慎行之至。如此谨慎地度过孕期,母亲的精神饮食、起居坐卧、言语视听都合乎规矩,端正无邪,就能用正道影响腹中的胎儿,才能哺育出像成王那样聪明仁德的君王。

按照胎教的正式礼仪,太子出生后便举行悬弧之礼,然后通过占卜给太子取名,并举行一系列相应的仪式,对此,《胎教》篇有详细的叙述。胎教的目的在于通过早期的人为干预,如选择优良的备孕母体、创造良好的孕育环境等,去浸染和同化胎儿,为太子今后的成长奠定基础。而当胎儿降生之后,在太子培养过程中的一个关键之处便是"选左右"。

关于"选左右",《新书》的《保傅》篇这样写道:

> 三公三少固明孝仁礼义,以道习之,逐去邪人,不使见恶行。于是皆选天下之端士、孝悌博闻有道术者,以卫翼之,使与太子居处出入。故太子初生而见正事,闻正言,行正道,左右前后皆正人也。习与正人居之,不能无正也,犹生长于楚,不能不楚言也。故择其所嗜,必先受业,乃得尝之;择其所乐,必先有习,乃能为之。孔子曰:"少成若天性,习贯若自然。"是殷周之所以长有道也。

> 若其服习积贯,则左右而已矣。夫胡越之人,生而同声,嗜欲不异,及其长而成俗也,累数译而不能相通;行有虽死而不相为者,则教习然也。臣故曰:"选左右、蚤谕教最急。"

太子左右的人,一者是教导太子的官员,一者是陪侍太子的随从和玩伴,"选左右"就是要慎重地选择好这两类人。在这方面,《新书》中列举的成功案例还是周成王。

"昔者周成王幼在襁褓之中,召公为太保,周公为太傅,太公为太师。"(《保傅》)从前,当成王还是个小小婴儿的时候,他的老师就已经确定下来了——召公为太保,周公为太傅,太公为太师。太师、太傅、太保合称"三公",太保负责身体的护卫,太傅负责品德的培育,太师负责知识的教授。太保召公和太傅周公都是周文王的儿子，也是成王之父周武王的兄弟；太公即著名的齐太公姜尚，是周文王的老师，这三个人都是辅佐武王灭商的功勋元老，是周朝著名的功臣和贤良，襁褓之中的成王就是由这些德才兼备的重臣进行教育和引导的。不仅如此，朝廷还为三公配备了助手：少保、少傅和少师。少保、少傅、少师合称"三少"，均由上大夫担任，是"三公"的副官，平日里与太子一起生活，辅助"三公"以孝仁礼义之道教导太子。

"三公"和"三少"不仅要负责教导太子，与此同时，还要审慎地为太子选择侍从。严格地从备选者中遴选那些为人孝悌、见识广博的有道之人作为与太子朝夕相处的侍者和随从，保护和陪伴幼小的太子，并时时注意将那些品行有所不端的人驱逐出去。这样，在太子的生活圈中，既没有坏人，也没有坏事，太子从呱呱坠地之时起，每时每刻看到的、听到的、接触到的都是正人君子和有识之士。就像生于齐国、长于齐国的人就会说齐国的语言而不会说楚国话一样，从出生开始就一直和君子朝夕相处的人，也不可能不端正，不可能不坦荡，不可能不高洁。

《尚书》上说："一人有庆，兆民赖之。"一个人有好品行，万民都依赖他，这个人就是日后要成为天子的太子。太子的优良品质和德行，有赖于教育和教化之功。教育成功的关键在于"蚤谕教"和"选左右"。在太子的心灵尚未被污染，尚且如一张纯净的白纸之时，就尽早对他施以正确的引导和教育，仁义礼智的教化便容易成功；再以身边辅佐、伴随他的端正之士加以影响和熏陶，太子的好品行和好习惯就逐渐形成并日积月累成为生命中的本能，这就是贾谊在《保傅》篇所说的："心未滥而先谕教，则化易成也；夫开于道术，知义理之指，则教之功也。若其服习积贯，则左右而已矣。"

孔子说："少成若天性，习惯若自然。"小时候养成的习性就像天生如此一样，当太子长大继承大统之后，自然就是仁义圣明的君主,自然就会施行仁政礼制:通晓治国之术,明于为政之道,深谙事物的义理所在,仁爱而正直。太子的品行端正了,天下也就安定了。从这个意义上说,贾谊的教学活动本身就是一种政治行为,是其政治理念与政治实践的重要组成部分。

四 《新书》的思想内涵

1. 礼、法结合的仁政礼制观

礼是古代社会用以规范人们各种行为的典章制度、生活准则和仪式仪节。在《新书》中,贾谊极力提倡以礼治国,其仁政礼制观是对先秦儒家学说的继承和发展。

作为全体社会成员都必须遵守的行为准则、仪式仪节,这种以"礼"命名的法则,有着悠久的历史传统。关于礼的起源,按照荀子的说法,是因为"人生而有欲,欲而不得,则不能无求;求而无度量分界,则不能不争;争则乱,乱则穷。先王恶其乱也,故制礼义以分之,以养人之欲,给人之求,使欲必不穷于物,物必不屈于欲,两者相持而长"①。人生下来就有欲望,欲望不能满足,就会去索取。如果索取无度,就不可能不发生争斗。争斗就会引发混乱,混乱就会导致穷困。先王憎恨混乱,就制定礼仪以划分等级,节制人们的欲望,使得物资和欲望两者相互制约从而保持长久的协调发展。有了度量和分界,各人安守自己的本分,社会没有了祸乱和纷争,人们就可以各得其所。因此,礼的作用就是"养","养人之欲,给人之求";礼的核心就是"别","贵贱有等,长幼有差,贫富轻重皆有称者也"。尊贵者丰美,低贱者短缺,用这种等级的区别来限定、节制人们的欲望从而达到"养",去平衡并最终在不同程度上满足不同

---

① 《荀子·礼论》,第 346 页。

阶层的人的需求。这,也就是用礼来治理国家的内在机制。

"制礼义以分之"的先王,可以远溯至五帝时期,《史记·五帝本纪》就有尧、舜"脩五礼""典三礼"的记载。《庄子》一书在《天运》篇中,曾经评论过三皇五帝时期的礼制:"夫三皇五帝之礼义法度,不矜于同而矜于治,故譬三皇五帝之礼义法度,其犹柤梨橘柚邪!其味相反而皆可于口。故礼义法度者,应时而变者也。"①意思是说,三皇五帝的礼义法度不求同、但求治,是应时而变的。及至三代,如孔子所说:"殷因于夏礼,所损益可知也;周因于殷礼,所损益可知也;其或继周者,虽百世可知也。"②夏、殷、周三代因革相承,也都有自己的礼制。经过夏、商两朝的因革,周公制礼作乐,建立了一套以血缘、姻亲关系为纽带的统治秩序和文化体系,实行礼乐之治。西周一朝的礼乐文化蔚为大观,"经国家,定社稷,序民人,利后嗣"③,被孔子盛赞为"郁郁乎文哉"④。

到了东周,春秋诸侯争霸,权力下移,周天子的宗法统治名存实亡。孔子面对王道衰微、礼崩乐坏的现实,提出了以"礼"与"仁"为中心的治国方略,奔走于列国之间,呼吁统治者"为政以德"。

在孔子的学说体系中,核心概念为孝、仁、礼。"孝"是以血缘为纽带的自然情感,"仁"是由"孝"生发出的一种博爱的社会性情感,而"礼"则是"仁"的表现形式、度量标准和培育机制⑤。通过忠恕之道的推己及人,经由"出则事公卿,入则事父兄"⑥的家国并举,孔子将"孝"拓展、升华为"仁",再经过"礼"这一外在行为规范

---

① 陈鼓应:《庄子今注今译》,中华书局1983年版,第373页。
② 《论语·八佾》。
③ 《左传·隐公十一年》,李梦生:《左传译注》,上海古籍出版社2004年版,第43页。
④ 《论语·八佾》。
⑤ 详见拙作:《孔学情本体之蠡测》,《国学学刊》2011年第1期。
⑥ 《论语·子罕》。

的匡正和培育,最终将"仁"确立起来。以仁学理论治理国家,"为政以德"的关键在于治民者要爱民如子,要像对待儿子一般爱护百姓,以此促发民众产生亲附之心,让他们发自内心的、心甘情愿的忠君爱国,自动归服并依附于君主。

孔子的政治学说以仁爱礼制构建父慈子孝、君仁臣忠的和谐社会,致力于建立一个浴沂舞雩、春风化雨的祥和之世,但这在以武力决定命运的战乱年代,显然是不合时宜的。能够在强者生存、弱者灭亡的争霸战中保存自己、消灭敌国从而雄踞于世的,不是王道,而是霸道。彼时,顺应时代潮流缔造出一个强大帝国的,就是霸道的成功实施者,被《新书》指斥的法家代表人物商鞅。

公元前4世纪,商鞅被秦孝公招募,在当时落后的秦国推行改革。商鞅治国的指导思想主要在于重农重战、抑制商业、刑赏驱民、缘法治国等方面。具体而言,就是以法治为保障,以刑赏为手段,在抑制商业的同时,促成农战目标的达成,是一套以农养战、以战强国,全民皆兵、图谋霸权的国家战略体系。对于古代中国这样以自然经济为主体的农耕社会,农业的重要性毋庸置疑,以农为本、重视农业、抑制工商的国策历朝历代并无异议。商鞅学说的特立之处在于,他颠覆了旧有的宗法制度,打破了西周以血缘关系封官授爵的世禄世卿制,改为以功劳任官食禄,实行军功爵制。与此同时,在缘法治国方面则特别强调刑无等级,除国君之外,从卿相大臣到庶民百姓,不论等级,统一实施刑罚,不赦不宥地严格执行。

商鞅变法打开了平民凭借军功提升社会地位的通道,这一套以刑赏驱使民众努力从事农耕、奋力投身战争的政策,短期内就取得了极大的成功。商君相秦十年,内富国强兵,外立威于诸侯,使秦从一个偏居西陲,与夷狄杂居的落后之国一跃成为当世无双的强国。孝公之后的秦国君主,从秦惠文王一直到秦始皇,都继承了商法的治国方略,终于灭六国而一统天下,用贾谊《过秦论》中的话说,就是"吞二周而亡诸侯,履至尊而制六合,执敲朴而鞭笞天下,威振四海"。

秦始皇建国之后,依然秉承商法的精神,继续实行严刑峻法。商法之所以被后世诟病为"苛"和"酷",是因为其法以恐吓和重刑为根本,是一种以暴制暴的国家恐怖主义。《商君书》的《修权》篇说:"凡赏者,文也;刑者,武也;文武者,法之约也。"在刑赏之间,商鞅明确主张要先刑而后赏、重刑而少赏,其中的逻辑是:对犯轻罪者处以重刑,重到让民众胆战心惊,那么,轻微的犯罪不会发生,而严重的犯罪就更不会出现。"刑重者,民不敢犯,故无刑也"①,哪怕人们只是犯下了小小的罪过,也要毫不留情地施以重刑,使民众从此不敢越雷池半步,这就是所谓的"以刑去刑"。不仅如此,商法在轻罪重罚的同时,还"刑用于将过"②。"将过"实际上是"未过",即人们只是想要犯罪,但并未真正予以实施。这种做法其实是将人们头脑中的犯罪念头也规定为惩罚对象,将打击范围扩大到思想意识领域,连人们的思想都进行惩处,以达到预防实际犯罪的目的。此外,商鞅在变法之初就下令将百姓五家为一伍,十家为一什地编在一起,建立相互监视、同罪连坐的机制。一家有罪,其余九家中告发的人可以获得与斩获敌人首级相同的赏赐,不告发者处以腰斩,藏匿罪犯的以投敌罪论处。在这种制度下,一人犯罪,不仅其父母、兄弟、妻子会受到株连,若不能及时发现并且去揭发、去告密,就连他的邻居也要为此受到惩处。

重刑加上连坐,秦国的民众无论是外出还是家居,都时刻在战栗中相互监督,惊恐而畏惧。贾谊说"秦王怀贪鄙之心,行自奋之

---

① 《商君书·画策》,徐莹注说:《商君书》,国学新读本,河南大学出版社2012年版,第212页。

② 《商君书·开塞》,徐莹注说:《商君书》,国学新读本,第165页。

智，不信功臣，不亲士民"(《过秦论》)，统治者为了纯粹的功利主义目的，把自己的人民当成耕战的工具，只重视事功，完全不在意其手段的正义性，何谈亲近和信任。而儒家学说提倡"父为子隐，子为父隐"相互隐瞒过失的孝道，用仁者爱人的仁道、善政治理社会，也被商鞅认为是"六虱"，像虱害一样是破坏其农战政策的力量，要坚决予以打击和取缔。在秦始皇之前，商鞅就已经做过焚烧《诗》《书》的事情①。

遵从周礼而来的儒家学说讲究人情、伦理，强调"以礼不以刑"的教化；商鞅的法治学说极力排斥儒学，认为仁义礼制根本不能用来治理天下，儒、法原本两不相容。但是，贾谊在《新书》中展现出来的，却是超越了儒法对立的一种结合了法制的仁政礼制说。将法制纳入到仁政礼制的框架内，是贾谊对先秦儒学的创造性发展。

《新书》在《制不定》一篇说道：

> 屠牛坦一朝解十二牛，而芒刃不顿者，所排击，所剥割，皆象理也。然至髋髀之所，非斤则斧矣。仁义恩厚者，此人主之芒刃也；权势法制，此人主之斤斧也。势已定，权已足矣，乃以仁义恩厚因而泽之，故德布而天下有慕志。

"坦"相传为春秋时的人，善于屠牛。由于技术娴熟、操作得当，坦一个早晨宰杀了十二头牛，刀刃却没有丝毫损伤。以"解牛"作喻讲述应对复杂人世的道理，并非贾谊的创建，庄子在其书的《养生主》一篇，就曾经绘声绘色地描写了庖丁解牛的故事。《新书》这段话的重点，在于通过"屠牛"阐述"仁义恩厚"和"权势法制"的不同作用和互补关系。

"仁义恩厚"如同屠夫坦手中刀子的锋刃，在牛的肌肉和骨头

---

① 据《韩非子·和氏》记载："商君教秦孝公以连什伍，设告坐之过，燔《诗》《书》而明法令……孝公行之。"

之间切割,游刃有余;"权势法制"如同坦的斧子,用于劈开和砍断胯骨、大腿骨那一类大骨头。当国家局势已经稳定,君主大权在握的时候,应该施以仁义和恩惠,令恩泽广布天下。就像坦持着利刃在肌肉和骨缝中轻松游走便肢解了牛体那样,仁义礼制可以稳定社会秩序,安抚、收服人心,是治世的良方。但是,正如牛身上总有几块粗壮的大骨头那样,臣民中也会有顽固不化、实力雄厚的不肖之徒,对付他们,就不能再用礼制教化了,而是要想坦那样,举起大斧小斧猛力劈砍,用严厉的刑罚一举制服。所以,贾谊的礼治中,刑罚与礼教并不矛盾,而是相辅相成的。

不实行礼制仁义,会像强秦一样丧失民心、积累民怨而自毁江山,但如果以礼治国不结合法治,不以法令的形式将各项制度确立起来,国家也会陷入岌岌可危的境地。

> 君臣相冒,上下无辨,此生于无制度也。今去淫侈之俗,行节俭之术,使车舆有度,衣服器械各有制数。制数已定,故君臣绝尤,而上下分明矣。擅遏则让,上僭者诛,故淫侈不得生,知巧诈谋无为起,奸邪盗贼自为止,则民离罪远矣。(《瑰玮》)

汉初社会上上下下存在着种种僭越现象:朝廷内部诸侯王无视天子的威权,其王国内的官职、名号、服饰、号令与天子等齐,俨然等同于皇帝;民间商贾富户奢靡成风、逾越礼制,庶妾身着皇后祭祀时才穿的礼服,天子之衣被挂在墙上装饰房间。这令君臣之间无法建立信任,上下相互猜疑,民众也疑惑不定,天子的权威和地位受到严重威胁。贾谊说,之所以会发生如此普遍、如此严重的僭越之风,威胁朝廷的统治,就是因为没有建立法度。

俗话说,"人靠衣装,佛靠金装",关于最易显示出人们身份地位的服饰,《新书》在《服疑》篇说,制服之道必须"建法以习之"。国家一定要建立相关法度,并普及到民众中去,让百姓知道和熟悉,以便于他们遵守。与此同时,还要设立专门的官吏进行管理,在《辅佐》,贾谊规划的"大辅"一职,就负责"明号令,正法则"。这样,"卑尊已著,上下已分,则人伦法矣",尊卑分明、上下有别,人们有法可循,人伦礼制就可以确立起来了。

关于诸侯王的僭越问题,也是如此。《新书》解决诸侯王问题的办法是"众建诸侯而少其力",并反复强调将这种做法形成制度。《五美》篇论述"割地定制"时说:"经制一定,宗室子孙虑莫不王。制定之后,下无倍背之心,上无诛伐之志,上下欢亲,诸侯顺附,故天下咸知陛下之仁。"分割侯国土地的办法必须形成制度,确定下来。地制确立之后,则下无背反之心,上无诛伐之志,上下交欢,天下太平,于是便可成就皇帝的仁政和美名。

在《过秦论》中,贾谊斥责商鞅以来秦国的严刑峻法时,对法治本身,也持有肯定的态度,认为秦国自孝公时代的崛起,确实是商鞅"内立法度,务耕织"的结果。先秦时期,儒家提倡仁政贤君,注重从人心、人性、人情,从人的内在生发出仁义礼智信的高尚情操,推崇德行崇高的仁者、圣者治理社会。后起的法家学说并不相信人类的善性,即使有天降的圣德之君、仁人志士,但"仁者能仁于人,而不能使人仁;义者能爱于人,而不能使人爱;是以知仁义之不足以治天下也"①。仁者对他人仁慈,但不能使他人自生仁慈之心;义者能够爱别人,但不能使别人有爱心。因此,仁政和圣人之治是有短板的,而法治则正可以弥补其不足。

《汉书·贾谊传》曰:"夫礼者禁于将然之前,而法者禁于已然之后。"礼是在坏事发生以前,通过统治者的率先垂范和大力提倡,形成固定的风俗和习惯,润物无声地教化民众趋向良善、远离罪恶。当坏人坏事已经发生,礼的约束失去效力,就用法打击犯罪。

---

① 《商君书·画策》,第215页。

除此之外,儒家崇尚的圣人之治仅仅依靠皇帝、官员自身的德行维持政治的清明,其弊端是显而易见的。在这方面,法治,即使是皇权之下的法治,也具有贤人政治不可比拟的优越性。《商君书·画策》篇说:"势不能为奸,虽跖可信也;势得为奸,虽伯夷可疑也。"如果客观形势使人们不能做坏事,即使盗跖那样的奸人也是可以信赖的;如果在客观形势下,人们都可以做坏事,即使伯夷那样的高洁之士,也不可信任了。法是依靠国家力量强制施行的制度和命令,其强制性、客观性形成了不可为奸之势。有了法令的震慑、约束和惩治,势不能为奸。在《五美》篇,贾谊说,"地制一定,卧赤子天下之上而安",让婴儿做皇帝也可以天下太平,这就是制度的力量。在孔学"为政在人"的思想统摄下,贾谊能够举起制度建设的大旗,是十分难能可贵的①。

《俗激》篇说:"岂如今定经制,令主主臣臣,上下有差,父子六亲各得其宜,奸人无所冀幸,群众信上而不疑惑哉。此业一定,世世常安,而后有所持循矣。"贾谊虽是儒生,但他通过对历史和现实的反思,总结经验教训,看到了法家学说的合理成分,并将其纳入到自己的儒学框架内。礼是柔性的制度,法是刚性的制度,贾谊结合了法治的新的仁政礼制学说以制度建设救偏补弊,其对儒家学说的创造性继承和发展,至今仍有借鉴意义。

2. 以民为本、威德在君:柔性的皇权专制主义

《新书》中具有鲜明的民本思想,但是,这并不能掩盖其皇权专制主义的思想本质。只不过,贾谊的皇权专制思想被仁政礼制说包裹着,因而对外呈现出一种柔性的面貌。

---

① 王兴国在《贾谊评传》中指出,贾谊扩大了法的范围,使之兼容了礼的制度节文,并使之法律化,但其关于制度重要性的思想被长期淹没了。详见王氏著:《贾谊评传》,第104—107页。

民本是与神本相对应的概念,民本思想的产生,也是源于人们对上天决定人事的唯神论的怀疑。殷商时期重天敬鬼,当周人在殷商故地建立起一个新兴的国家,反观殷人对上天的虔诚供奉,反思上天最终对殷人的抛弃,周人已经得出"天命靡常"①"吉凶由人"②的理性之思。《尚书·泰誓》说:"天视自我民视,天听自我民听。"《左传》曰:"国将兴,听于民;国将亡,听于神。"春秋战国时期,伴随着"高岸为谷,深谷为陵"的社会巨变,统治者已经普遍认识到保民、安民的重要性,直到孟子明确提出"民为贵,社稷次之,君为轻"的民贵君轻论,所谓"得乎丘民而为天子","民"这一群体性概念被提升到与江山社稷生死攸关的程度加以重视。《新书》中的民本思想,也是从国家兴亡的高度,对"以民为本"进行了阐述。

前引《大政》篇所云,说得十分清楚:"闻之于政也,民无不为本也。国以为本,君以为本,吏以为本。"对于治国理政来说,无不把民众当作根本。因为前代无数的历史事实一再证明,得不到民众的拥护,一步步丧失民心的结果最终只有一个,那就是改朝换代。所以,从君主到各级官吏,对于整个统治集团而言,要对"民为邦本"具有清醒的、自觉的、深刻的认识。在这一篇,贾谊还从"国之命脉""政治功绩"和"国力军力"的角度,对此进行了反复强调:"闻之于政也,民无不为命也。""闻之于政也,民无不为功也。""闻之于政也,民无不为力也。"

先秦时期民本思想的具体内容,依孔孟之言可以概括为节用爱人、取之有度、使民以时、制民之产、轻徭薄赋等。这也就是前述《新书》中的"安民"之政,即要求统治阶层,特别是国君,要真正树

---

① 《诗经·大雅·文王》,程俊英:《诗经译注》,上海古籍出版社2004年版,第408页。

② 《左传·僖公十六年》,李梦生:《左传译注》,第247页。

立起爱民如子的观念,发自内心的将民众视同儿女,藏富于民、取信于民、宽以待民并且率先垂范,教化民众。但是,贾谊以及中国古代的民本思想,说到底,只不过是一种治民之术,如《尚书》所言:"民惟邦本,本固邦宁。"对"民"的重视是为了告诫君主,只有"本固"才能"邦宁",目的还是为了维护和巩固皇权的专制统治。

从贾谊的言论中不难看出,在其大一统的国家构成形态上,金字塔形的权利集中于君主一人之手。君主像太阳一样独一无二、至尊至圣,如前文曾经引用过的《阶级》篇:"人主之尊,辟无异堂……天子如堂,群臣如陛,众庶如地,此其辟也。故陛九级上,廉远地则堂高……高者难攀,卑者易陵,理势然也。故古者圣王制为列等,内有公卿大夫士,外有公侯伯子男,然后有官师小吏,施及庶人,等级分明,而天子加焉,故其尊不可及也。"在贾谊看来,君主的至尊地位不仅是理所当然的,而且还要进一步制造和加强这种高不可攀的形势,以便使君威达到极致。人君独居金字塔之巅的极尊地位坚实牢固,民众只能老老实实地匍匐着,安守顺民的本分,国家就可以长治久安了。在《新书》中,贾谊对皇权的尊崇之心和臣服之态,对君主专制的遵奉之志和护佑之情,都溢于言表。他那颗向着皇帝的拳拳赤子之心,不仅是由衷的,而且是真诚的。

"夫民者,唯君者有之"(《大政上》)君主拥有、且独自拥有包括土地和臣民在内的一切,君主与臣民之间,是拥有与被拥有、统治与被统治、主宰与被主宰的关系。臣民是君主的私人财产,君主是臣民的主人。贾谊说,"民者积愚也""夫民至卑也"(《大政下》),民众低贱、愚昧,全赖君主的统治。但是"至卑""积愚"的民众是绝对不能轻视的,因为作为一个群体,他们是天下的大族,人数众多、力量强大。而所谓的"以民为本",就是以治理好民众为治国的根本。皇权的统治是"专威定功"(《过秦下》),皇帝独操权柄、决事独断,丝毫不容他人觊觎,这与现代意义上的民主,中国古代的臣民与拥有主权的公民,是有着本质区别的。因此,民本思想虽然可以在某些时候对不受约束的皇权形成一定的限制,但并不能从根本上消解君主专制的独裁统治。

只不过,与秦的酷政相比,贾谊所构建的、所崇尚的皇权专制是一种柔性的专制。这种柔性的专制以仁政礼制为治国经略,倡导不用刑罚的刚性恐吓、制服民众,而是首先致力于用仁义礼智信的教化收服人心。它是一种既柔且韧的约束力,以仁君的仁爱,对外展现出一幅仁慈的面目。

这种仁慈的专制统治,首要的一点是怀柔,就是强调为人君者,要爱自己的统治对象——民众。对此,《新书》中不仅用了相当大篇幅反复论述其中的道理,还列举了众多正、反两方面的事例,加以形象、生动的阐述。

正面的仁君事迹有《春秋》篇吞吃蚂蟥以庇护属下的楚惠王;用超高的价格换取民众秕谷喂食鸭、鹅的邹穆公。有《谕诚》篇撤掉三面罗网而祝告的商汤王;因"当房而立"有感于天寒而开国库、粮仓赈济百姓的楚昭王;即使只是"昼卧"也依然取信于枯骨的周文王。有《退让》篇不劳民、不扰民,不建高台殿宇的北狄国君。有《君道》篇不仅爱民如子,还将恩惠施及鸟兽的周文王等等。正面的贤臣,如《春秋》篇杀、埋二头蛇的孙叔敖,《谕诚》篇以德报怨的梁国大夫宋就等人。至于反面的例子,贾谊在《春秋》等篇列举了以华服衣鹤却对百姓横征暴敛的卫懿公,征发万人想要挖掘国人坟墓的楚怀王以及历史上著名的暴君商纣王等人。

贾谊耗费笔墨反复陈说的目的,在于告诫君主,像秦始皇那样严酷的刚性的专制统治是不能长久的。刚性大则易折,一味地实行高压统治,只能激起民愤,导致民变。"忧民之忧者,民必忧其忧;乐民之乐者,民亦乐其乐。"(《礼》)像三代贤君那样施行仁政,对百姓施加恩惠,便可获得臣民的爱戴和拥护,就能达成"君惠臣忠,父慈子孝,兄爱弟敬,夫和妻柔,姑慈妇听"(《礼》)那样和谐的治世。国家稳定了,最终的、最大的受益者,还是君主本人。除此之外,在对待屡屡犯境、令汉廷不堪其扰的匈奴问题上,贾谊提出的"三表五饵"之策,也充分体现出怀柔的政治意图和策略。

其次,与仁政"爱人"的核心理念相一致,贾谊这种柔性的专制政治,在治国理政的具体措施上,反对单纯的、简单粗暴的刑罚,提倡慎用刑而主教化。

秦朝因"繁刑严诛,吏治刻深;赏罚不当,赋敛无度"(《过秦下》),最终导致二世而亡。汉初的统治者反思这一深刻的历史教训,对其刚性的铁腕政治进行了及时修正,其中的一项主要内容就是去除秦朝名目繁多的严刑。汉高祖刘邦当年打败秦军,西入咸阳灭掉秦国之时便当众宣布:"父老苦秦苛法久矣。""与父老约,法三章耳:杀人者死,伤人及盗抵罪。余悉除去秦法。"①废除此"三章"之外全部的秦法,使刘邦立即获得了秦地民众的拥戴,一时间,关中父老唯恐刘邦不为秦王。在《新书》中,贾谊也严厉批评了秦的酷法,认为统治者应该"虚囹圄而免刑戮,去收帑污秽之罪""轻赋少事""约法省刑"(《过秦下》)。

"轻赋少事"指减轻民众的徭役赋税,属于仁君爱护百姓的惠民之政,继之的"约法省刑",则是汉初的立法原则,主张治世者要慎用刑罚、少用刑罚、减轻刑罚,也体现着仁政的精神。具体而言,一方面朝廷应该直接废除那些如"收帑污秽之罪"等过于严酷和野蛮的法令;另一方面,在量刑断案时,要贯彻"疑则去之"的从宽原则,宁可错放,不可错杀。对于后一个方面,《新书》在《连语》专门讲述了梁王在范蠡的启发下,将有疑点的案件判为无罪的例子,作为对"与其杀不辜也,宁失于有罪也"这一仁者之政的注解。

---

① 《史记·高祖本纪》,第362页。

"诛赏之慎焉,故与其杀不辜也,宁失于有罪也。故夫罪也者,疑则附之去已;夫功也者,疑则附之与已。则此毋有无罪而见诛,毋有有功而无赏者矣。"(《大政上》)对于尚不能完全确定的有功者,要放下疑问,给予奖赏,以免错过那些做了好事的人,这是鼓励人们向善;对于尚不能完全确定的有罪者,也要放下疑问,不进行责罚,以免冤枉那些没做坏事的人。这不仅是鼓励人们向善,与此同时,还给犯罪者提供了悔过自新的良机。单单依靠简单粗暴的惩罚阻止人们作恶,往往不仅达不到"以刑止刑"的目的,还常常造成"以刑致刑"的恶性循环,最终极可能导致整个国家出现系统性风险,秦朝就是这样的例子。以柔性的、温和的行政手段积极鼓励人们向善,当君主仁爱有加,在执政者率先垂范的引导下,以具体的惠民政策优抚民众,逐渐培养出纯朴、温顺的民风民俗,让百姓们心甘情愿地接受、认可君主的统治,这显然比商鞅、秦始皇那样单纯用酷刑去恐吓民众的刚性专制成熟的多,也高明的多,有效的多。

当然,在此需要指出的是,贾谊的"约法省刑"绝不是要完全放弃刑罚,而是主张文武兼备、恩威并用,实施礼法结合的礼制教化。"主主臣臣,礼之正也;威德在君,礼之分也;尊卑大小,强弱有位,礼之数也。"(《礼》)礼的根本之处还是在于它是一种规定君臣上下尊卑秩序的社会法则,所有的臣民都必须遵从,虽然与刑杀相比,它在常态下显得柔和些许。而君主治理民众,就是要以教化、引导、鼓励、奖赏等柔性的方式将礼制观念深深植入人们的心中。如此,便达到了"绝恶于未萌……使民日迁善远罪而不自知"[①]的完美境地,也就是论语中所说的:"听讼"的最终目的是在于"无讼"。

最后,《新书》中这种以民为本、威德在君的柔性的皇权专制主

---

① 见《汉书·贾谊传》所载《治安策》,第2252页。

义，强调礼臣敬士，以发挥官吏治民的积极作用。

当年商鞅在秦国实行变法时，一项重要的内容就是强制民众分家，实行小家庭制度。百姓家中的成年儿子娶妻与父母分居，另立门户，父母只能与一个儿子拥有共同的户籍。若有两个成年男子不分立门户者，就加倍征收他们的口赋。这种做法虽然有利于人口的增长，有利于徭役赋税的征发，但是，与此同时，能够调节、缓冲君民对立的宗族势力也被摧毁了，国家统治失去了具有弹性的、中间阶层的黏结力。而秦始皇开创的所谓"赐民爵"之举，按日本学者西嶋定生的说法，其实质意义是实现由皇帝直接对庶民单个人身的统治①。皇帝直接治理庶民，实行刚硬的专制统治，更加激化了本就难以调和的君民矛盾，而就统治阶层内部而言，没有辅翼的皇帝也成为名副其实的孤家寡人。先秦时期，韩非子就曾经说："明君不治民而治吏。"②在《新书》中，贾谊批评秦始皇"行自奋之智，不信功臣，不亲士民"（《过秦下》），指出辅臣关系到国运的兴衰甚至是君主的生死，在强调君主爱民、惠民的同时，也特别指出"礼遇臣下"的重要性，以充分发挥官吏在理政治民中的重要作用。

除了在大臣犯罪时，国君要以礼相待，贯彻"刑不至大夫"的原则，给罪臣保留颜面外，在日常的君臣相处中，《新书》不仅提倡优抚臣下，更提出要给予贤士一种类似师友的礼遇。

如前所述，在《官人》篇，贾谊将被授予官职加以任用人分为六等，"一曰师，二曰友，三曰大臣，四曰左右，五曰侍御，六曰厮役"。那些拥有治国的智慧，品行高尚，可以为人楷模者，是为"师"。皇帝"取师之礼，黜位而朝之"，要起身离开座位朝见可为"师"的贤臣。那些拥有磨砺他人的智慧，正直忠义，善于内政外交者，是为

---

① 转引自龚留柱：《秦汉"治安"三策》，《史学月刊》2015年第12期。
② 《韩非子·外储说右下》。

"友"。皇帝"取友之礼,以身先焉",要亲身迎接可为"友"的贤臣。当"师""友"那类的臣子到来时,君主要打扫朝堂、殿宇等待他们,还与他们一同欣赏高雅的音乐。

贾谊提出的以贤臣良士为师、为友,其实是一种对臣下的礼遇和优待,并非是君主要听从师友的教诲。君主优抚臣子的目的是为了获得下属的效忠、尽忠,贤臣即使受到师友级的礼敬,可以向君主进谏,可以参与政治、献言献策,但政治的权柄始终独自掌握在君主手中,由君主个人一手操控。但是,虽然大臣在皇权专制体系中只是君主用以统治民众的工具,但比起将臣下驱之如犬马、如奴隶的蛮横与骄纵,这种皇权专制毕竟让大臣获得了一定程度的尊严和敬意。贾谊在《新书》中提出的礼臣敬士、爱民惠民以及约法省刑等一系列怀柔的方针和政策,给大一统的专制政治披上了一层情感的色彩和柔和的面貌,并以此在统治策略上,与之前秦朝的刚性专制有所区别。

3. 道、德论

"道"字在甲骨文中业已出现,但将它作为宇宙的本原和动力者,则要首推老子。在《老子》中,"道"具有多层次的意义和内涵,从具体内容上讲,大致可以划分为最高本体、自然规律和人世法则三大类。

关于最高本体的"道",老子说:"有物混成,先天地生,寂兮寥兮,独立不改,周行而不殆,可以为天下母。吾不知其名,字之曰道。"[1]这一层次的道是世界的本源和动力,虽不为人的目力所见,但却以"虚状的实存"这一特殊方式,在宇宙空间中实际存在着,它变动不拘、生生不息、独立长存。

---

[1] 《老子》第二十五章,楼宇烈:《老子道德经注校释》,新编诸子集成本,中华书局2008年版,第62—63页。

第二类自然规律的道,用《老子》中的话表述,是"反者,道之动;弱者,道之用"①。也就是说,事物是在其对立项中得以确立的,并向着自身的反面不断运动,因此,在相反相成的对立转化之中守柔守弱,便保持住了永远向上的发展方向,就可以长久立于不败之地。

至于第三类的人世法则,自然规律是永恒不变的常法,人间世事应当效仿和取法这一统御宇内的自然之道,"处无为之事,行不言之教"。"处无为之事,行不言之教",也即统治者应当取法天道,实行无为之治。

受先秦诸子学说的影响,在《新书》中,贾谊之"道"的内涵也是多层次的,也可以大致按照从最高本体渐次下降到人世、人身的过程进行解析。

在形而上的最高本体方面,贾谊对这类"道"的论述和老子的观点基本一致。首先,"道者无形,平和而神"(《道德说》)。道高深莫测,没有形体,看不见、听不到、摸不着,也无法用言语进行准确的描述,所以,贾谊在书中是借助现实的、有形的事物,比如镜子、玉等,对道进行阐述。其次,"道者……其本者谓之虚"(《道术》),道的本质叫做虚无,这里的"虚"是说道极其精微,平和、质朴且无所作为。最后,道虽然无为无形,但却蕴生万物、运载万物,"道有载物者,毕以顺理适行"(《道德说》)。

与老子学说一样,最高本体这一类的道虽然高举,但却只是其道论的前提和基础,而不是重心。老子论道,其核心观点在于论证无为而治的施政纲领,而当贾谊的道渐渐向下运行,从天而降地到达人间,却最终落脚在了儒学的仁、孝、忠、信上。

---

① 《老子》第四十章,楼宇烈:《老子道德经注校释》,新编诸子集成本,中华书局 2008 年版,第 110 页。

在《道术》篇，贾谊用问答的形式，将道引向了君主的治国之术。

"数闻道之名矣，而未知其实也，请问道者何谓也？"对于"道是什么"这个大问题，文中的回答并没有从本体论方面入手进行阐释，而是径自从其功用上说：道是用来认识和处理事物的，道的本质叫做虚无，道的末节叫做术。接下来，由"请问虚之接物何如""请问术之接物何如"两个问题，详细论述了道论的核心问题，人君如何正确的应接事物，也就是如何治国理政。

作为道的本质，"虚以应物"就是要像镜子映照物体那样，无所执著也无所隐藏，"南面而正，清虚而静"，令事物名实相符，各得其当，只加以适当的帮助就可以了。其含义是说，君主在统治国家时，要充分发挥大臣的作用，做到物尽其用、人尽其才；要让他们明确自己的职分，君主则像镜子映物、衡器称重一样，客观地评定其是否称职，"令名自命，令物自定"。这种治世之道，也就是《史记•论六家要旨》中对"道德家"要旨的总结："道家无为，又曰无不为，其实易行，其辞难知。其术以虚无为本，以因循为用。无成埶，无常形，故能究万物之情。不为物先，不为物后，故能为万物主。"

如果说"虚"作为道的本质，"虚之接物"是君主治国理政的指导思想，那么作为道的末端，"术"是用以直接控制事物的，对于治国而言，就是指具体的施政方针。用道术如何应接事物？如何治理国家？贾谊回答说，就是仁、义、礼、信、公等儒学的治世之道，即人主要实行仁政礼制、要公正守信、要选贤任能、要稽查核验、要教化民众、要谨言慎行等。随后，提问者又询问什么行为是正确的，什么是不正确的，贾谊对此列举了慈与嚚、孝与孽、忠与倍、惠与困、悌与敖、敬与慢、廉与贪、正与邪、仁与戾、俭与侈等五十多对儒学的伦理范畴，对个体循道而为的善行，做了事无巨细的说明和规定。

那么,道是如何从无形到有形,在人世演变成仁、义、礼、智、信的呢? 这里有一个关键性的中间环节,叫做"德"。

如果说道是宇宙的本体及其规律,那么,德就是具体事物得之于"道"所具有的特殊属性。道化育万物,因此也天然的内在于天地万物之中。万事万物秉受了道的赋予,这种赋予在各种事物身上的具体表现却是千差万别、各不相同的。道在每一具体事物上的体现,就是德。《老子》云:"孔德之容,唯道是从。"《新书》中类似的表述是:"道者,德之本也。"(《道德说》)道是德的本原,德以道为根、为本。

道生发出德,德是道的应用和体现。在《新书》的《道德说》一篇中,贾谊详述了道生德,德生万物的过程。

"诸生者,皆生于德之所生。"这句话的字面意思是,世间万物都是由产生德的道所产生的。在此需要注意的是,贾谊没有直接说"诸生者,皆道之所生",而是用了"德之所生"这样的字眼,特意突出了德是道与万物之间的关键一环①。

"德者,离无而之有。"道是无形的,万物是有形的,德就是道脱离无形而趋向有形的状态。具体而言,大道空虚无形、变化无穷,变化触及事物的内在规律而产生德,德由道凝结而成。德秉承道的变化,在各种事物上表现出不同的形态,万事万物便生成了各自不同的情状。虽然大道神秘莫测,但它以德为载体,在变化中脱离虚无而到达实有。在这个过程中,万物便生成了。

德有"六理"与"六美"。

"六理"指的是道、德、性、神、明、命,如果用玉比喻德,此六者

---

① 甚至有一种意见认为(如刘师培先生等人),"诸生者,皆生于德之所生"这句话中的"生于"为衍文,应删去,此句应写作:"诸生者,皆德之所生。"参见王洲明、徐超:《贾谊集校注》,人民文学出版社1996年版,第331页注。

就是德的六种纹理或纹路,也可将其理解为德的六个层次的属性。德的六理很难用语言表达清楚,贾谊还是以玉来打比方。玉,光泽像镜子一样映物,谓之道;内质凝结如脂膏,谓之德;厚重而润滑且黏固、牢靠,谓之性;其色如流水般灵动闪烁,谓之神;光辉,谓之明;质地如磐石坚不可摧,谓之命。性生发出气,通达于外呈现出明晰;神善变,通达于外呈现出变化;明善感,通达于外呈现出智识;命产生出形体,通达于外呈现出确定的形态。从道到德,再到性、神、明、命,事物便最终定型了。

"六美"指的是道、仁、义、忠、信、密。道是德的根本;仁是德生发出的;义是德的义理和原则;忠是德的敦厚之处;信是德的稳固之处;密是德的高贵之处,此六者被贾谊规定为德的六种美好显现。进而,贾谊还将儒家的六经与此进行匹配:在六经中,《书》是记录德的;《诗》是表达德的;《易》是占验德的;《春秋》是记述德的;《礼》是体现德的;而《乐》,则是以德为乐的。

"六理、六美,德之所以生阴阳、天地、人与万物也。固为所生者法也。故曰:道此之谓道,德此之谓德,行此之谓行。"阴阳、天地、人与万物都是由德生发出来的,而六理与六美,正是德据以生发阴阳、天地、人与万物的准则和凭借。因此,阴阳、天地、人与万物本来就应当效法它们。遵循六理、六美就叫做道;以六理、六美为操守就叫做德;按照六理、六美行事就叫做行。由此,贾谊完成了将道推演为仁、义、忠、信的逻辑论证。

道是老子学说的核心范畴,老子论道是反对仁义的;仁、义、礼是孔子学说的重要概念,孔子重人事而不追究天外之事。但是,贾谊将老子的道最终演绎为孔子的仁、义、忠、信和《礼》《乐》《春秋》,其间还引入了法家的"术"概念,表现出一种糅合诸子之学的思想趋势。此间,道、德被纳入到仁政礼制的主题框架中,成为一种服务于、从属于其儒家学说的宇宙生成论、为政之道和君人南面之术。

五 《新书》的历史影响

贾谊在《新书》中提交给汉文帝的治国之策和治国之道,有的被文帝接受,如安民爱民、宽以待民、礼敬臣下等,其效果在当时的朝政上已经显现出来。即使是那些没有被立即采纳的,也在其后汉廷的政治中产生了重要作用。无论对于汉代,还是其后漫长的中国历史,《新书》在政治、经济以及思想文化等方面,都具有深远的影响。

1. 在政治及国政方面的影响

《新书》最重要的政治主张之一,就是"割地定制,削弱诸侯"。贾谊在《宗首》《亲疏危乱》《数宁》《藩强》《制不定》《五美》《藩伤》等多篇中,反复陈说"疏者必危,亲者必乱"的情理:无论关系亲近还是疏远,血缘纽带根本无力抗衡布衣昆弟对皇位、对权力巅峰的觊觎之心,只要诸侯王的势力做大做强,疏者与亲者都必定犯上作乱。针对诸侯王叛乱问题,《新书》明确给出了解决的办法,即"众建诸侯而少其力"。对于分割、削减诸侯王封地的建议,汉文帝在贾谊死后虽稍有实施,但并未真正全面推行。

后元七年(公元前157年)汉文帝去世,同年六月,太子刘启继位,是为汉景帝。景帝继位后,御史大夫晁错进言力谏削藩。晁错在刘启做太子时就深得宠信,有"智囊"之称。他在上疏中陈述了诸侯王的骄淫无度与不知悔改,特别指出吴王刘濞采铜矿铸钱、煮海水制盐,以此引诱、聚集天下的亡命之徒,图谋叛乱。对于吴王刘濞等人,晁错明言:"今削之亦反,不削之亦反。削之,其反亟,祸小；不削，反迟，祸大。"①

公元前154年的冬天，景帝按照晁错的建议，削减了楚王的东海郡，稍后又削减了吴王的豫章郡、会稽郡，赵王的河间郡以及胶西王的六个县。

削藩激起了刘濞等诸侯王的极大不满。吴王刘濞联络楚王刘戊、赵王刘遂、胶西王刘卬、济南王刘辟光、菑川王刘贤、胶东王刘雄渠等人，七个诸侯国打着"清君侧"的旗号，联合造反。刘濞不仅首先起兵，还宣布自立为"东帝"。经过三个月的激战，汉廷联合梁国，最终平定了吴楚七国之乱。

在叛乱爆发之初，景帝曾听从袁盎的建议杀掉了晁错，认为如此吴楚七国便会罢兵。但诚如校尉邓公所言："吴为反数十岁矣，发怒削地，以诛错为名，其意不在错也。"②吴王不过是打着"请诛晁错，以清君侧"的旗号，其真正的意图是要篡位。吴国是当时最强盛的诸侯国，这正应验了《新书》中"强者先反"且"强者必反"的预言。

在《新书》的《益壤》篇，贾谊曾建议汉文帝扩大淮阳和梁两国的疆域，以卫护中央，抵挡齐、赵、吴、楚可能发生的兵变。这一建议被文帝接纳了。七国之乱中，正是梁孝王拼死据守睢阳城，抵挡住了来势凶猛的叛军主力吴楚联军，使其受到阻碍，不能越过梁国向西进兵，并最终与太尉周亚夫率领的朝廷军队一起，击败了七国之军。贾谊当年已经预见到汉廷潜在的祸患，并以超凡的远见卓识，预先为朝廷做出了应对祸乱的部署。《新书》中的深谋远虑，终于在景帝朝的这场危机中发挥了至关重要的作用。

平定此次叛乱之后，汉景帝废除了七国中的六国，取消诸侯王

---

① 《史记·吴王刘濞传》，第2825页。
② 《史记·袁盎晁错列传》，第2747页。

任免封国官吏等多项政治权利,并分封了诸多皇子为诸侯王①,《新书》中"众建诸侯而少其力"的方案被付诸现实。至此,诸侯国强势与中央对抗的局面大为改善。

七国之乱过后,汉景帝采取的一系列收权、削地措施,虽然有效遏制住了此前诸侯王势力的恶性膨胀,但专制皇权与诸侯王势力、中央与地方的矛盾并未完全解决。到汉武帝时,依然有诸侯国坐拥千里连城,占据几十座城市、上千里的土地,骄奢淫逸、抗命中央。元朔二年(公元前127年),汉武帝根据主父偃的建议,颁布"推恩令"。推恩令是汉武帝颁行的一项重要法令,其实质内容,就是《新书》中的"割地定制,削弱诸侯"。

主父偃上疏汉武帝说,古时诸侯的土地不过百里,很容易被控制。如今,诸侯国势力强大,若形势急迫,他们联合起来便可反叛朝廷。如果强行削减他们的土地,像前些时候晁错的做法那样,就会发生叛乱。现如今,诸侯王有十几个儿子的,也只有嫡长子具有继承权、拥有封国,其余的骨肉至亲却无尺寸之地,仁孝之道得不到展现。希望陛下命令诸侯王广施恩德,可以把土地分割给众子弟,分封他们为侯。子弟们人人喜得所愿,用这种办法推恩德,分割诸侯王的国土,在不必削减其封地的情况下,达到了削弱诸侯国势力的目的。从这番话语中不难看出,主父偃的建议,是受到贾谊四十多年前提出来的"众建诸侯""割地定制"政治策略的影响。武帝据此颁布了"推恩令"。"推恩令"的实施,使困扰汉廷多年的诸侯王问题终于得到彻底解决。

汉景帝的削藩和汉武帝的"推恩令",使《新书》中"定地制"的构想落到实处,并对其后的基本政治制度产生了影响。西周实行分封制,秦改为郡县制,汉初实行分封与郡县并行。《新书》通过对

---

① 参见《史记·孝景本纪》。

人性的透彻分析,明确指出诸侯国实力壮大必将导致与中央的对抗,七国之乱以血淋淋的事实残酷地证明了这一点。汉代以后,本欲拱卫中央,却最终造成地方与中央分权的分封制,再没有大规模实施过,真正意义上的分封制退出了历史的舞台。取而代之的是郡县制的全面确立。郡县制加强了中央对地方的管理和控制,有利于中央集权和国家的统一,在中国历史上一直绵延了两千余年。

与此同时,在治国理政的指导思想上,贾谊被文帝搁置的"改正朔,易服色,定官名,兴礼乐",在总结亡秦教训基础上提出的仁政礼治主张,汲取前代思想资源形成的民本思想,其融合法术与道术的新型仁政礼制说,直接影响了董仲舒对大一统新儒学的构造。贾谊之学为董仲舒融汇百家、罢黜百家的大一统新儒学开出先声,成为后世尊君敬上、忠贞不贰、仁政爱民、以民为本的典范性儒家政治统治模式。

董仲舒治道的核心在于仁政和仁德,但与《新书》的思想一致,这种仁政不再是先秦时期的纯儒学,而是结合了黄老学说和法家刑、术、势思想的新的仁政思想体系:以德为主,任德而不废刑,用刑作为德的辅助。在其《天辨在人》一文中,董仲舒说:"阳贵而阴贱,天之志也。""天之志,常置阴空处,稍取之以为助。故刑者德之辅,阴者阳之助也,阳者岁之主也。"①

董仲舒《春秋繁露·王道通三》曰:"人之受命于天也,取仁于天而仁也。是故人之受命天之尊,父兄子弟之亲,有忠信慈惠之心,有礼义廉让之行,有是非逆顺之治,文理灿然而厚,积知广大有而博,唯人道为可以参天。天常以爱利为意,以养长为事,春秋冬夏皆其用也。王者亦常以爱利天下为意,以安乐一世为事,好恶喜怒而备用也。"仁爱、仁政以及具体的忠信慈惠、礼义廉让等由于

---

① 苏舆:《春秋繁露义证》,中华书局1992年版,第336、337页。

受命于天,都成为人世的必然。

　　董仲舒的仁政德治强调严格的宗法制度、等级秩序和伦常纲纪,《楚庄王》篇提出:"王者必改制。""故必徙居处、更称号、改正朔、易服色者。"但其根本的礼治精神是不能改变的。而在仁政的框架下,贾谊的民本学说,也被董仲舒继承下来,并打着天命论的旗号,要求君主安民、乐民。"天之生民,非为王也,而天立王以为民也。故其德足以安乐民者,天予之;其恶足以贼害民者,天夺之。"(《尧舜不擅移、汤武不专杀》)这在一定程度上形成对绝对皇权的节制,有利于调和君民之间尖锐的社会矛盾。

　　汉初的六十年间,统治集团迫于极度凋敝的民生,也受到自身文化水平的限制,一直实行与民休息的政策,也疏于"经制"的建设。这种情况到一直持续到文景时期。汉武帝继位后,董仲舒借着皇帝策问之机,献上了思谋已久的仁义教化之说。武帝接受了这一建议,"罢黜百家,表章《六经》",改变了汉代的统治基调,从此也确定了儒学的官学地位。这其中,《新书》的影响不可小觑。

　　除了诸侯王的反叛,令汉廷倍感棘手的另一个问题就是匈奴扰境。"割地定制,削弱诸侯"历经文帝、景帝、武帝三朝,最终被证明是解决诸侯王问题的有效方法,而《新书》中提出的对付匈奴的策略——"三表""五饵"之说,在其身后却引起了不小的争论。

　　"三表""五饵"之说的实质,是以仁义引导、以利益引诱,达到瓦解、诱降匈奴的目的。按照《新书》中的表述,"三表"谓"信""爱""好",是"言必信,行必果""爱人(匈奴)之状,好人(匈奴)之技",属于儒家的以德服人;"五饵"所言的锦衣玉食、歌舞享乐,是用物质做诱饵去诱惑匈奴,源于法家的利益观。批评者认为,"五饵"本非仁人之用心,而且这套说辞根本不具备实际的可操作性。将这一套手段用在彪悍好战的匈奴人身上,实在是非常幼稚、迂腐的。而支持者认为,用种种物质和精神的享受满足匈奴人的需要,与华夏文明的仁政、仁道并无根本性的冲突。用和平的手段分化、瓦解、征服匈奴人,具有高瞻远瞩的战略眼光,不失为一种高超的战略思想。

其批评者,早在东汉时期,就有班固等人对贾谊之说提出质疑。班固为贾谊作传,长篇引述了贾谊的上疏,但对"三表""五饵"之策却并不赞赏,说:"施五饵三表以系单于,其术固以疏矣。"①认为这一策略实属迂阔不切实际之谈。到了宋代,程颐提出不同与班固的看法,他说:"贾谊有五饵之说,当时笑其迂疏,今日朝廷正使著,故得着许多时宁息。"②朱熹支持程颐的说法,在论及此事时曾说道:"伊川尝言,本朝正用此术。契丹分明是被金帛买住了。今日金虏亦是如此。"③明代的李贽则在《贾谊》一文中对班固大加讥讽,说班氏只不过是知道些历史事件的书生罢了,有点文采而已,却想以此来批评贾谊,真是可笑。贾谊是千里挑一的人才,其主张是出类拔萃的:"三表五饵,非疏匪拙。""三表""五饵"之说,不是浅薄的见解④。

光绪三十年(1904),大清举行甲辰科考,这也是中国历史上最后一次科举考试。甲辰科考的试题中,第一场"史论"的第二道题目,就是关于《新书》"三表""五饵"之策的:"贾谊五饵三表之说,班固讥其疏。然秦穆尝用之以霸西戎,中行说亦以戒单于,其说未尝不效论。"题目上说,秦穆公用类似"三表""五饵"的方法征服了北方的西戎部落,汉臣中行说投靠匈奴,也用该说警示匈奴单于,由

---

① 《汉书·贾谊传》,第 2265 页。
② 《二程集》,文渊阁四库全书本。
③ 《朱子语类》,文渊阁四库全书本。
④ 李贽:《焚书·贾谊》:"班氏何知,知有旧时所闻耳,而欲以贬谊,岂不可笑!""通达国体,刘向自别。三表五饵,非疏匪拙。彼何人斯?千里之绝。汉廷诸子,谊实度越。"

此可见,"三表""五饵"之说未必是不切实际,全然没有效果的。这种观点,也代表了后世对于"三表""五饵"说的主流意见之一。

2. 在经济上的影响

在经济方面,《新书》中以农为本、重农抑商建议,提出后便被文帝采纳,在文帝朝及其以后的历史进程中,产生了重要影响。

汉文帝在历史上以体恤民力、躬行节俭著称。《过秦论》云"牧民之道,务在安之",文帝执政期间,的确实行了减轻徭役、刑罚,减免田租、赋税等一系列安民的措施。在重农方面,贾谊向文帝陈说农业、粮食以及粮食积蓄具有关乎国家存亡的重要意义,即《新书·无蓄》的:"夫积贮者,天下之大命也。苟粟多而财有余,何向而不济……可以为富安天下,而直为此廪廪也,窃为陛下惜之。"据《汉书·食货志》记载,"上感谊言,始开籍田,躬耕以劝百姓"。

文帝被这番话触动,就开始设置籍田,亲自耕种。"籍田"是一种古礼,即在春耕之前,由天子率领诸侯亲自耕田,旨在表示君主对农耕的重视,以劝勉民众努力耕作。以农为本、抑制工商是《新书》的主题之一,文帝接纳这种理念,身体力行地籍田与节俭,对遏制奢靡的世风,鼓励民众回归农业起到了重要的作用,一直为后世所称道。

文帝在位时曾下令开放国有的山林川泽,准许私人开发利用,促进农副业生产和盐铁生产。到了汉武帝时期,财政大臣桑弘羊等人为了增加政府收入,施行盐铁官营等经济政策。盐铁之政关系国计民生,汉昭帝时,专门召集贤良方正之士在京城商议盐铁专营等政策,史称"盐铁会议"。

在这次著名的会议上,贤良文学猛烈抨击盐铁官营的弊端。有学者研究认为,盐铁会议上文学所言多受贾谊《新书》中农本思想的影响。如贤良文学在《本议》篇所说的"夫文繁则质衰,末盛则本亏。末修则民淫,本修则民悫,民悫则财用足,足侈则饥寒生",

便是脱胎于《新书》中《瑰玮》篇的某些段落。《力耕》篇文学曰:"古者,十一而税,泽梁以时入而无禁,黎民咸被南亩而不失其务。故三年耕而余一年之蓄,九年耕有三年之蓄。此禹、汤所以备水旱而安百姓也……是以古者尚力务本而种树繁,躬耕趣时而衣食足,虽累凶年而人不病也。"这些思想不仅与《新书》的《瑰玮》《忧民》《无蓄》篇相通,而且语句也相似。此外,后世王符等人的农本思想也与贾谊《新书》的重农抑商说有着直接的继承关系①。

重农抑商的建议被文帝采纳,而《新书》中没有被文帝采纳的禁止民间铸钱的主张,也在汉武帝统治时期产生了重要影响。

汉武帝时期,由于对外战争和自然灾害,汉兴七十多年积累的巨大财富消耗至衰竭,国家财力匮乏。如《新书》"铜布于下,为天下灾"所说的那样,铸币权掌握在私人和权贵手中,冶铸煮盐者家财积累到万金,养富了一众豪门大族。豪门大族蓄积财物、囤积居奇,在国家有难时不给予援助,民众陷于重重困苦之中。官府用度不足,县令便在铜山旁冶铜铸钱,民众也乘机私下偷铸。私铸的钱币数目很大,劣币泛滥,最终导致钱币越来越多、越来越轻,而货物却越来越少、越来越贵②。

面对这一困境,武帝与公卿大臣商议出的解决办法,是将货币的铸造权和发行权统一收归中央,也就是《新书》中的立法钱、禁止私铸。

---

① 详见王兴国:《贾谊评传》,第340—343页。
② 《史记·平准书》:"富商大贾或蹛财役贫,转毂百数,废居居邑,封君皆低首仰给。冶铸煮盐,财或累万金,而不佐国家之急,黎民重困。于是天子与公卿议,更钱造币以赡用,而摧浮淫并兼之徒。是时禁苑有白鹿而少府多银锡。自孝文更造四铢钱,至是岁四十余年,从建元以来,用少,县官往往即多铜山而铸钱,民亦间盗铸钱,不可胜数。钱益多而轻,物益少而贵。"第1425—1426页。

"于是天子与公卿议,更钱造币以赡用,而摧浮淫并兼之徒。"①汉武帝命令废除之前行用的半两钱,另铸三铢钱,而盗铸钱的人则一律叛为死罪。其后,汉廷又废三铢,改铸五铢钱。通过一系列的改革措施,民间的私铸、盗铸终于得到遏制,铸币权被收回中央,在全国范围内推行由官方统一铸造的五铢钱。汉武帝时期实行的这一币制改革,结束了汉初币制混乱的恶劣局面,对稳定和规范国家经济起到重要作用。贾谊《新书》中的币制主张,经由汉武帝之手取得成功,为影响深远的武帝五铢钱的问世奠定了基础。

3. 在思想文化领域的影响

司马迁在《史记》中,将贾谊与屈原合传而书,到了班固作《汉书》时,鉴于其日益隆盛的影响,为贾谊单独作传,并摘取其论著中切于时事者,录入在其本传中。《汉书》在《贾谊传》篇尾引用西汉名儒刘向之言:"贾谊言三代与秦治乱之意,其论甚美,通达国体,虽古之伊、管未能远过也。"盛赞贾谊可与古代名相伊尹、管仲比肩。而刘向的儿子,西汉后期著名学者刘歆在《移让太常博士书》中更是说:"在汉朝之儒,唯贾生而已。"

作为大儒的贾谊不仅具有卓越的政治才能,而且在哲学及文学方面也有极高的造诣。《新书》中的哲学思想,其道德本体论、认识论及天命观等,在中国古代思想史上,起到承前启后的重要作用。

所谓"承前"者,是指《新书》中的思想学说,是对先秦时期多家学术流派的继承和发展。

《史记·太史公自序》说"自曹参荐盖公言黄老,而贾生、晁错明申、商",贾谊通晓申不害和商鞅的学说。《汉书·儒林传》曰:"汉兴,北平侯张苍及梁大傅贾谊、京兆尹张敞、太中大夫刘公子皆

---

① 《史记·平准书》,第1425页。

修《春秋左氏传》。谊为《左氏传》训故，授赵人贯公……"贾谊不仅研习《春秋左氏传》，还为之训诂，对《左氏春秋》可谓是十分精通。据《史记·屈原贾生列传》记载，少年贾谊在家乡洛阳时被河南郡守吴公招致门下，其后也是吴公将其推荐给汉文帝的。吴公"与李斯同邑而常学事焉"，所以，贾谊可以算是荀子的再传弟子，亦应深受荀学的影响。《新书》中，对《诗》《易》以及皇帝、管子等人的言论时常能够信手拈来，引用得妥帖而精当，从《道德说》等篇也不难看出贾谊对老子及黄老学说的谙熟，而韩非的势、墨家的节俭等观念，在《新书》的思想中也留有明显的痕迹。如此，正如司马迁所言，贾谊"颇通诸子百家之书"①。

贾谊前承诸子百家之学，而所谓"启后"者，是指其思想学说对后世具有重要的先行意义。

先秦时期诸子百家蜂起，各自以其一家之言指点江山。大秦帝国凭借商鞅学说起家，以风卷残云之势席卷六国却又二世而亡。汉初的思想家贾谊站在时代的潮头，试图从前代丰富的思想资源里汲取各家之精华，为新兴的大一统帝国提供思想学术的支持。这种融汇百家的努力，对董仲舒的新儒学产生了深刻的影响。在本体论方面，《新书》中用老子的道德论融合稷下学派及韩非等人的学说，试图为儒家的仁义礼制提供一个天命论的支持。神秘莫测的天道、严格的等级观念以及刑罚对仁德的辅助，《新书》援百家之长纳入儒学的思想体系。虽然此时贾谊的学说还不够系统化，稍显散漫，但这些思想因子以及思想路径都启发了董仲舒，被其继承、吸收和发展，成为自身学说的重要成分，长久影响了中国思想学术的发展。

在文学方面，贾谊的赋上承楚辞，成为汉初骚体赋的杰出代

---

① 《史记·屈原贾生列传》，第2491页。

表,也为汉大赋的产生奠基。而《新书》中的政论散文,也具有极高的思想价值和艺术造诣,在中国文学史上影响深远。

贾谊的散文,尤其是《过秦论》《治安策》等政论文切中时弊、感情深切、说理透彻、气势磅礴,被鲁迅誉为"西汉鸿文,沾溉后人,其泽甚远"。具体而言,其一,在史论文章的发展史上,具有开创者的地位,极大地影响了后代史论作家们的创作。受其影响者,有陆机的《辩亡论》、苏洵的《六国论》以及宋濂的《隋室兴亡论》等;其二,影响了后代正史作家的史论写作,如范晔自言《后汉书》的论赞:"其中合者,往往不减《过秦》篇。"刘知几《史通》亦曰:"蔚宗参踪于贾谊";其三,对后代名臣的疏牍奏议也有一定影响,如唐代权德舆就认为陆贽的奏议堪比贾谊,论之曰:"榷古扬今,雄文藻思。"苏轼的《上皇帝书》笔力雄伟,被茅坤论为:"指陈厉害似贾谊。"①

总而言之,无论是当世还是后代,无论是政策走向还是政治思想,抑或是在思想文化和文学创作领域,贾谊《新书》的历史影响,都是既深且远的。

六 如何读《新书》

关于如何读古籍,笔者曾经提出史书、子书、心书的思路②。对于《新书》而言,就是将其当做史书来读,读出知识;将其当做子书来读,读出思想;将其当做心书来读,读出人性。

从最基础的意义上讲,史籍提供给我们的,首先是有关人类过往的历史知识。从获取知识的角度,把《新书》当做史书来读,可以

---

① 详见王洲明:《贾谊散文的特点及在文学史上的地位》,《文史哲》1982 年第 3 期。
② 史书、子书、心书的思路及以下相关内容,参见拙作:《商君书》"导读",国学新读本。

得到丰富的历史信息。由于贾谊政治家的身份,《新书》中众多的政论文章涉及汉代的朝政,因此,我们从中便可以了解到当时的政治制度、经济制度、社会思潮以及汉代的世风民情。

比如,由《属远》篇可见汉廷郡县的布局,《铜布》篇的内容与汉文帝五年除盗铸钱令的政策密切相关,《过秦论》反映出汉初的过秦思潮,《壹通》篇有关于武关、函谷关、临晋关的设置和使用情况,而从《时变》中可见时人看重徒有虚名的爵位却轻视贤良之举的世风等等。将这些内容与《史记》《汉书》等史籍相互对比,参照阅读,无疑会了解到更多关于汉代的历史知识。

贾谊终其一生,虽然是以政治家的身份活动在文帝朝的政治舞台上,但他同时也是汉初著名的思想家和文学家。因此,《新书》虽然多为政论文,但我们依然可以把它当做子书来读,读出贾谊之学的思想内涵。

《新书》的思想内涵前文虽略有所述,但对于贾谊这样思想深刻、才华横溢的大儒来说,其中可挖掘的内容,远不止上述那些。以书中的道论、德论为例,《六术》篇所言的"六理"为何以"六"为数,"理"这一概念的内涵是什么?而所谓的"德有六理",《新书》中明确指出"六理"为道、德、性、神、明、命六者,那么,德与包括"道、德"在内的"六理"到底是什么样的逻辑关系?这些都值得读者反复揣摩、认真思考。

今天凝固为铅字的这部书,其在两千年前的书写者、誊录者,是一个个富有情感和创造力的思想个体。他们将自己的思想付诸笔端,同时也将鲜活的心灵呈现出来,至今,那些思想和心灵依然跳动在古老文字的背后。如果我们静下神思,用心感受铅字背后的意蕴,就可以探索到作者丰富而深刻的内心世界。因此,除了把《新书》当做史书与子书,读出知识和思想,我们还可以把它看做一部心灵之书,从中读出那亘古未改,但又变幻莫测的人性。

贾谊少年得志、备受文帝赏识，其上疏"改正朔、易服色、定官名、兴礼乐"时的意气风发、踌躇满志；遭受谗言后，远赴长沙时的愤懑自伤；再度返回京城以及在梁王太傅任上，他屡屡上奏陈说政事的赤子情怀直至最后的抑郁而终，其间跌宕起伏、波折坎坷的心路历程，都在《新书》的字里行间隐约可见。比如《数宁》篇冒死进言的痛惜、流涕和长叹息，《宗首》《权重》与诸侯王、权臣对峙时的无畏与忧愤，《过秦论》指点江山的豪迈意气，凡此种种，读者可以从中体会中国传统儒生、士大夫的品性与精神。后世为数众多的悼念贾谊的诗词，也多是有感于此，生发出无尽的慨叹和怜惜。

除此之外，在阅读《新书》时，还要注意以下两点：

其一，要将《新书》放在具体的时代背景中去读

每一个人都是其特定时代的产物，没有谁能够脱离自己的时代而独立存在，贾谊也是一样。对于《新书》中的内容，阅读时一定要将其放在汉初这一大的时代背景下，才有可能去读通、读懂它。带着这样一种历史感，才能更好地理解和认识《新书》的价值。

如前所述，贾谊关于定经制、定地制、禁止私铸及教育太子等等主张，对于诸事不备的西汉初年，其意义自不待言。而书中在解决匈奴问题上提出的"三表""五饵"之说，看起来貌似迂腐，但是如果把它放在具体的历史环境下考察，在当时未尝不是一种可行的政治策略。

对付匈奴在边境的侵扰，最简单直接的办法就是战争，用武力压制、剿灭他们。然而，按照文帝朝国家的实际状况，是根本打不起，也打不过匈奴的。

虽然从汉高祖刘邦到汉惠帝和吕后，都一直致力于稳定统治秩序，发展社会生产，并且也取得了显著的成效，但文帝理政时期，国家财力依然严重不足。即使后来汉武帝携汉初六十多年的累积对匈奴用兵，仗打下来也是劳民伤财，几乎将国库掏空。所以，以

汉文帝时期国家的综合国力,根本无力支撑与匈奴开战的巨大消耗。此为"打不起"。而"打不过"是指即使财力跟得上,刘邦亲率一众猛将在白登山与匈奴激战尚且几乎丧命,文帝若出兵,又有哪位将军能打得赢匈奴呢?何况,此时朝廷还一再受到诸侯王反叛的威胁,皇权内部尚不稳固。汉初以来,确实是因为实力不济,朝廷才在白登一役之后,被迫坚持实行屈辱的和亲政策。

屈辱的和亲政策令贾谊忍无可忍,举兵讨伐又是不切实际的,在这种情况下,本着华夏正统的文化优势和自信,《新书》提出以"三表""五饵"之策进行怀柔,向匈奴展示大汉朝的物质文明,意在实施和平演变。这种和平演变的策略以华夏文明的先进性和优越性为依托,兵不血刃,以德取胜,诱降匈奴、感化匈奴,是贾谊立足于现有条件,根据国家政治、经济、文化各方面的实际状况制定出来的,并不迂腐,也不可笑,反而是具有政治家的战略眼光和大国的气度与胸襟。

其二,阅读《新书》要注意把握该书的思想主线

《新书》中的内容十分丰富,涵盖政治、经济、哲学、教育等诸多领域,是贾谊一生著述的结晶。"颇通诸子百家之书"的贾谊,其思想本来就是既复杂又深刻的。在论述不同的主题时,贾谊又往往会有所侧重,因而向读者展现出了不同的思想侧面。在《阅读》新书时,要注意把握其中的思想主线,才不会在不同文字的表述中迷失方向。

比如,关于贾谊的思想属性问题,历来众说纷纭。《新书》中大谈道者无形、以虚为本,又善引黄帝之言,所以,有人视其为道家、黄老道家;《新书》中讲智、任法、重术,引用管子之言妥帖精当,所以,有人视其为法家;《新书》中倡导仁义、力主以礼治国,引《诗》引《书》,所以,有人视其为儒家;《新书》既论道又讲法还尚仁,又多言权谋功力,所以,有人视其为纵横家,等等。对于这个问题,如前所

述，《新书》中的"道者无形"是为仁义提供天命论的依据，刑和法是为辅助仁与礼而设立的，权谋是实现仁政理想的工具，因此，如果从整体入手把握《新书》的内在理路，便可见其儒家的思想本色。

七 校注说明

1. 本注本以阎振益、钟夏《新书校注》为底本（新编诸子集成本，中华书局 2000 年版），节段划分、文字、标点等均依该本。之所以选用阎振益、钟夏《新书校注》为底本，是因为目前较为流行的卢文弨《抱经堂丛书》为疏通文义对原著多有删改，而阎振益、钟夏的新编诸子集成本以明正德十年吉府本为底本，较为完整地保持了古本的原貌。他本与新编诸子集成本的差异处，一般依循新编诸子集成本。原文有文字着实不通者，在注中给予说明。

2. 本书注释以阎振益、钟夏《新书校注》、王洲明、徐超《贾谊集校注》（人民文学出版社 1996 年版）为主要参考，同时还吸取了方向东译注《新书》（中华书局 2012 年版）、丁智荣译注《贾谊新书》（黑龙江人民出版社 2003 年版）及吴云、李春台《贾谊集校注》（中州古籍出版社 1989 年版）中的研究成果，并参以己意。

3. 注释旨在疏通文字，以解字为主，辅以整句翻译。不当之处，敬请指正。

《新书》简注

卷 第 一

过 秦 上（事势）

秦孝公据崤函之固①，拥雍州之地②，君臣固守以窥周室③，有席卷天下，包举宇内，囊括四海之意，并吞八荒之心④。当是时也，商君佐之⑤，内立法度，务耕织⑥，修守战之具⑦，外连衡而斗诸侯⑧。于是秦人拱手而取西河之外⑨。

[注释]①秦孝公：战国时秦国国君，公元前361年至公元前338年在位。崤：通"崤"，山名，指崤山，在今河南省洛宁县北。函：地名，指函谷关，在今河南省灵宝市南。 ②雍州：古代九州之一，其地在今陕西、甘肃、青海及宁夏回族自治区的部分地区。 ③窥：探看，伺机图谋。周室：指周王朝。 ④八

荒：八方荒远的地方。　⑤商君：即商鞅，战国时代政治家，又称卫鞅、公孙鞅。　⑥务：致力于。　⑦守战：防守与进攻。具：器械。　⑧连衡：战国时张仪针对苏秦"合纵"之策提出的政治主张，即分别游说六国与秦国联合，目的在于瓦解六国的"合纵"抗秦联盟。斗诸侯：使诸侯相斗。　⑨拱手：表示容易，毫不费力。西河：古地区名，战国时指魏国黄河以西之地，在今陕西省宜川县一带。

孝公既没①，惠文、武、昭襄蒙故业②，因遗策③，南取汉中④，西举巴蜀⑤，东割膏腴之地⑥，北收要害之郡。诸侯恐惧，会盟而谋弱秦⑦，不爱珍器重宝肥饶之地，以致天下之士，合从缔交⑧，相与为一⑨。当此之时，齐有孟尝⑩，赵有平原⑪，楚有春申⑫，魏有信陵⑬。此四君者，皆明智而忠信，宽厚而爱人，尊贤而重士，约从离衡⑭，兼韩、魏、燕、赵、宋、卫、中山之众。于是六国之士，有宁越、徐尚、苏秦、杜赫之属为之谋⑮，齐明、周最、陈轸、召滑、楼缓、翟景、苏厉、乐毅之徒通其意⑯，吴起、孙膑、带佗、倪良、王廖、田忌、廉颇、赵奢之朋制其兵⑰。尝以十倍之地，百万之师，仰关而攻秦。秦人开关延敌⑱，九国之师逡巡而不敢进⑲。秦无亡矢遗镞之费⑳，而天下已困矣。于是从散约败㉑，争割地而赂秦。秦有余力而制其弊㉒，追亡逐北㉓，伏尸百万，流血漂橹㉔，因利乘便，宰割天下，分裂山河，疆国请服㉕，弱国入朝。

［注释］①没：死亡。　②惠文：秦惠文王嬴驷，战国时秦国国君，秦孝公之子，公元前337年至公元前311年在位。武：秦武王嬴荡，战国时秦国国君，秦惠文王之子，公元前310年至公元前307年在位。昭襄王：秦昭襄王嬴则，一名稷，战国时秦国国君，秦惠文王之子，秦武王异母弟，公元前306年至

公元前251年在位。蒙:继承。　③因:沿袭。遗策:前人遗留下来的策略。　④汉中:古郡名,在今陕西省西南部地区。　⑤举:攻克。巴:古国名,在今四川省东部。蜀:古国名,在今四川省中北部。　⑥膏腴:土地肥沃。　⑦弱:削弱。　⑧合从:战国时苏秦提出的政治主张,即六国实行纵向联合,以对抗强大的秦国。缔交:结盟。　⑨相与为一:相互结交成为一体。⑩孟尝:孟尝君田文,战国时齐国贵族,战国四公子之一。　⑪平原:平原君赵胜,战国时赵国贵族,战国四公子之一。　⑫春申:春申君黄歇,战国时楚国贵族,战国四公子之一。　⑬信陵:信陵君魏无忌,战国时魏国贵族,战国四公子之一。　⑭约从:指关东六国相约合纵。离衡:指离散秦国的连横之策。　⑮宁越:战国谋士,赵人。徐尚:战国谋士,宋人。苏秦:战国谋士,纵横家,东周洛阳人。杜赫:战国谋士,赵人。　⑯齐明:东周朝臣。周最:东周公子。陈轸:战国时期纵横家。召滑:楚国朝臣。楼缓:魏文侯之弟。翟景:战国谋士,魏人。苏历:苏秦之弟。乐毅:战国时期军事家,燕国大将。⑰吴起:战国时期政治家、军事家,魏国大将。孙膑:战国时期军事家,齐国大将。带佗:战国楚将。倪良、王寥:均为战国名将。田忌:战国齐将。廉颇、赵奢:均为战国赵将。朋:朋党。制:掌管。　⑱延:引诱。　⑲逡巡:徘徊不前、欲行又止的样子。　⑳矢:箭。镞:箭头。　㉑从:指诸侯国的合纵联盟。㉒弊:疲敝。　㉓追亡逐北:追击战败逃跑的敌人。　㉔橹:大盾牌。㉕疆:应为"强"。

施及孝文王、庄襄王①,享国之日浅②,国家无事。

[注释]①施:延续。孝文王:战国时秦国国君,秦昭襄王之子,公元前250年即位,在位三天而死。庄襄王:战国时秦国国君。秦孝文王之子,公元前249年至公元前247年在位,在位三年而死。　②享国:指在王位。浅:时间短。

及至始皇①,奋六世之余烈②,振长策而御宇内,吞二周而亡诸侯③,履至尊而制六合④,执敲朴而鞭笞天下⑤,

威振四海。南取百越之地⑥,以为桂林、象郡⑦;百越之君,俛首系颈⑧,委命下吏。乃使蒙恬北筑长城而守藩篱⑨,却匈奴七百余里⑩,胡人不敢南下而牧马⑪,士不敢弯弓而报怨⑫。于是废先王之道,焚百家之言,以愚黔首⑬。堕名城⑭,杀豪杰,收天下之兵,聚之咸阳⑮,销锋镝⑯,铸以为金人十二,以弱天下之民。然后践华为城⑰,因河为池⑱,据亿丈之高,临不测之渊以为固。良将劲弩,而守要害之处;信臣精卒,陈利兵而谁何⑲。天下已定,始皇之心,自以为关中之固,金城千里⑳,子孙帝王万世之业也。

[**注释**]①始皇:秦始皇嬴政,中国历史上首位建立大一统封建王朝的皇帝,秦庄襄王之子,公元前246年至公元前210年在位。 ②奋:振作。六世:指秦国的六代君主,即秦孝公、秦惠文王、秦武王、秦昭襄王、秦孝文王及秦庄襄王。烈:功业。 ③二周:指战国时代的东周和西周两个小国。 ④至尊:至高无上的地位,指君位。六合:上下和四方,指天下。 ⑤敲扑:两种鞭打用的刑具,短曰敲,长曰扑。 ⑥百越:古代对居住在南方的各越族部落的统称。 ⑦桂林:古郡名,在今广西壮族自治区西北部。象郡:古郡名,在今广西壮族自治区南部。 ⑧俛首:低头。俛,通"俯"。系颈:用绳子系住脖子,表示降伏。 ⑨蒙恬:秦国名将。藩篱:边界。 ⑩却:退。 ⑪牧马:指胡骑南侵。 ⑫报怨:报复仇怨。 ⑬黔首:指平民。 ⑭堕:同"隳",毁坏。 ⑮咸阳:地名,秦国都城,在今陕西咸阳市东北。 ⑯锋镝:刀刃和箭镞,泛指兵器。 ⑰践:登。一说此处践的意思为残,使……残坏。华:指华山,在今陕西省华阴市附近。 ⑱河:指黄河。 ⑲谁何:盘查、诘问,指盘查行人。 ⑳金城:如金属铸造的城墙,喻指城池坚固,牢不可摧。

始皇既没,余威震于殊俗①。然而陈涉②,瓮牖绳枢之子③,氓隶之人④,而迁徙之徒也⑤。才能不及中人⑥,

非有仲尼、墨翟之贤⑦,陶朱、猗顿之富⑧。蹑足行伍之间⑨,而俛起阡陌之中⑩,率疲弊之卒,将数百之众,转而攻秦。斩木为兵,揭干为旗,天下云合而响应,赢粮而景从⑪,山东豪俊遂并起而亡秦族矣⑫。

[注释]①殊俗:指风俗不同的地方,即偏远地区。 ②陈涉:即陈胜,秦末农民起义领袖。 ③瓮牖:以破瓮为窗,喻指贫寒人家。绳枢:以绳系门,喻指贫穷人家。 ④氓隶:指贱民。 ⑤迁徙之徒:被征发远途服役的人。 ⑥中人:一般人。 ⑦仲尼:孔子。墨翟:墨子。 ⑧陶朱:范蠡,春秋时人,越国大夫。猗顿:鲁国人,春秋战国之际的富商。 ⑨蹑足:插足,置身。行伍:泛指军队。 ⑩俛:通"俯"。阡陌:泛指田间小路,南北向为阡,东西向称陌。 ⑪赢:背负。景:同"影",影子。 ⑫山东:指崤山以东的地区,战国时亦指秦以外的六国。

且夫天下非小弱也,雍州之地、崤函之固,自若也①。陈涉之位,非尊于齐、楚、燕、赵、韩、魏、宋、卫、中山之君也;钮耰棘矜②,非铦于钩戟长铩也③;适戍之众非亢九国之师也④;深谋远虑,行军用兵之道,非及乡时之士也⑤。然而成败异变,功业相反,何也?试使山东之国与陈涉度长絜大⑥,比权量力,则不可同年而语矣。然秦以区区之地,致万乘之势⑦,序八州而朝同列⑧,百有余年矣。然后以六合为家,崤函为宫。一夫作难而七庙堕⑨,身死人手,为天下笑者,何也?仁义不施,而攻守之势异也。

[注释]①自若:依然如故。 ②钮:同"锄",农具名,锄头。耰:用于平整土地的农具。棘:同"戟",古代兵器名,是矛和戈的合体。矜:矛柄。 ③铦:锋利。钩戟:带钩的戟。长铩:古代兵器名,有长刃的矛。 ④适戍之众:因罪谪罚戍边的人。适,通"谪",责罚。亢:通"抗",匹敌。 ⑤乡时之士:指

齐、楚、燕等战国时的谋士。乡,先前。 ⑥度长絜大:比量长短大小,意为比较实力和优劣。 ⑦万乘:指帝王。 ⑧序八州:安排八州的次序,意为夺得了八州的统治权。八州,指秦以外的土地。古时天下分九州,秦原居雍州,六国分居其余八州。朝同列:意为使各诸侯国前来拜见。同列,同等地位者,指原本与秦国地位同等的其他诸侯国。 ⑨七庙:帝王宗庙,供奉太祖及三昭三穆共七代祖先,代指王朝。堕:同"隳",毁坏。

过 秦 下(事势)

秦灭周祀①,并海内②,兼诸侯,南面称帝,以四海养③。天下之士斐然向风④,若是⑤,何也?曰:近古而无王者久矣。周室卑微,五霸既灭⑥,令不行于天下,是以诸侯力正⑦,强凌弱,众暴寡,兵革不休,士民罢弊⑧。今秦南面而王天下,是上有天子也。即元元之民冀得安其性命⑨,莫不虚心而仰上。当此之时,专威定功⑩,安危之本,在于此矣。

[注释]①周祀:周朝的祭神之所,代指周朝的政权。 ②并:吞并。海内:指全国。 ③以四海养:以天下为蓄养,意为享有天下。 ④斐然向风:纷纷然闻风归向。 ⑤若是:如此这般。 ⑥五霸:春秋时期先后称霸的五个诸侯,一说为齐桓公、晋文公、楚庄王、吴王阖闾以及越王勾践;一说为齐桓公、宋襄公、晋文公、秦穆公和楚庄王。 ⑦力正:以武力相互征伐。正,同"征"。 ⑧罢弊:疲劳困乏。罢,通"疲"。 ⑨元元之民:平民百姓。冀:希望。 ⑩专威:独擅威势。

秦王怀贪鄙之心,行自奋之智①,不信功臣,不亲士民,废王道而立私爱②,焚文书而酷刑法③,先诈力而后仁义④,以暴虐为天下始⑤。夫并兼者高诈力⑥,安危者贵顺权⑦,以此言之,取与、攻守不同术也。秦虽离战国而王天下⑧,其道不易,其政不改,是以其所以取之也,孤独而有之⑨,故其亡可立而待也。借使秦王论上世之事,并殷周之迹⑩,以制御其政⑪,后虽有淫骄之主,犹未有倾危之患也。故三王之建天下⑫,名号显美,功业长久。

[**注释**]①自奋:自我奋发,这里指妄自尊大。　②私爱:个人喜好,这里指酷政。　③文书:书籍。　④诈:欺诈。力:暴力。　⑤始:根本。　⑥高:崇尚。　⑦安危:这里指转危为安,即在兼并战争中获胜,取得政权。顺权:意为顺应形势的变化。　⑧离:使……离散。一说应作"并",并吞。　⑨孤独:独自。　⑩并:聚。　⑪制御:控制,统治。　⑫三王:夏、商、周三代开国之君夏禹、商汤、周武王的合称。

今秦二世立①,天下莫不引领而观其政②,夫寒者利裋褐而饥者甘糟糠③,天下嚣嚣④,新主之资也⑤。此言劳民之易为仁也⑥。向使二世有庸主之行而任忠贤⑦,臣主一心而忧海内之患,缟素而正先帝之过⑧;裂地分民以封功臣之后,建国立君以礼天下⑨,虚囹圄而免刑戮⑩,去收帑污秽之罪⑪,使各反其乡里⑫;发仓廪⑬,散财币,以赈孤独穷困之士⑭;轻赋少事,以佐百姓之急⑮;约法省刑,以持其后⑯,使天下之人皆得自新,更节循行,各慎其身;塞万民之望⑰,而以盛德与天下,天下息矣⑱。即四海之内,皆欢然各自安乐其处,唯恐有变。虽有狡害之民⑲,无离上之心⑳,则不轨之臣无以饰其智㉑,而暴乱之奸弭矣㉒。二世不行此术,而重以无道㉓:坏宗庙与民㉔,更始作阿房之宫㉕;繁刑严诛,吏治刻深㉖;赏罚不当,赋敛无度。天下多事,吏不能纪㉗;百姓困穷,而主不收恤㉘。然后奸伪并起,而上下相遁㉙;蒙罪者众,刑僇相望于道㉚,而天下苦之。自群卿以下至于众庶,人怀自危之心,亲处穷苦之实,咸不安其位,故易动也。是以陈涉不用汤、武之贤㉛,不藉公侯之尊㉜,奋臂于大泽,而天下向应者㉝,其民危也。

[注释]①秦二世:即秦朝的第二个皇帝胡亥,秦始皇第十八子,公元前209年至公元前207年在位。 ②引领:伸长脖子远望,形容殷切盼望的样子。 ③利:以……为益。裋褐:粗陋的布衣。裋,粗布上衣。褐,粗布衣。甘:以……为美。糟糠:酒糟和谷皮,比喻粗劣的食物。 ④嚣嚣:怨愁声。 ⑤资:条件,这里指百姓疲困是新帝为政的有利条件。 ⑥为:行。仁:仁政。 ⑦向使:假使。庸主:平庸的君主。任:任用。 ⑧缟素:白色的丧服,缟和素都是白色的绢。 ⑨礼:礼遇。 ⑩囹圄:监狱。刑戮:刑罚。 ⑪去:除。收帑:古代刑律,即一人犯罪,其亲属也被治罪,收为奴婢。帑,通"孥",奴婢。污秽:淫秽。 ⑫反:同"返",返回。 ⑬发:打开。仓廪:储藏米谷的仓库。 ⑭赈:救济。 ⑮佐:帮助。 ⑯持:保持,遵守不变。 ⑰塞:使满足。 ⑱息:安宁。 ⑲狡害:狡猾为害。 ⑳离:背离。上:君主。 ㉑饰其智:指设巧作诈以欺骗他人。 ㉒弭:停止,消除。 ㉓重:加重。 ㉔坏宗庙与民:意思是说,毁坏宗庙,戕害民众。一说此五字当删。 ㉕更始:重新开始。阿房之宫:即阿房宫,秦朝宫殿,遗址在今陕西省西安市西郊。 ㉖刻深:严酷苛刻。 ㉗纪:治理。 ㉘收:收容。恤:抚恤。 ㉙遁:欺。 ㉚刑僇:对犯罪者处以刑罚,这里指受刑的人。僇,通"戮",杀。 ㉛汤:商汤,商朝的建立者。武:周武王姬发,周王朝的建立者。 ㉜藉:凭借。 ㉝向:通"响",回声。

故先王者见终始之变①,知存亡之由,是以牧之以道②,务在安之而已矣。下虽有逆行之臣,必无响应之助。

故曰"安民可与行义③,而危民易与为非",此之谓也。贵为天子,富有四海,身在于戮者④,正之非也⑤。是二世之过也。

[**注释**]①终始之变:这里指王朝兴衰的转变。 ②牧:治理。 ③安民可与行义:意思是说,生活安定的百姓可以共同行仁义。 ④身在于戮者:指被杀死。 ⑤正:通"政",政治。

秦兼诸侯山东三十余郡①,徇津关②,据险塞,缮甲兵而守之③。然陈涉率散乱之众数百,奋臂大呼,不用弓戟之兵,鉏櫌白梃④,望屋而食⑤,横行天下。秦人阻险不守,关梁不闭⑥,长戟不刺,强弩不射。楚师深入⑦,战于鸿门⑧,曾无藩篱之难⑨。于是山东诸侯并起,豪俊相立。秦使章邯将而东征⑩。章邯因其三军之众要市于外⑪,以谋其上。群臣之不相信,可见于此矣。

[**注释**]①兼:吞并。 ②徇:通"巡",巡视。一说应作"修",治。津关:泛指水陆要塞处所设的关口。 ③缮:整治。 ④白梃:白木棒,即未经加工的棍棒,指武器粗糙、劣质。梃,木棒。 ⑤望屋而食:意思是说陈涉的军队没有军粮,看见房屋就进去吃饭。 ⑥关梁:关口和桥梁,泛指水陆交通要道。 ⑦楚师:指陈涉的军队。 ⑧鸿门:地名,在今陕西省临潼东部。 ⑨无藩篱之难:像篱笆那样的阻碍都没有遇到。 ⑩章邯:秦朝名将,后投降项羽,封雍王。 ⑪章邯因其三军之众要市于外:意思是说章邯凭借军队众多,在外谋取自己的利禄。要市,以要挟为手段谋利。此事指公元前207年,章邯带领部队投降项羽,双方订立盟约攻秦,分占秦地。

子婴立①,而遂不悟。借使子婴有庸主之材,而仅得中佐②,山东虽乱,三秦之地可全而有③,宗庙之祠宜未绝也④。秦地被山带河以为固⑤,四塞之国也⑥。自缪公以来⑦,至于秦王二十余君⑧,常为诸侯雄⑨,此岂世贤哉⑩?其势居然也⑪。且天下尝昔日同心并力攻秦矣,当此之世,贤智并列,良将行其师,贤相通其谋,然困于阻险而不能进,秦乃延入战而为之开关,百万之徒逃北而遂坏⑫。然困于阻险而不能进者,岂勇力智慧不足哉?形不利,势不便也。秦虽小邑伐并大城,守险塞而军,高垒毋战,闭关据厄,荷戟而守之⑬。诸侯起于匹夫,以利会⑭,非有素王之行也⑮。其交未亲⑯,其民未附⑰,名曰亡秦,其实利之也。彼见秦阻之难犯,必退阵。案士息民以待其弊⑱,承解诛罢以令国君⑲,不患不得意于海内。贵为天子,富有四海,而身为禽者⑳,其㧞败非也㉑。

[注释]①子婴:即秦三世,秦始皇长子扶苏的儿子,在位仅四十六天。②中佐:指中等才德的辅佐之臣。 ③三秦:地名,指关中地区。 ④祠:祭祀。 ⑤被山带河:背靠崤山,黄河如带环绕,形容地势险固。 ⑥四塞之国:四面都有险关要塞作为屏障的国家。四塞指秦东有函谷关、西有大散关、南有武关、北有萧关。 ⑦缪公:秦穆公任好,春秋时秦国国君,公元前659年至公元前621年在位,春秋五霸之一。 ⑧秦王:指秦始皇。 ⑨雄:称雄。 ⑩世:世代。贤:贤人。 ⑪势居:指地势。 ⑫且天下尝昔日同心并力攻秦矣,当此之世,贤智并列,良将行其师,贤相通其谋,然困于阻险而不能进,秦乃延入战而为之开关,百万之徒逃北而遂坏:此处文字有衍,"且天下尝昔日同心并力攻秦矣"应作"且天下尝同心并力攻秦矣"。行,此处意为统帅。通,传递。延入战,指延敌入战,即诱敌深入,进行交战。百万之徒,指六国联合攻秦的军队。逃北,败北而逃。坏,指溃败。另,一说"当此之世,贤智并列,良将行其师,贤相通其谋,然困于阻险而不能进,秦乃延入战而为之开关,百万之徒逃北而遂坏"为衍文,当删。 ⑬秦虽小邑伐并大城,守险塞而军,高垒毋战,闭关据厄,荷戟而守之:伐并,兼并。军,此处意为驻军。高垒,高

筑营垒。毋,不。厄,险要之处。荷,持。一说此处文字有误,应作"秦虽小邑,伐并大城,得厄塞而守之"。　⑭以利会:为了利益聚合在一起。　⑮素王:指具有王者之德行而没有居于王位的人。　⑯亲:亲密。　⑰附:归附。　⑱案士息民以待其弊:安抚士民休养生息,等待诸侯军队疲困。案,通"安"。一说此处文字有误,应作"案土息民以待其弊"。　⑲承解诛罢以令国君:乘其懈怠,讨伐疲乏的诸侯军队,以号令诸侯国君。承,通"乘",乘着。解,同"懈",懈怠。罢,通"疲",疲乏。一说此处文字有误,应作"收弱扶罢以令大国之君"。　⑳禽:同"擒",捉住。　㉑捄:通"救",挽救。

秦王足己而不问①,遂过而不变②。二世受之,因而不改③,暴虐以重祸④。子婴孤立无亲,危弱无辅。三主之惑⑤,终身不悟,亡不亦宜乎⑥？当此时也,世非无深谋远虑知化之士也⑦,然所以不敢尽忠拂过者⑧,秦俗多忌讳之禁也⑨,忠言未卒于口⑩,而身糜没矣⑪。故使天下之士倾耳而听⑫,重足而立⑬,阖口而不言⑭。是以三主失道,而忠臣不谏,智士不谋也。天下已乱,奸臣不上闻⑮,岂不悲哉！先王知壅蔽之伤国也⑯,故置公卿大夫士,以饰法设刑而天下治⑰。其强也,禁暴诛乱而天下服；其弱也,五霸征而诸侯从；其削也⑱,内守外附而社稷存⑲。故秦之盛也,繁法严刑而天下震；及其衰也,百姓怨而海内叛矣。故周王序得其道⑳,千余载不绝；秦本末并失,故不能长。由是观之,安危之统相去远矣㉑。

[注释]①足己:自以为是。问:这里指征求他人的意见。　②遂:因顺。过:过错。　③因:因循。　④重:加重。　⑤三主:指秦始皇嬴政、秦二世胡亥与秦三世子婴。　⑥宜:当然。　⑦化:变化,这里指政治形势的变化。　⑧拂:通"弼",矫正。　⑨俗:风气。禁:禁忌。　⑩卒:完结。　⑪糜:碎烂。

没:死亡。　⑫倾耳而听:侧着耳朵听,形容注意力集中。　⑬重足而立:两脚重叠着站立,形容非常恐惧,不敢移动脚步。　⑭阖:闭。　⑮奸臣不上闻:此处文字有衍,应作"奸不上闻",意为奸邪不轨的事情君主不得而知。　⑯壅蔽:堵塞,这里指政听不畅。　⑰饬:通"饬",修治。　⑱削:削弱。　⑲社稷:土神和谷神,代指国家。　⑳王序:王政秩序。　㉑统:纲纪。

鄙谚曰①:"前事之不忘,后之师也。"是以君子为国,观之上古,验之当世,参之人事,察盛衰之理,审权势之宜,去就有序②,变化应时,故旷日长久而社稷安矣。

[注释]①鄙谚:俗语。鄙,野,指民间。②去就:取舍。

宗　首(事势)

今或亲弟谋为东帝①,亲兄之子西向而击②,今吴又见告矣③。天子春秋鼎盛④,行义未过⑤,德泽有加焉⑥,犹尚若此,况莫大诸侯权势十此者乎⑦!

[注释]①亲弟:指汉文帝之弟淮南厉王刘长。谋为东帝:指刘长谋反之事。汉文帝六年(公元前174年),刘长联络匈奴叛乱,图谋称帝,事败被拘,在押解途中不食而死。东帝,刘长的封地在长安的东方,故称"东帝"。②亲兄之子:指汉文帝之兄齐悼惠王刘肥的儿子济北王刘兴居。西向而击:指刘兴居叛乱之事。汉文帝三年(公元前177年),济北王刘兴居趁汉文帝征伐匈奴之机举兵谋反,袭击荥阳,失败后被杀。西向,向西。③吴又见告:指吴王刘濞抗拒朝廷法令,被告发之事。吴,指刘邦之兄刘仲的儿子吴王刘濞。见告,被告发。④春秋鼎盛:意为正当壮年。春秋,指人的年岁。⑤行义:品行。过:过失。⑥德泽:恩泽。加:施加。⑦莫大:最大。十:这里指十倍。

然而天下少安者①，何也？大国之王幼在怀衽②，汉所置傅相方握其事③。数年之后，诸侯王大抵皆冠④，血气方刚，汉之所置傅归休而不肯住⑤，汉所置相称病而赐罢⑥，彼自丞尉以上遍置其私人⑦，如此有异淮南、济北之为耶⑧！此时而乃欲为治安，虽尧、舜不能⑨。臣故曰：时且过矣⑩，上弗蚤图⑪，疑且岁闻所不欲焉⑫。

[注释]①少：稍。　②大国之王：指较大封国的诸侯王。怀衽：胸前的衣襟，即怀抱。衽，衣襟。　③傅：官名，汉廷派到诸侯国的辅佐之官。相：官名，汉廷派到诸侯国的最高行政长官。　④冠：古代男子二十岁时举行加冠礼，叫做冠，表示成人。　⑤归休：回家休息。　⑥赐罢：意为免去官职。　⑦丞：官名，辅助处理政事之官。尉：官名，掌管军事。遍：全部。　⑧淮南、济北：指淮南厉王刘长、济北王刘兴居。　⑨尧、舜：两位传说中的古代帝王。　⑩且：将。　⑪蚤：通"早"，及早。　⑫闻所不欲：听到不想听到的，指上文淮南厉王刘长、济北王刘兴居谋反之类的事情。

黄帝曰①："日中必蒉②，操刀必割③。"今令此道顺④，而全安甚易⑤；弗肯早为，已乃堕骨肉之属而抗刭之⑥，岂有异秦之季世乎⑦！且谓天何？权不甚奇而数制人⑧，岂可得也！夫以天子之位，用天下之力，乘今之时，因天之助，尚惮以危为安⑨，以乱为治；假设陛下居齐桓之处⑩，将不合诸侯匡天下乎⑪？至此则陛下误甚矣。时且失矣，心窃踊跃⑫，离今春难为已⑬。天倾，时倾，足力倾，能孰视而弗肯理以倾时之失，岂不糜哉⑭！可以良天下而称⑮，特以为此籍也⑯。窃为陛下痛之，甚在上幸少留计焉⑰。

[注释]①黄帝：传说中的古代帝王。　②蒉：暴晒，这里指暴晒东西。

③操:持。　④此道:指上文所言的治安之道。　⑤全安:保全而使之平安,这里指安定天下。　⑥已:不久。乃:便。堕:同"隳",毁坏。抗刭:斩首。　⑦季世:末代。　⑧权不甚奇而数制人:意思是说,当今汉廷与诸侯王比权量力并无特别的优势,而想令其屡屡受制于朝廷。　⑨惮:害怕。⑩齐桓:即齐桓公,春秋时齐国国君,公元前685年至公元前643年在位,春秋五霸之首。处:位置。　⑪此句以下的七十二字,一说为衍文,当删。　⑫踊跃:跳跃,此处形容悲恸的样子。　⑬离今春难为已:意为像今春那样的事很难不再发生。今春之事,指汉文帝七年(公元前173年)春淮南王刘长谋反之事。已,"矣"。　⑭天倾……岂不靡哉:此句意为,天的助力、时势条件、自身的力量,国家所依赖的各种必要条件都将倾覆,面对这样的危机而熟视无睹,机会不就都失去了吗。靡,浪费、靡费,此处指贻误时机。　⑮良天下而称:意为量度、掂量天下形势。良,当"量"解,量力而动。称,意为"度",量度轻重。　⑯籍:通"藉",借助。　⑰甚在上幸少留计焉:意为希望陛下能留心于此。

数　宁(事势)

臣窃惟事势①,可为痛惜者一,可为流涕者二,可为长大息者六②。若其它倍理而伤道者③,难遍以疏举④。进言者皆曰"天下已安矣",臣独曰"未安"。或者曰"天下已治矣",臣独曰"未治"。恐逆意触死罪⑤,虽然,诚不安,诚不治,故不敢顾身,敢不昧死以闻⑥。夫曰"天下安且治"者,非至愚无知,固谀者耳⑦,皆非事实知治乱之体者也⑧。夫抱火措之积薪之下而寝其上⑨,火未及燃,因谓之安,偷安者也。方今之势,何以异此!夫本末舛逆⑩,首尾横决⑪,国制抢攘⑫,非有纪也⑬,胡可谓治。陛下何不一令以数日之间,令臣得熟数之于前⑭,因陈治安之策,陛下试择焉,何甚伤哉?

[注释]①窃:私自。惟:思考。事势:形势,这里指国家的政治形势。②大息:同"太息",深深地叹息。 ③倍:通"背",背离。 ④疏举:列举。⑤逆意:这里指违逆圣意。触:触犯。 ⑥昧:冒。 ⑦固:必,一定。谀:谄媚。 ⑧体:根本。 ⑨抱:拿着。措:放置。积薪:堆积的木柴。寝:横卧。⑩舛逆:颠倒。 ⑪横决:横断,脱节。 ⑫抢攘:纷乱的样子。 ⑬纪:纲纪。 ⑭熟:详细地。数:陈说。

射猎之娱与安危之机①,孰急也?臣闻之:自禹以下五百岁而汤起②,自汤已下五百余年而武王起③。故圣王之起,大以五百为纪④。自武王已下过五百岁矣,圣王不起,何怪矣。及秦始皇帝似是而卒非也⑤,终于无状⑥。及今,天下集于陛下,臣观宽大知通⑦,窃曰足以操乱业,握危势,若今之贤也。明通以足⑧,天纪又当⑨,天宜请陛下为之矣。然又未也者,又将谁须也⑩?使为治⑪,劳知虑,苦身体,乏驰骋钟鼓之乐⑫,勿为可也,乐与今同耳⑬。因加以常安⑭,四望无患⑮。因诸侯附亲轨道⑯,致忠而信上耳。因上不疑⑰,其臣无族罪⑱,兵革不动,民长保首领耳⑲。因德穷至远⑳,近者匈奴,远者四荒㉑,苟人迹之所能及㉒,皆乡风慕义㉓,乐为臣子耳。因天下富足,资财有余,人及十年之食耳㉔。因民素朴顺而乐从令耳㉕。因官事甚约㉖,狱讼盗贼可令鲜有耳㉗。大数既得㉘,则天下顺治,海内之气清和咸理㉙,则万生遂茂㉚。晏子曰㉛:"唯以政顺乎神㉜,为可以益寿。"发子曰㉝:"至治之极㉞,父无死子,兄无死弟,涂无襁褓之葬㉟,各以其顺终。"谷食之法㊱,固百以是㊲,则至尊之寿㊳,轻百年耳㊴。古者,五帝皆逾百岁㊵,以此言信之。因王为明帝,股肱为明臣㊶,

名誉之美,垂无穷耳。礼:"祖有功㊷,宗有德㊸。"始取天下为功,始治天下为德。因顾成之庙㊹,为天下太宗,承天下太祖㊺,与汉长无极耳㊻。因卑不疑尊㊼,践不逾贵,尊卑贵贱,明若白黑,则天下之众不疑眩耳㊽。因经纪本于天地㊾,政法倚于四时㊿,后世无变故,无易常㉛,袭迹而长久耳㉜。臣窃以为建久安之势,成长治之业,以承祖庙,以奉六亲㊴,至孝也;以宰天下㊵,以治群生㊶,神民咸亿㊷,社稷久享㊸,至仁也;立经陈纪㊹,轻重周得㊺,后可以为万世法程㊻,后虽有愚幼不肖之嗣㊼,犹得蒙业而安,至明也。寿并五帝㊽,泽施至远㊾,于陛下何损哉!以陛下之明通,因使少知治体者得佐下风㊿,致此治非有难也。陛下何不一为之,及其可素陈于前㉛,愿幸无忽㉜。一夫者㉝

[注释]①机:契机。　②禹:夏代的第一个君主。汤:商汤,商朝的建立者。　③武王:周武王姬发,周王朝的建立者。　④大:常。纪:规律。　⑤卒:终于。　⑥无状:没有功绩。　⑦宽大知通:这里指汉文帝宽厚大度、明智通达。　⑧明通以足:意为圣明通达而足以治理天下。以,而。　⑨天纪又当:意为又符合上天五百年出圣王的规律。天纪,上天的纲纪,指上文所说的"圣王之起,大以五百为纪"。当,相称。　⑩谁须:等待谁。须,等待。　⑪使:假若。⑫乏:缺乏。驰骋:田猎。钟鼓:钟和鼓,古代礼乐器,借指音乐。　⑬乐与今同耳:意思是说,我所上的治安之策,并不使您劳苦疲惫,您的快乐和现在是一样的。　⑭因:而。常安:长久安定。　⑮四望:古祭名,古代天子向四方遥祭山川,这里指四方。　⑯附亲:亲附。轨道:遵循法度。　⑰上:君主。　⑱族罪:指灭族之罪。　⑲首领:头颈,指生命。　⑳德:恩德。穷:极,尽。　㉑四荒:指四方边远之国。　㉒苟:如果。及:到达。　㉓乡:向往。　㉔及:至,达到。食:粮食。　㉕素朴:朴实。顺:顺从。

㉖官事：官府的事，政事。约：少，简约。 ㉗狱讼：诉讼之事。鲜：少。㉘大数：大计。 ㉙咸：都。理：顺。 ㉚万生：众生。遂茂：旺盛。 ㉛晏子：晏婴，春秋时齐国大夫。 ㉜以：为，从事。顺乎：合乎。 ㉝发子：人名，生平事迹不详。 ㉞至治：治理得最好的社会。极：最高标准。 ㉟涂无襁褓之葬：指路上没有死亡的婴儿。涂，同“途”，道路。襁褓，借指婴幼儿。㊱谷食：以谷物为食，代指人类。 ㊲固百以是：意思是说，原本活到一百岁就很完备了。是，足。 ㊳则：而。至尊：皇帝的代称。 ㊴轻：认为容易。㊵五帝：上古传说中的五位圣王，一般指少昊、颛顼、帝喾、尧、舜。逾：超过。 ㊶股肱为明臣：辅政大臣是睿智的臣子。股肱，大腿和胳膊，喻指辅佐君主的重臣。一说此处文字有误，应作“没则为明神”。 ㊷祖：开国帝王的庙号，即下文所说的“始取天下”者。 ㊸宗：继承帝业的帝王的庙号，即下文所说的“始治天下”者。 ㊹顾成之庙：汉文帝生前为自己所建之庙的庙名。㊺承：继承。 ㊻长：长久，这里指长存。无极：没有穷尽。 ㊼疑：通“拟”，比拟。 ㊽疑眩：疑惑迷乱。 ㊾经纪：纲常，法度。本：源。 ㊿政法：政策法令。倚：依照。 (51)易：改变。常：规则，规律。 (52)袭迹：重蹈他人的行迹，这里指沿袭旧制。 (53)六亲：泛指近亲。 (54)宰：主宰。 (55)治：治理。群生：众生，指百姓。 (56)咸：都。亿：安宁。 (57)社稷久享：土神和谷神长久享有祭祀，意为国家长存。享，祭祀。 (58)经：原则，准则。陈：设。 (59)周：周到。得：得当。 (60)法程：法则，法式。 (61)不肖：不成材。嗣：继承人。(62)并：同。 (63)泽：恩惠。施：施加。 (64)得佐下风：指在下辅佐。下风，比喻处于下位。 (65)素：诚恳。 (66)忽：忽视。 (67)一夫者：此三字为衍文，当删。

臣谨稽之天地①，验之往古，案之当时之务②，日夜念此至孰也③，独太息悲愤，非时敢忽也。虽使禹舜生而为陛下④，何以易此⑤？为之有数⑥，必万全无伤，臣敢以寸断⑦。陛下幸试召大臣有识者使计之⑧，有能以为不便天子、不利天下者，臣请死。

[**注释**]①谨：谨慎。稽：考察。 ②案：考察。当时之务：指当今的事务。

③至孰:意为考虑得极其成熟。 ④生:转世,再生。为陛下:这里指为陛下谋划。 ⑤何以易此:意思是说,不会与我上的治安之策有所不同。易,改变。 ⑥数:术。 ⑦寸断:臆断。 ⑧计:审核。

藩 伤(事势)

夫树国必审相疑之势①,下数被其殃②,上数爽其忧③。凶饥数动④,彼必将有怪者生焉⑤。祸之所杂⑥,岂可预知。故甚非所以安主上⑦,非所以活大臣者也⑧,甚非所以全爱子者也⑨。

[注释]①树国:建立诸侯国。审:仔细考察、研究。疑:通"拟",比拟。这里是指诸侯国力量强大,可与朝廷比拟、抗衡。 ②下:臣下。数:屡次。被:遭受。殃:灾祸。 ③上:君主。爽:伤害,这里指因担忧而被伤害。 ④凶饥:灾荒。动:发作,产生。 ⑤怪者:异乎寻常的事情。 ⑥杂:聚集。 ⑦故甚非所以安主上:意思是说,这实在不可以使君主安宁。 ⑧活:使……存活。 ⑨全:保全。

既已令之为藩臣矣①,为人臣下矣,而厚其力②,重其权,使有骄心而难服从也,何异于善砥镆铘而予射子③?自祸必矣④。爱之固使饱粱肉之味⑤,玩金石之声,臣民之众,土地之博,足以奉养宿卫其身⑥。然而权力不足以徼幸⑦,势不足以行逆⑧,故无骄心无邪行。奉法畏令⑨,听从必顺,长生安乐,而无上下相疑之祸⑩,活大臣,全爱子,孰精于此⑪!

[注释]①藩臣:指诸侯王。 ②厚:多,加强。 ③砥:质地很细的磨刀石。镆铘:古代宝剑名。射子:此处文字有误,应作"邪子",邪恶的人。

④自祸必矣:意思是说,必然给自己带来灾祸。 ⑤固:必定。粱肉:此处文字有误,应作"粱肉",指精美的饭食。 ⑥宿卫:守护。 ⑦徼幸:非分的企求,这里指谋反。徼,同"侥",希望得到不应得到的。 ⑧势:势力。行逆:倒行逆施。 ⑨畏:敬服。 ⑩上下相疑:指诸侯国与朝廷相抗衡。 ⑪精:甚,超过。

且藩国与制①,力非独少也。制令②:其有子以国其子③,未有子者建分以须之④,子生而立。其身而子⑤,夫将何失⑥?于实无丧⑦,而葆国无患⑧,子孙世世与汉相须⑨,长沙可以久矣⑩。所谓生死而肉白骨⑪,何以厚此⑫?

[注释]①藩国:王朝的属国、诸侯国。与制:意为按照制度行事。与,从。 ②制令:制定法令。 ③其有子以国其子:意思是说,诸侯王有儿子的,将藩国的封地分封给儿子。 ④未有子者建分以须之:意思是说,诸侯王没有儿子的,先设置封地,等待儿子出生。分,分封,这里指封地。须,等待。 ⑤其身而子:意为从父亲传到儿子。而,到。 ⑥失:损失。 ⑦于实无丧:实际上没有丧失什么。 ⑧葆:同"保",保全、保住。 ⑨相须:互相依存。 ⑩长沙可以久矣:此处文字有脱,应作"皆如长沙可以久矣",意思是说,都像长沙王那样长久保有其国。长沙,指第五代长沙王吴差,汉廷当时仅存的一个异姓王。 ⑪生死:指使人死而复生。肉:使长出肉。 ⑫厚:优厚。

藩　强(事势)

窃迹前事①,大抵强者先反②。淮阴王楚最强③,则最先反;韩王信倚胡④,则又反;贯高因赵资⑤,则又反;陈狶兵精强⑥,则又反;彭越用梁⑦,则又反;黥布用淮南⑧,则又反;卢绾国北最弱⑨,则最后反。长沙乃才二万五千户耳⑩,力不足以行逆⑪,则少功而最完⑫,势疏而最忠。全骨肉时长沙无故者⑬,非独性异人也⑭,其形势然矣。

[注释]①迹:考察。 ②大抵:大都。反:反叛。 ③淮阴:淮阴侯韩信,西汉开国功臣,曾被封为楚王,汉高祖十一年(公元前196年),有人告发其勾结陈豨反叛,被吕后处死。楚:汉初的封国,都城在今江苏省徐州市一带。 ④韩王信:战国时韩国君主韩襄王的孙子韩信,汉初被刘邦封为韩王,后来投降匈奴,与汉军作战时被杀。倚:依靠。胡:指匈奴。 ⑤贯高:赵王张敖的国相,汉高祖九年(公元前198年),因谋反被捕,自杀身亡。赵:汉初的封国,在今河北省邯郸市一带。 ⑥陈豨:秦汉之际刘邦部将,汉初被封为阳夏侯,统率赵国、代国的边防精锐部队,汉高祖十年(公元前197年)反叛,自立为代王,兵败后身亡。 ⑦彭越:西汉开国功臣,汉初被封为梁王,汉高祖十一年(公元前196年),因有人告其谋反,被诛杀。用:治理,掌管。梁:汉初的封国,在今河南省商丘市一带。 ⑧黥布:秦末汉初名将英布,汉初被封为淮南王,汉高祖十一年(公元前196年),因谋反被杀。淮南:汉初的封国,都城在今安徽省六安市一带。 ⑨卢绾:刘邦的同乡及好友,追随刘邦反秦,汉初被封为燕王,汉高祖十二年(公元前195年),勾结匈奴反叛,后逃亡匈奴。国北:卢绾获封的燕地位于西汉北部地区,故称"国北"。 ⑩长沙:长沙王吴芮,汉初的异姓诸侯王。二万五千户:指食邑,即封地内有二万五千户人口。 ⑪力:势力。行逆:倒行逆施,指谋反。 ⑫最完:指封国保全得最完好。 ⑬全骨肉:即骨肉全,意为家族得以保全。时长沙:侍奉汉帝于长沙。时,通"伺",侍奉。无故:没有发生变故,这里指没有谋反。 ⑭性:本性。

曩令樊、郦、绛、灌据数十城而王①,今虽以残亡可也②;令韩信、黥布、彭越之伦为彻侯而居③,虽至今存可也④。然则天下大计可知已⑤。欲诸王皆忠附,则莫若令如长沙;欲勿令菹醢⑥,则莫若令如樊、郦、绛、灌;欲天下之治安,天子之无忧,莫如众建诸侯而少其力⑦。力少则易使以义，国小则无邪心。若与臣下相残，与骨肉相饮茹⑧，天下虽危无伤也，则莫如循今之故而勿变。

[注释]①曩：先前。樊：樊哙，西汉开国大将，汉初被封为武阳侯，后升任左丞相。郦：郦商，汉初将领，被封为曲周侯，后升任右丞相。绛：周勃，西汉开国功臣，汉初被封为绛侯，文帝时为右丞相。灌：灌婴，西汉开国功臣，汉初被封为颍阴侯，文帝时继周勃为相。据：占据。王：称王。 ②今虽以残亡可也：意思是说，如今他们因叛乱而国破身亡，也是可能的。残亡，灭亡。 ③彻侯：汉初爵位名，后因避汉武帝刘彻讳，改称"通侯"或"列侯"。彻侯爵位虽高，但无行政权，只征收封地租税。 ④虽至今存可也：意思是说，他们没有实力叛乱，保全至今，也是可能的。 ⑤已：通"矣"，语气助词。 ⑥菹醢：古时的一种酷刑，把人剁成肉酱。 ⑦众建诸侯而少其力：意思是说，将诸侯王原有的封地分割赐给他的儿子们，多分封诸侯，从而削弱每一个诸侯王的实力。 ⑧茹：食。

以前观之，其国最大者反最先□□□□□□①

[注释]①此处文意不全，应有脱文。一说此句应属下文。

大　都（事势）

昔楚灵王问范无宇曰①："我欲大城陈、蔡、叶与不羹②，赋车各千乘焉③，亦足以当晋矣④，又加之以楚，诸侯其来朝乎？"范无宇曰："不可，臣闻大都疑国⑤，大臣疑主⑥，乱之谋也⑦。都疑则交争⑧，臣疑则并令⑨，祸之深者也。今大城陈、蔡、叶与不羹，或不充⑩，不足以威晋⑪；若充之以资财，实之以重禄之臣⑫，是轻本而重末也。臣闻'尾大不掉⑬，末大必折'，此岂不施威诸侯之心哉？然终为楚国大患者,必此四城也。"灵王弗听⑭,果城陈、蔡、叶与不羹,实之以兵车,充之以大臣。是岁也⑮,诸侯果朝⑯。居数年⑰,陈、蔡、叶与不羹,或奉公子弃疾内作难⑱,楚国云乱⑲,王遂死于乾溪于守亥之井⑳。为计若此,岂不痛也哉?悲夫!本细末大㉑,驰必至心㉒。时乎,时乎!可痛惜者此也。

[**注释**]①昔:从前。楚灵王:春秋时楚国国君,公元前540年至公元前529年在位。范无宇:楚国大夫。 ②大:扩大。陈:楚地名,在今河南省淮阳县至安徽省亳州市一带。蔡:楚地名,在今河南省上蔡县、新蔡县一带。叶:楚地名,在今河南省叶县。不羹:楚地名,在今河南省襄城县附近。 ③赋:给予。车:指战车、兵车。 ④当:相抵,相当。 ⑤大都:大都邑。疑:通"拟",比拟,匹敌。国:这里指国都。 ⑥主:国君。 ⑦谋:通"媒",媒介。 ⑧交争:互相争战。 ⑨并:同时,一起。令:发号施令。 ⑩或:倘若。充:充足。 ⑪威:震慑。 ⑫重禄之臣:指重臣。 ⑬掉:摇摆。 ⑭弗:不。 ⑮是:这。岁:年。 ⑯果:果然。朝:指前来朝见。 ⑰居:经过,过了。 ⑱奉:拥戴,拥立。公子弃疾:即楚平王,楚灵王之弟。内:指在国内。作难:作乱。 ⑲云乱:大乱。 ⑳王遂死于乾溪于守亥之井:此处文字有误,"于守亥"应作"芋尹申亥"。乾溪,地名,在今安徽省亳州市东南。芋尹,春秋时楚国官名。申亥,人名。井:藻井,室内顶棚的井形装饰,这里代指房屋内。 ㉑细:细小。 ㉒驰:害。

天下之势方病大瘇①,一胫之大几如要②,一指之大几如股③,臣闻"尾大不掉,末大必折"④,恶病也。平居不可屈信⑤,一二指搐⑥,身固无聊也⑦。失今弗治,必为锢疾,后虽有扁鹊⑧,弗能为已。悲夫!枝拱苟大,弛必至心⑨,此所以窃为陛下患也。病非徒瘇也⑩,又苦跂盭⑪。元王之子⑫,帝之从弟也⑬;今之王者⑭,从弟之子也。惠王之子⑮,亲兄之子也;今之王者⑯,兄子之子也。亲者或无分地以安天下⑰,疏者或专大权以偪天子⑱,臣故曰"非徒病瘇也,又苦蹠盭也"。可痛哭者,此病是也。

[注释]①方病大瘇:如同得了肿脚病。瘇,肿脚。 ②胫:小腿。几:几乎。要:人体的腰部。 ③指:脚趾。股:大腿。 ④臣闻"尾大不掉,末大必折":此句与上段文字重复,疑为衍文,当删。 ⑤平居:平时。屈信:同"屈伸",屈曲和伸舒。 ⑥搐:抽搐。 ⑦固:必然、就。无聊:无所依赖,这里指身体无法支撑。 ⑧扁鹊:春秋战国时期名医。 ⑨悲夫!枝拱苟大,弛必至心:此句与上段文字重复,疑为衍文,当删。 ⑩徒:只,仅仅。⑪跖:通"蹠",脚掌。盭:同"戾",关节扭折。⑫元王之子:指楚元王刘交的儿子刘郢,刘交是汉文帝的叔叔。⑬帝:指汉文帝。从弟:堂弟。⑭今之王者:指当时的楚王,刘郢的儿子刘戊。 ⑮惠王之子:齐悼惠王刘肥的儿子刘襄,刘肥是汉文帝的哥哥。 ⑯今之王者:指当时的齐王,刘襄之子、刘肥之孙刘则。⑰亲者:指汉文帝的子孙。分地:分封土地。 ⑱疏者:指楚元王、齐悼惠王等诸侯王的子孙。偪:逼迫,威胁。

等 齐(事势)

诸侯王所在之宫卫①,织履蹲夷②,以皇帝所在宫法论之③;郎中、谒者受谒取告④,以官皇帝之法予之⑤;事诸侯王或不廉洁平端⑥,以事皇帝之法罪之。曰一用汉法⑦,事诸侯王乃事皇帝也。谁是则诸侯之王乃将至尊也⑧。然则,天子之与诸侯,臣之与下,宜撰然齐等若是乎⑨?天子之相⑩,号为丞相⑪,黄金之印⑫;诸侯之相,号为丞相,黄金之印,而尊无异等⑬,秩加二千石之上⑭。天子列卿秩二千石⑮,诸侯列卿秩二千石,则臣已同矣。人主登臣而尊⑯,今臣既同,则法恶得不齐⑰?天子卫御⑱,号为大仆⑲,银印,秩二千石;诸侯之御,号曰大仆,银印,秩二千石,则御已齐矣。御既已齐,则车饰恶得不齐⑳?天子亲㉑,号云太后;诸侯亲,号云太后。天子妃㉒,号曰后;诸侯妃,号曰后。然则,诸侯何损而天子何加焉㉓?妻既已同,则夫何以异?天子宫门曰司马㉔,阑入者为城旦㉕;诸侯宫门曰司马,阑入者为城旦。殿门俱为殿门㉖,阑入之罪亦俱弃市㉗。宫墙门卫同名,其严一等㉘,罪已钧矣㉙。天子之言曰令,令甲令乙是也㉚;诸侯之言曰令,□仪之言是也㉛。天子卑号皆称陛下㉜,诸侯卑号称陛下。天子车曰乘舆㉝,诸侯车曰称舆,乘舆等也。衣被次齐贡死经纬也,苟工巧而志欲之,唯冒上轶主次也㉞。然则,所谓主者安居㉟,臣者安在?

[注释]①宫卫:王宫的卫兵。 ②织履:用麻、棉等编成的鞋。蹲夷:踞坐,蹲坐。 ③以皇帝所在宫法论之:按照帝王宫中的法规核定,意为和皇宫的规制、待遇相同。 ④郎中:官名,侍从之官,负责护卫、陪从等。谒者:官名,掌宾赞受事之官,即在国君左右负责传事、接待的近侍。受谒:指接收求见者的名帖。取告:告假。 ⑤官:事,侍奉。 ⑥平端:端正。 ⑦一:全。 ⑧谁是则诸侯之王乃将至尊也:此处文字有误,应作"是则诸侯王乃埒至尊也"。埒,等同。至尊,皇帝。 ⑨宜:应当。撰然:整齐一致的样子。若是:如此,这样。 ⑩相:官名,辅佐之臣。 ⑪号:称号。 ⑫黄金之印:这里指授予黄金之印。 ⑬尊:尊位。等:等级。 ⑭秩:俸禄。 ⑮列卿:指九卿,均为俸禄二千石的高级官职。秦汉时期以奉常、郎中令、卫尉、宗正、太仆、廷尉、典客、治粟内史、少府为九卿。 ⑯人主登臣而尊:意思是说,君主高于臣子,因而尊贵。 ⑰法:法令。恶得:表示反诘的语气助词,怎能。 ⑱御:驾驶车马的人。 ⑲大仆:官名,主管皇帝的车辆、马匹。 ⑳车饰:指车马的

装饰。　㉑亲:这里指母亲。　㉒妃:同"配",配偶,这里指正室。　㉓损:减少,这里指低、下。　㉔司马:王宫外门。　㉕阑入:无凭证擅自进入。城旦:刑罚名,发配边关筑城服四年劳役。　㉖殿门:指宫门。　㉗弃市:刑罚名,在闹市执行死刑并曝尸街头。　㉘一等:一个等级,一样。　㉙钧:相同。　㉚令甲令乙:即甲令乙令,甲、乙表示次序。　㉛□仪之言是也:此句文字有脱,一说应作"令仪之言是也";一说应作"令仪令言是也"。仪,言。　㉜卑号:借卑下者之名号称呼尊长,其实是对尊长的敬称。古时臣下不能直接与天子交谈,须由其陛下之卑者转告,后以陛下称天子。卑,由卑达尊之意。　㉝乘舆:特指天子和诸侯所乘坐的车子。　㉞衣被次齐贡死经纬也,苟工巧而志欲之,唯冒上轶主次也:文意不明,疑似衍文。　㉟安:疑问词,何、哪里。

　　人之情不异①,面目状貌同类②,贵贱之别非人天根着于形容也③。所持以别贵贱明尊卑者,等级、势力、衣服、号令也。乱且不息④,滑曼无纪⑤。天性则同⑥,人事无别⑦。然则,所谓臣臣主主者,非有相临之具、尊卑之经也⑧,持面形而肤之耳⑨。近习乎昼⑩,近貌然后能识⑪,则疏远无所放⑫,众庶无以期⑬,则下恶能不疑其上?君臣同伦⑭,异等同服⑮,则上恶能不眩于其下⑯?孔子曰:"长民者⑰,衣服不二⑱,从容有常⑲,以齐其民⑳,则民德一㉑。"《诗》云:"彼都人士,狐裘黄裳㉒","行归于周,万民之望㉓。"孔子曰:"为上可望而知也㉔,为下可类而志也㉕,则君不疑于其臣,而臣不惑于其君。"而此之不行,沐渎无界㉖,可谓长大息者此也。

　　[注释]①情:性情。　②同类:相似。　③天根:自然禀赋、秉性。着:同"著",附着,这里指显现。　④乱:祸乱。息:止,停息。　⑤滑曼:纷乱。纪:纲纪。　⑥天性:天理,这里指贵贱尊卑之别。　⑦人事:人世间的事,现实。无别:这里指贵贱尊卑没有区别。　⑧相临:相制,统治。具:方法。经:常

道。　⑨持面形而肤之耳:意思是说,依靠外貌加以区别。肤,布,显露于外。　⑩近习乎昼:此处文字有误,应作"近习乎形貌",意为在近处熟悉外形、相貌。　⑪近貌然后能识:此处文字有衍,"近貌"二字当删。　⑫放:依循、依据,这里指区分贵贱尊卑的依据。　⑬众庶:百姓。期:会,这里指识别君主。　⑭伦:辈。　⑮异等:不同等级,这里指不同等级的人。同服:穿同样的衣服。　⑯眩:迷惑。　⑰长民者:统治民众的人。　⑱不二:专一,这里指有一定之规。　⑲从容:举止行为。常:规律。　⑳齐:治理。　㉑一:一致。　㉒彼都人士,狐裘黄裳:诗见《诗经·小雅·都人士》,意为那位漂亮的人士,穿着狐皮袍子黄罩衫。　㉓行归于周,万民之望:诗见《诗经·小雅·都人士》,意为走在回镐京的路上,受到人们的景仰。　㉔为上可望而知也:意思是说,身居上位的人,从远处一望见就可以认出来。　㉕为下可类而志也:意思是说,身居下位的人,相互参照、比较就能识别。　㉖沐渎:清浊。界:界限。

服　疑（事势）

衣服疑者①,是谓争先;厚泽疑者②,是谓争赏;权力疑者,是谓争强;等级无限③,是谓争尊。彼人者,近则冀幸④,疑则比争。是以等级分明,则下不得疑;权力绝尤⑤,则臣无冀志⑥。故天子之于其下也,加五等已往⑦,则以为臣例⑧;臣之于下也,加五等已往,则以为仆。仆则亦臣礼也⑨,然称仆不敢称臣者,尊天子,避嫌疑也。

[注释]①疑:通"拟",类似。　②厚泽:恩泽。　③限:界限。　④冀幸:希望获得宠幸。　⑤绝。尤:差异,不同。　⑥冀志:非分之想。　⑦加:超过。五等:五个等级,即公、侯、伯、子、男五等。已往:以后,以下。　⑧则以为臣例:此处文字有衍,"例"字当删。　⑨仆则亦臣礼也:意思是说,仆也是行臣之礼的。

制服之道①,取至适至和以予民②,至美至神进之帝③。奇服文章④,以等上下而差贵贱⑤。是以高下异,则名号异,则权力异,则事势异,则旗章异⑥,则符瑞异⑦,则礼宠异⑧,则秩禄异⑨,则冠履异⑩,则衣带异,则环佩异,则车马异,则妻妾异,则泽厚异⑪,则宫室异,则床席异,则器皿异,则食饮异,则祭祀异,则死丧异。故高则此品周高⑫,下则此品周下。加人者品此临之⑬,埤人者品此承之⑭。迁则品此者进⑮,绌则品此者损⑯。贵周丰⑰,贱周谦⑱;贵贱有级,服位有等。等级既设,各处其检⑲,人循其度。擅退则让⑳,上僭则诛㉑。建法以习之㉒,设官以牧之㉓。是以天下见其服而知贵贱,望其章而知其势㉔,使人定其心,各著其目㉕。

[注释]①制服:确定服制。道:法则。 ②适:舒服。和:合适。 ③神:神奇。进:呈上。 ④奇服:新奇的服饰。文章:错杂的花纹。 ⑤等:区别等次。差:区别。 ⑥旗:旗帜。章:印章。 ⑦符:符信。瑞:作为凭信的玉器。 ⑧礼宠:尊荣。 ⑨秩禄:俸禄。 ⑩冠履:帽与鞋。 ⑪泽厚:恩惠。 ⑫故高则此品周高:意思是说,位高者,上述名号、权利等等的品级都高。品,等级。周,皆,都。 ⑬加人者品此临之:意思是说,提拔人据此提高上述各项的标准。加,增益,这里指提拔。品此,据此。临,办理。 ⑭埤:同"卑",卑下。承:奉,奉行。 ⑮迁:升迁。进:增加。 ⑯绌:贬退。损:减少。 ⑰贵:这里指地位尊贵的人。丰:盛,多。 ⑱贱:地位卑下,这里指地位卑下的人。谦:虚,丧失。 ⑲检:法度。 ⑳擅退:擅自退让。让:责备,谴责。 ㉑上僭:越位逾制。诛:责罚。 ㉒习:通晓,熟悉。 ㉓牧:治理。 ㉔章:旌旗。势:权势地位。 ㉕著:显出。目:名目。

故众多而天下不眩①,传远而天下识祗②。卑尊已著,上下已分,则人伦法矣③。于是主之与臣,若日之与星以④。臣不几可以疑主⑤,贱不几可以冒贵⑥。下不凌等则上位尊⑦,臣不逾级则主位安⑧。谨守伦纪⑨,则乱无由生。

[注释]①众多:这里指等级众多。眩:迷惑。 ②传:推广,推行。远:远方。祇:恭敬。 ③人伦:人的等级制度。法:守法。 ④以:语气助词,表示肯定。 ⑤几:通"冀",希求。 ⑥冒:冒犯。 ⑦凌:逾越,超过。等:等级。 ⑧逾级:越级。 ⑨伦纪:伦常纲纪。

益　壤（事势）

陛下即不为千载之治安①,如今之势,岂过一传哉②?诸侯犹且人恣而不制也③,至其相与④,持之以纵横之约相亲耳⑤。汉法令不可得行矣,犹且槀立而服强也⑥。今淮阳之比大诸侯⑦,仅过黑子之比于面耳⑧,岂足以为楚御哉⑨?而陛下所恃以为藩捍者⑩,以代、淮阳耳⑪。代北边与强匈奴为邻,仅自见矣⑫。唯皇太子之所恃者,亦以之二国耳⑬。今淮阳之所有,适足以饵大国耳⑭。方今制在陛下⑮,制国命子⑯,适足以饵大国,岂可谓工哉⑰?

[注释]①即:即使。为:建立。 ②岂过一传哉:意思是说,如何能传到一代以上。过,超过。 ③犹且:仍然。人:人人。恣:放纵。不制:这里指不受管制。 ④相与:相交往。 ⑤纵横:众多貌。 ⑥槀立:直立。服强:恃强。服,负。 ⑦淮阳:汉代诸侯国,在今河南省淮阳县一带。比:与……相比。 ⑧黑子:黑痣。 ⑨楚御:抵御。楚,遮列,引申为阻挡、排斥。 ⑩恃:依靠。藩捍:保卫。 ⑪代:汉代诸侯国,在今山西东北部。 ⑫自见:自立,自保。 ⑬之:这。二国:指代国和淮阳国。⑭饵大国:意为被大国吞

食。　⑮制:令,引申为权柄。　⑯制国:这里指建立诸侯国。命子:这里指任命太子。　⑰工:通"功",功绩。

人主之行异布衣①。布衣者,饰小行②,竞小廉③,以自托于乡党邑里④。人主者,天下安、社稷固不耳⑤。故黄帝者⑥,炎帝之兄也⑦。炎帝无道,黄帝伐之涿鹿之野⑧,血流漂杵⑨,诛炎帝而兼其地⑩,天下乃治。高皇帝瓜分天下⑪,以王功臣⑫,反者如蝟毛而起⑬。高皇帝以为不可,剶去不义诸侯⑭,空其国⑮。择良日,立诸子洛阳上东门之外⑯,诸子毕王⑰,而天下乃安。故大人者,不怵小廉⑱,不牵小行⑲,故立大便以成大功⑳。

[注释]①布衣:平民。　②饰:通"饬",整饬,使整齐。小行:小节。　③竞:追逐。小廉:小事上的廉洁。　④自托:使自己有所依托,意为安身立命。乡党:泛指家乡。邑里:乡里。　⑤不:语气助词。　⑥黄帝:传说中的古代帝王。　⑦炎帝:神农氏,传说中的古代部落联盟首领。　⑧涿鹿:古山名,在今河北省涿鹿县附近。　⑨血流漂杵:血流成河,能漂起木杵,形容杀人极多。杵,舂米、捶衣、筑土用的木棒。　⑩诛:杀。兼:吞并。　⑪高皇帝:指汉高祖刘邦。　⑫王:封……为王。　⑬反者:造反的人。蝟毛:刺猬身上的毛。蝟,同"猬"。　⑭剶:削除。　⑮空:使空虚、空置。国:指诸侯王的封国。　⑯立:这里指分封。洛阳:地名,在今河南省洛阳市东。上东门:洛阳东面最靠北的城门。　⑰毕:都。王:称王。　⑱怵:引诱,这里指被……引诱。　⑲牵:牵制,这里指被……牵制。　⑳便:适宜,这里指适宜的政策。

今淮南地远者或数千里①,越诸侯而县属于汉②,其苦之甚矣③,其欲有卒也类良有④,所至逋走而归诸侯⑤,殆不少矣⑥,此终非可久以为奉地也⑦。陛下岂如蚤便其势⑧,且令他人守郡⑨,岂如令子⑩?臣之愚计,愿陛下举淮南之地以益淮阳⑪,梁即有后⑫,割淮阳北边二三列城与东郡以益梁⑬,即无后患。代可徙而都睢阳⑭,梁起新郑以北⑮,著之河⑯,淮阳包陈以南⑰,捷之江⑱。则大诸侯之有异心者,破胆而不敢谋⑲。今所恃者,代、淮阳二国耳,皇太子亦恃之。如臣计⑳,梁足以捍齐、赵㉑,淮阳足以禁吴、楚㉒,则陛下高枕而卧,终无山东之忧矣㉓。臣窃以为此二世之利也㉔。若使淮南久县属汉,特以恣奸人耳㉕。惟陛下幸少留意㉖,省臣昧死以闻㉗。

[注释]①淮南:汉初的封国,都城在今安徽省六安市一带。远:这里指淮南国偏远处距都城长安有几千里远。 ②越:越过,这里引申为间隔。诸侯:这里指淮阳和梁两个诸侯国。县:同"悬",意为距离远而无所附着。 ③苦:困苦。甚:极端,非常。 ④卒:一说应为"立";一说应为"主",意思是说,脱离汉朝另寻其他归属。类良有:大抵有很多。类,大抵。良,非常。 ⑤所至:以致。逋走:逃走。归:归附。 ⑥殆:大概。 ⑦奉地:向天子直接交纳贡赋的地区。 ⑧蚤:通"早"。便:有利于。 ⑨且:如果。 ⑩岂如:哪如。子:指皇帝自己的儿子。 ⑪举:用。益:增加,增益。 ⑫梁即有后:意思是说,即便日后为梁王立后嗣。当时梁王刘辑已死,无子。 ⑬列城:城邑。东郡:郡名,在今河南省濮阳市南部。 ⑭代:即代国。徙:迁徙。都:建都。睢阳:地名,在今河南省商丘市南部。 ⑮新郑:地名,在今河南省中部。 ⑯著:附着,靠着。河:指黄河。 ⑰包:围,围绕。陈:地名,在今河南省淮阳县。 ⑱捷:通"接",连接。江:指长江。 ⑲谋:图谋。 ⑳如:依照。 ㉑捍:抵御。齐:汉初的封国,都城在今山东省淄博市东。赵:汉初的封国,在今河北省邯郸市一带。 ㉒禁:拒,抵挡。吴:汉初的封国,在今江苏省吴县一带。楚:汉初的封国,都城在今江苏省徐州市。 ㉓山东:指华山以东的地区。 ㉔二世:两代。 ㉕恣:放纵。 ㉖少:稍。 ㉗省臣昧死以闻:一说此句及下段文字均为衍文,当删。

臣谊窃昧死①,原得伏前陈施,下臣谊所以为治安,陛下幸以少须臾之间听②,以验之于事,未有妨损也③。臣闻圣主言问其臣④,而不自造事⑤,故为人臣得毕尽其愚忠,惟陛下财幸⑥。

[注释]①昧死:冒死。　②须臾之间:片刻,指极短的时间。　③妨:妨碍。损:损失。　④言问:询问。　⑤造事:做事情。　⑥财幸:以裁取为幸。财,通"裁",裁定。

卷第二

权　重

　　诸侯势足以专制①,力足以行逆②,虽令冠处女③,勿谓无敢④;势不足以专制,力不足以行逆,虽生夏育⑤,有仇雠之怨⑥,犹之无伤也⑦。然天下当今恬然者⑧,遇诸侯之俱少也⑨。后不至数岁⑩,诸侯皆冠⑪,陛下且见之矣⑫,岂不苦哉!力当能为而不为,畜乱宿祸⑬,高拱而不忧⑭,其纷也且也⑮,甚可谓不知且不仁⑯。

　　[注释]①势:势力。专制:独断专行。　②行逆:倒行逆施,指谋反。③冠:古代男子二十岁时举行加冠礼,叫做冠,表示成年。　④勿:不要。谓:说。无敢:不敢。　⑤生:转世再生。夏育:周朝著名勇士,传说能举千斤之重。　⑥仇雠:冤家对头。　⑦无伤:无妨。　⑧恬然:安然。　⑨遇:碰到。少:年少。　⑩至:到。数岁:几年。　⑪冠:这里指成年。　⑫且:将。见之矣:意为见到危机。　⑬畜:通"蓄",积聚。宿:累积。　⑭高拱:两手相抱,高抬于胸前,指安坐无事。　⑮纷:乱。且:必然。　⑯知:同"智",智慧。

　　夫秦自逆①,日夜深惟②,苦心竭力,危在存亡③,以除六国之忧④。今陛下力制天下⑤,颐指而如意⑥,而故称六国之祸⑦,难以言知矣。苟身常无患⑧,但为祸未在所制也⑨。乱媒日长⑩,孰视而不定⑪。万年之后,传之老母弱子,使曹、勃不能制⑫,可谓仁乎?

[注释]①逆:预测,揣度。一说"自逆"为衍文,当删。　②惟:思考。③危在存亡:意为仔细考虑存亡之道。危,戒惧。在,察。一说"危在存亡"为衍文,当删。　④除:消除。六国:指战国时崤山以东的齐、楚、燕、韩、赵、魏六个国家。　⑤力制天下:意为掌控天下。　⑥颐指:用下巴、腮帮示意,而指挥人。　⑦称:举,此处引申为造成。　⑧常:通"尚",佑。　⑨为祸未在所制也:意思是说,成为祸患后便无法控制了。一说"制"应作"形"。　⑩乱媒:指祸乱的缘由。长:增长。　⑪孰视:这里指熟视无睹。孰,通"熟"。定:平定。　⑫使曹、勃不能制:意思是说,即使是曹参、周勃,也不控制不了局势。曹,曹参,汉代名相。勃,周勃,西汉开国元勋,后官至右丞相。

五　美(事势)

海内之势①,如身之使臂②,臂之使指③,莫不从制④。诸侯之君敢自杀不敢反,志知必菹醢耳⑤。不敢有异心,辐凑并进而归命天子⑥。天下无可以徼幸之权⑦,无起祸召乱之业⑧,虽在细民⑨,且知其安,故天下咸知陛下之明。

[注释]①海内:指国内。势:形势。　②身:身体。使:支使。臂:手臂。　③指:手指。　④从:听从。制:命令。　⑤志知必菹醢耳:意思是说,诸侯王知道,谋反必定会被剁成肉酱。菹醢,刑罚名,把人剁成肉酱,后亦用以泛指处死。　⑥辐凑:亦作"辐辏",意为像车辐集中于车毂一样聚集在一起。辐,辐条,插入轮毂以支撑轮圈的细条。归命:归顺。　⑦徼幸:非分的企求,

这里指谋反。徼,同"侥",希望得到不应得到的。　⑧起祸:引起祸害。
⑨细民:小民。

　　割地定制①,齐为若干国②,赵、楚为若干国,制既各有理矣③。于是齐悼惠王之子孙王之④,分地尽而止⑤,赵幽王、楚元王之子孙⑥,亦各以次受其祖之分地⑦,燕、吴、淮南佗国皆然⑧。其分地众而子孙少者,建以为国,空而置之⑨,须其子孙生者⑩,举使君之⑪。诸侯之地其削颇入汉者,为徙其侯国及封其子孙于彼也,所以数偿之⑫。故一寸之地,一人之众,天子无所利焉⑬,诚以定治而已⑭,故天下咸知陛下之廉。

　　[**注释**]①割地定制:分割土地,制定法度。　②齐为若干国:意为把齐国分成若干个小的诸侯国。　③制:这里指割地之制。理:条理。　④齐悼惠王:刘肥,汉高祖刘邦之子,受封为齐王。王:称王。　⑤分地尽而止:意思是说,一直到齐悼惠王的土地被分完为止。　⑥赵幽王:刘友,汉高祖刘邦之子,受封为赵王。楚元王:刘交,汉高祖刘邦之弟,受封为楚王。　⑦次:次序。受:接受。　⑧佗:通"他",其他。　⑨空而置之:意思是说,暂时空缺封君之位,将新建的小诸侯国搁置在那里。　⑩须:等待。　⑪举使君之:意思是说,让他们做先前空置的小诸侯国的封君。　⑫诸侯之地其削颇入汉者,为徙其侯国及封其子孙于彼也,所以数偿之:意思是说,诸侯因犯罪被削减了大片土地收归朝廷的,就迁徙他们的侯国,在那里分封他们的子孙,以作为补偿。　⑬利:占有,谋利。　⑭定:安定。治:治理得好,天下太平。

　　经制一定①,宗室子孙虑莫不王②。制定之后,下无倍背之心③,上无诛伐之志④,上下欢亲,诸侯顺附,故天下咸知陛下之仁。

[注释]①经制:治国的方法和制度。 ②宗室子孙虑莫不王:意思是说,皇室宗族的子孙大抵没有不封王的。虑,大抵。 ③倍背:背叛。 ④诛伐:讨伐。志:想法。

地制一定①,则帝道还明而臣心还正②,法立而不犯,令行而不逆,贯高、利几之谋不生③,栈奇、启章之计不萌④,细民乡善⑤,大臣致顺,上使然也⑥,故天下咸知陛下之义。

[注释]①地制:指封地制度。 ②还:返归。 ③贯高:赵王张敖的国相,汉高祖九年(公元前198年),因谋反被捕,自杀身亡。利几:项羽部将,后投降刘邦,封为颍川侯,汉高祖五年(公元前202年),因造反被杀。 ④栈奇:汉初大将棘蒲侯柴武之子,参与淮南王刘长叛乱。启章:淮南王刘长部下,参与刘长叛乱。 ⑤乡:通"向",趋向。 ⑥上:皇帝。使然:使其如此。

地制一定,卧赤子天下之上而安①,植遗腹②,朝委裘③,而天下不乱,社稷长安,宗庙久尊,传之后世,不知其所穷④。故当时大治,后世诵圣⑤。

[注释]①卧赤子天下之上:意为让婴儿做皇帝。卧,让……卧。赤子:初生的婴儿。 ②植:立。遗腹:指遗腹子,孕妇在丈夫死后生下的孩子。 ③朝:朝拜。委裘:悬挂裘皮衣物,指已故皇帝的衣物。 ④穷:尽。 ⑤诵:通"颂",称颂。

一动而五美附①,陛下谁惮而久不为此五美②?

[注释]①五美:指前文所说的"明""廉""仁""义"及"圣"五种美德。 ②谁:何。惮:害怕。

制 不 定

炎帝者①，黄帝同父母弟也②，各有天下之半。黄帝行道③，而炎帝不听④，故战涿鹿之野⑤，血流漂杵⑥。夫地制不得⑦，自黄帝而以困⑧。

[注释]①炎帝：传说中的古代部落联盟首领。 ②黄帝：传说中的古代帝王。 ③行道：指黄帝实行仁道德政。 ④听：顺从。 ⑤涿鹿：古山名，在今河北省涿鹿县附近。 ⑥血流漂杵：血流成河，能漂起木杵，形容杀人极多。杵，舂米、捶衣、筑土用的木棒。 ⑦地制：指封地制度。得：得当。 ⑧以：通"已"，已经。

以高皇帝之明圣威武也①，既抚天下②，即天子之位③，而大臣为逆者，乃几十发④；以帝之势⑤，身劳于兵间⑥，纷然几无天下者数矣⑦。淮阴侯、韩王信、陈豨、彭越、黥布及卢绾皆功臣也⑧，所尝爱信也⑨，所爱化而为仇，所信反而为寇，可不怪也？地理虽定⑩，岂有此变？陛下即位以来，济北一反⑪，淮南为逆⑫，今吴有见告⑬，皆其薄者也⑭。莫大诸侯潝然而未有故者⑮，天下非有固安之术也⑯，特赖其尚幼⑰，伦猥之数也⑱。且异姓负强而动者⑲，汉已幸而胜之矣⑳，又不易其所以然㉑。同姓袭是迹而处㉒，骨肉相动㉓，又既有征矣㉔，其势尽又复然。殃祸之反㉕，未知所移，长此安穷㉖？明帝尚不能以安，后世奈何！

[注释]①高皇帝：即汉高祖刘邦。 ②抚：安。 ③即：登上。 ④乃：

竟然。发:量词,表示次数。 ⑤势:威势。 ⑥劳:劳碌。兵:军队。 ⑦纷然:形容混乱的样子。无:此处意为丧失。数:多次。 ⑧淮阴侯:韩信,西汉开国功臣,汉高祖十一年(公元前196年),有人告发其勾结陈豨反叛,被吕后处死。韩王信:战国时韩国君主韩襄王的孙子韩信,汉初被刘邦封为韩王,后来投降匈奴,与汉军作战时被杀。陈豨:秦汉之际刘邦部将,汉初被封为阳夏侯,统率赵国、代国的边防精锐部队,汉高祖十年(公元前197年)反叛,自立为代王,兵败后身亡。彭越:西汉开国功臣,汉初被封为梁王,汉高祖十一年(公元前196年),因有人告其谋反,被诛杀。黥布:秦末汉初名将英布,汉初被封为淮南王,汉高祖十一年(公元前196年),因谋反被杀。卢绾:刘邦的同乡及好友,追随刘邦反秦,汉初被封为燕王,汉高祖十二年(公元前195年),勾结匈奴反叛,后逃亡匈奴。 ⑨尝:曾经。爱:宠爱。信:信任。 ⑩地理:即《五美》篇所说的地制。蚤:通"早",及早。 ⑪济北一反:指济北王刘兴居叛乱之事。汉文帝三年(公元前177年),刘兴居趁汉文帝亲征匈奴之机举兵谋反,袭击荥阳,失败后被杀。济北,济北王刘兴居,汉文帝之兄齐悼惠王刘肥的儿子。 ⑫淮南为逆:指淮南厉王刘长谋反之事。汉文帝六年(公元前174年),刘长联络匈奴叛乱,图谋称帝,事败被拘,在押解途中不食而死。淮南:淮南厉王刘长,汉文帝之弟。 ⑬吴有见告:指吴王刘濞抗拒朝廷法令,被告发之事。吴,吴王刘濞,刘邦之兄刘仲的儿子。有,通"又"。见告,被告发。 ⑭薄:指势力单薄。 ⑮莫大:最大。澹然:安定貌。故:变故,这里指叛乱。 ⑯固:稳固。安:安定。 ⑰幼:年龄小。 ⑱伦猥之数也:意为不过是伦侯和猥侯之辈。伦,即伦侯,汉代爵位名。猥,即猥侯,汉代爵位名。数:辈。一说此处文字有误,应作"偷猥之数也",意思是说,尚有偷安的气数。 ⑲异姓:指异姓诸侯王。负:依仗。 ⑳幸:侥幸。 ㉑易:改变。所以然:所以如此,指诸侯王叛乱的原因。 ㉒同姓:指同姓诸侯王。袭:沿袭。 ㉓动:行动,这里指争斗。 ㉔征:预兆。 ㉕反:变化。 ㉖穷:穷尽。

屠牛坦一朝解十二牛①,而芒刃不顿者②,所排击③,所剥割④,皆象理也⑤。然至髋髀之所⑥,非斤则斧矣⑦。仁义恩厚者,此人主之芒刃也;权势法制,此人主之斤斧也。势已定,权已足矣,乃以仁义恩厚因而泽之,故德布而天下有慕志⑧。今诸侯王皆众髋髀也,释斤斧之制⑨,而欲婴以芒刃⑩,臣以为刃不折则缺耳⑪。胡不用之淮南、济北⑫?势不可也。

[注释]①坦:相传为春秋时人,屠牛者。解:剖,割。 ②芒刃:刀尖、刀口,指刀剑锐利处。顿:通"钝"。 ③排:劈,分开。击:敲打。 ④剥:削,剖开。 ⑤象理:意为顺着肌肉的纹理。 ⑥髋髀:泛指大骨头。髋,胯骨。髀,大腿骨。 ⑦斤:斧子一类伐木的工具,比斧子小。 ⑧德:恩德。布:流传,散播。慕志:向往、思慕之心。 ⑨释:放下。 ⑩婴:触碰。 ⑪折:断。缺:残破。 ⑫胡不用之淮南、济北:意思是说,为什么不对淮南王、济北王施以仁义恩德。

审　微(事势)

善不可谓小而无益①,不善不可谓小而无伤②。非以小善为一足以利天下③,小不善为一足以乱国家也④。当夫轻始而傲微⑤,则其流而令于大乱⑥,是故子民者谨焉⑦。彼人也,登高则望,临深则窥⑧。人之性非窥且望也,势使然也。夫事有逐奸⑨,势有召祸。老聃曰⑩:"为之于未有,治之于未乱⑪。"管仲曰⑫:"备患于未形⑬。"上也。语曰⑭:"焰焰弗灭,炎炎奈何;萌芽不伐,且折斧柯⑮。"智禁于微⑯,次也。事之适乱⑰,如地形之惑人也,机渐而往⑱,俄而东西易面⑲,人不自知也。故墨子见衢路而哭之⑳,悲一跬而缪千里也㉑。

[注释]①善不可谓小而无益:意思是说,对于善事,不能因其小就认为没有益处。 ②不善不可谓小而无伤:意思是说,对于坏事,不能因其小就认为

没有害处。　③非以小善为一足以利天下：意思是说，并不是做一件小的好事就足以给天下带来益处。　④小不善为一足以乱国家也：意思是说，做一件小的坏事就足以惑乱国家。　⑤轻始：指轻视事物的初始阶段。傲微：指忽视事物的微小之处。　⑥流：流变，发展变化。而：能。　⑦子民者：治民者。谨：谨慎。　⑧深：指深渊。窥：小心探看。　⑨夫事有逐奸：意为事物会引发邪恶。逐，这里训为"速"，招致。一说此处文字有误，"逐奸"应作"起奸"。　⑩老聃：老子。　⑪为之于未有，治之于未乱：出自《老子》第六十四章，意思是说，在事情尚未发生之前就有所防范，在祸乱尚未发生之前就加以治理。　⑫管仲：管子，春秋时齐国国相，辅佐齐桓公成就霸业。　⑬备患于未形：出自《管子·牧民》，意思是说，在祸患尚未形成时就作出防备。　⑭语曰：俗话说。　⑮焰焰弗灭，炎炎奈何；萌芽不伐，且折斧柯：意思是说，初燃时不灭火，火势旺盛时还能怎么办；萌芽时不铲除，长成之后再砍伐就得折断斧柄。焰焰，火苗初起的样子。炎炎，火势旺盛的样子。斧柯，斧柄。　⑯智禁于微：意思是说，用智谋将祸患消灭在萌芽阶段。　⑰适：往，导致。　⑱机渐而往：意为逐渐向前发展。　⑲俄而东西易面：意思是说，忽东忽西改变了方向。　⑳墨子：名翟，战国时期墨家学派创始人。衢路：歧路，岔道。　㉑跬：半步。缪：错误。

　　昔者，卫侯朝于周①，周行人问其名②，曰："卫侯辟疆③。"周行人还之④，曰："启疆、辟疆，天子之号也，诸侯弗得用。"卫侯更其名曰燬⑤，然后受之⑥。故善守上下之陛者⑦，虽空名弗使逾焉⑧。

　　[注释]①卫侯：指卫文公，春秋时卫国国君。　②行人：官名，负责宾客礼仪之事。　③疆：通"壃"，疆土。　④还：退。　⑤燬(huǐ)：同"毁"。　⑥受：接受，这里指接待。　⑦陛：阶次，品第。　⑧虽空名弗使逾焉：意思是说，即使是空名，也不能逾越。

　　古者周礼，天子葬用隧①，诸侯县下②。周襄王出逃伯斗③,晋文公率师诛贼④,定周国之乱⑤,复襄王之位。于是襄王赏以南阳之地⑥,文公辞南阳,请即死得以隧下⑦。襄王弗听,曰:"周国虽微,未之或代也。天子用隧,伯父用隧⑧,是二天子也⑨。以地为少,余请益之⑩。"文公乃退。

[注释]①隧:运送棺木到墓室的通道。 ②县下:指悬着棺木吊入墓穴。县,同"悬",悬挂。 ③周襄王出逃:指周襄王因"子带之乱"逃奔郑国之事。周襄王,姬郑,周惠王之子,惠王去世后继为东周天子。伯斗:不详。 ④晋文公:春秋时晋国国君,春秋五霸之一,公元前636年至公元前628年在位。 ⑤定:平定。 ⑥南阳:地名,在今河南省新乡市一带。 ⑦请即死得以隧下:意思是说,请求死后能够通过墓道下葬。 ⑧伯父:周天子对同姓诸侯王的尊称。 ⑨是二天子也:意为是有两个天子。 ⑩益:增加,这里指增加封赏给晋文公的土地。

　　礼,天子之乐宫县①,诸侯之乐轩县②,大夫直县③,士有琴瑟。叔孙于奚者④,卫之大夫也。曲县者⑤,卫君之乐体也⑥。繁缨者⑦,君之驾饰也。齐人攻卫,叔孙于奚率师逆之⑧,大败齐师。卫于是赏以温叔孙于奚辞温⑨,而请曲县、繁缨以朝,卫君许之。孔子闻之,曰:"惜乎!不如多与之邑⑩。夫乐者所以载国,国者所以载君。彼乐亡而礼从之⑪,礼亡而政从之,政亡而国从之,国亡而君从之。惜乎!不如多与之邑。"

[注释]①宫县:将钟磬等乐器悬挂在架子上,四面摆放。宫,房屋,四面有墙壁。 ②轩县:将钟磬等乐器悬挂在架子上,三面摆放。轩,车厢,三面有护板。 ③直县:将钟磬等乐器悬挂在架子上,只摆放一面。 ④叔孙于奚:春秋时人,卫国大夫。 ⑤曲县:即"轩县"。 ⑥体:规格。 ⑦繁缨:马

的带饰。繁,马腹带。缨,马颈革带。　⑧逆:迎战。　⑨温:地名,在今河南省温县附近。　⑩邑:城邑。　⑪礼从之:指礼制也随之消亡了。

宓子治亶父①。于是齐人攻鲁②,道亶父③。始,父老请曰:"麦已熟矣,今迫齐寇,民人出自艾傅郭者归④,可以益食⑤,且不资寇⑥。"三请,宓子弗听。俄而麦毕还乎齐寇⑦。季孙闻之怒⑧,使人让宓子曰⑨:"岂不可哀哉!民乎,寒耕熟耘,曾弗得食也⑩。弗知犹可,闻或以告,而夫子弗听!"宓子蹴然曰⑪:"今年无麦,明年可树⑫。令不耕者得获,是乐有寇也。且一岁之麦,于鲁不加强⑬,丧之不加弱。令民有自取之心⑭,其创必数年不息⑮。"季孙闻之,惭曰:"使穴可入⑯,吾岂忍见宓子哉!"

[注释]①宓子:宓子贱,春秋时鲁国人,孔子的学生,仁爱有才智。治:治理。亶父:即单父,地名,在今山东省菏泽市单县一带。　②于是:当时。　③道:取道。　④民人出自艾傅郭者归:意思是说,让百姓出城把城郊的麦子收割回来。艾,通"刈",收割。傅,近、靠近。郭,外城。　⑤益食:指增加粮食储备。　⑥资:资助。　⑦俄而麦毕还乎齐寇:意思是说,不久,麦子都被齐国的侵略者收取了。俄而,不久。　⑧季孙:指当时的鲁国权臣季孙宿。　⑨让:责备。　⑩曾:竟。　⑪蹴然:恭敬的样子。　⑫树:种植。　⑬加强:指增强实力。　⑭自取之心:指不劳而获的想法。　⑮创:伤害。　⑯使穴可入:意为若有地洞可钻。

故明者之感奸由也蚤①,其除乱谋也远,故邪不前达②。

[注释]①明者:明智的人。感:觉察。奸由:邪恶的预兆。蚤:通"早"。　②前达:接近。

阶 级(事势)

人主之尊,辟无异堂①。阶陛九级者②,堂高大几六尺矣③。若堂无陛级者,堂高治不过尺矣④。天子如堂,群臣如陛,众庶如地⑤,此其辟也。故陛九级上,廉远地则堂高⑥;陛亡级⑦,廉近地则堂卑。高者难攀,卑者易陵⑧,理势然也⑨。故古者圣王制为列等⑩,内有公卿大夫士⑪,外有公侯伯子男⑫,然后有官师小吏⑬,施及庶人⑭,等级分明,而天子加焉⑮,故其尊不可及也。

[注释]①辟无异堂:意为和厅堂一样。辟,通"譬"。堂,泛指房屋的正厅。 ②阶陛:宫殿的台阶。 ③几:近。 ④治:应为"殆",大概。 ⑤众庶:百姓。 ⑥廉:堂屋的边缘。远地:指距离地面远。 ⑦亡:同"无",没有。 ⑧陵:越过。 ⑨理势:事物的发展趋势。 ⑩列:位次。等:等级。 ⑪公卿大夫士:均为爵位名。 ⑫公侯伯子男:均为爵位名。 ⑬官师:指低级官吏。 ⑭施及:延及。 ⑮加:指地位更高。

鄙谚曰①:"欲投鼠而忌器。"此善喻也。鼠近于器,尚惮而弗投,恐伤器也,况乎贵大臣之近于主上乎!廉耻礼节以治君子,故有赐死而无僇辱②。是以系、缚、榜、笞、髡、刖、黥、劓之罪③,不及士大夫,以其离主上不远也。礼,不敢齿君之路马④,蹴其刍者有罪⑤,见君之几杖则起⑥,遭君之乘舆则下⑦,入正门则趋⑧;君之宠臣虽或有过,刑僇不加其身,尊君之势也。此则所以为主上豫远不敬也⑨,所以体貌群臣而厉其节也⑩。今自王侯三公之贵⑪,皆天子之所改容而礼也⑫。古天子之所谓伯父伯舅也⑬,令与众庶、徒隶同黥、劓、髡、刖、笞、傌、弃市之法⑭,然则堂下不亡陛乎⑮?被僇辱者不太迫乎⑯?廉耻不行也,大臣无乃握重权,大官而有徒隶无耻之心乎?夫望夷之事⑰,二世见当以重法者⑱,投鼠而不忌器之习也。

[注释]①鄙谚:俗语。 ②僇辱:意为受刑罚之辱。 ③系:拘禁。缚:捆绑。榜:锤击。笞:鞭打。髡:剃去头发。刖:把脚砍掉。黥:在脸上刺字并涂墨。劓:割掉鼻子。 ④齿:年龄,这里指计算年龄。路马:指为君主驾车的马。路,通"辂",大车。 ⑤蹴:踢。刍:喂牲口的草料。 ⑥几杖:坐几和手杖。 ⑦遭:遇到。乘舆:君主乘坐的车子。 ⑧趋:小步快走。 ⑨豫远不敬:意思是说,预先防止臣下对君主的不敬行为。豫,事先准备。 ⑩体貌:以礼相待。厉:砥砺。节:节操。 ⑪三公:古代中央三种最高官衔的合称,西汉时指丞相、太尉、御史大夫。 ⑫改容而礼:指改变仪容以礼相待。 ⑬伯父:周天子对同姓诸侯王的称呼。伯舅:周天子对异姓诸侯王的称呼。 ⑭徒隶:刑徒隶卒。傌:同"骂",辱骂。弃市:在闹市执行死刑并曝尸街头。 ⑮然则堂下不亡陛乎:意思是说,这不是和厅堂没有台阶一样吗? ⑯迫:迫近,这里指迫近君主。 ⑰望夷之事:公元前207年,赵高令其婿咸阳令阎乐率兵进攻秦二世所住的望夷宫,秦二世被迫自杀。 ⑱见:被。当:判罪。

臣闻之曰:"履虽鲜弗以加枕①,冠虽弊弗以苴履②。"夫尝以在贵宠之位,天子改容而尝体貌之矣,吏民尝俯伏以敬畏之矣。今而有过,令废之可也,退之可也,赐之死可也;若夫束缚之,系继之③,输之司空④,编之徒官⑤,司寇、牢正、徒长、小吏骂詈而榜笞之⑥,殆非所以令众庶之见也。夫卑贱者习知尊贵者之事,一旦吾亦乃可以加也⑦,非所以习天下也⑧,非尊尊贵贵之化也⑨。夫天子之所尝敬,众庶之所尝宠⑩,死而死尔⑪,贱人安宜得此而顿辱之哉⑫！

[注释]①履：鞋。鲜：新。加：放在……上面。枕：枕头。　②冠：帽子。弊：通"敝"。破旧。苴：衬垫。　③系缧：捆绑。　④输：遣送。司空：官名，主管囚徒。　⑤编：编次。徒官：役吏。　⑥司寇：官名，主管刑罚。牢正：不详，或为监狱长。徒长：徒卒之长。骂詈：骂，斥骂。　⑦一旦：指尊贵者一旦犯罪。加：指施加前文所说的斥骂笞打。　⑧习天下：指让天下人习知礼义。　⑨尊尊：尊敬尊者。贵贵：崇尚显贵。化：教化。　⑩宠：尊崇。　⑪死而死尔：意为死就死了。　⑫顿辱：揪头顿地，受到侮辱。

豫让事中行之君①，智伯伐中行灭之②，豫让移事智伯。及赵灭智伯③，豫让釁面变容④，吞炭变声⑤，必报襄子⑥，五起而弗中⑦，襄子一夕而五易卧⑧。人问豫让，让曰："中行众人畜我⑨，我故众人事之；智伯国士遇我⑩，故为之国士用。"故此一豫让也，反君事雠⑪，行若狗彘⑫，已而折节致忠⑬，行出乎烈士⑭，人主使然也。故人主遇其大臣如遇犬马，彼将犬马自如也；如遇官徒⑮，彼将官徒自为也。顽顿无耻⑯，嚣苟无节⑰，廉耻不立，则且不自好⑱，苟若而可⑲，见利则逝⑳，见便则夺㉑。主上有败，则因而推之矣；主上有患，则吾苟免而已㉒，立而观之耳；有便吾身者，则欺卖而利之耳㉓。人主将何便于此？群下至众，而主至少也，所托财器职业者率于群下也㉔。但无耻，但苟安，则主罢病㉕。

[注释]①豫让：春秋末期晋国人，晋国六大世袭卿族之一中行氏家臣，后为智伯的家臣，智伯进攻赵襄子时被赵襄子所灭，豫让为了给智伯报仇行刺赵襄子，行刺失败后自杀。事：侍奉。中行之君：指中行氏的末代宗主中行文子荀寅。　②智伯：即知襄子荀瑶，春秋末期晋国六大世袭卿族之一。

③赵:指赵襄子,晋国六大世袭卿族中的赵氏宗主。 ④釁面变容:意为以漆涂面,改变容貌。釁,通"衅",涂抹。 ⑤吸炭变声:意为吞下火炭,改变声音。 ⑥报:报复。 ⑦五起:指五次行刺。起,起身采取行动。 ⑧易卧:改换住处。 ⑨众人畜我:意为像对待普通人那样蓄养我。 ⑩国士遇我:意为像对待国士那样礼遇我。国士,国中才能出众的人。 ⑪反君事雠:背叛君主去侍奉仇敌。雠,仇人。 ⑫行若狗彘:行为像猪狗一样。 ⑬已而:后来。折节致忠:改变节操,竭尽忠诚。 ⑭行:行为。出乎:超出。烈士:刚烈、有气节的人。 ⑮官徒:官府的刑徒。 ⑯顽顿:不懂道理。顿,通"钝"。 ⑰媐苟无节:没有节操志气。媐,通"谡",耻辱。 ⑱自好:自爱。 ⑲苟若而可:苟且偷安,得过且过。 ⑳逝:往。 ㉑便:便利。 ㉒苟免:意为苟且免于损害。 ㉓欺卖而利之耳:欺骗、出卖君主以谋利。 ㉔所托财器职业者率于群下也:意思是说,资财、器物、官职都集中掌控在臣下那里。 ㉕罢:通"疲",衰败。病:忧虑。

故古者,礼不及庶人,刑不至君子①,所以厉宠臣之节也②。古者大臣有坐不廉而废者③,不谓曰不廉,曰"簠簋不饰④";坐秽污姑妇姊姨母⑤,男女无别者,不谓污秽,曰"帷箔不修⑥";坐罢软不胜任者⑦,不谓罢软,曰:"下官不职⑧"。故贵大臣定有其罪矣,犹未斥然至以呼之也⑨,尚迁就而为之讳也⑩。故其在大谴大何之域者⑪,闻谴何则白冠厘缨⑫,盘水加剑⑬,造请室而请其罪耳⑭,上弗使执缚系引而行也⑮。其中罪者,闻命而自弛⑯,上不使人颈盭而加也⑰。其有大罪者,闻令则北面再拜,跪而自裁⑱。上不使人捽抑而刑也⑲,曰:"子大夫自有过耳,吾遇子有礼矣。"遇之有礼,故群臣自憙⑳;厉以廉耻,故人务节行㉑。上设廉耻礼义以遇其臣,而群臣不以节行而报其上者,即非人类也。

[注释]①君子：对统治者、贵族男子的通称。　②厉：通"励"，勉励。节：气节。　③坐：因犯……罪。　④簠簋不饰：不廉洁的一种婉转说法。簠簋，两种盛放祭品的礼器，方形的叫簠，圆形的叫簋，这里指贿赂。饰，通"饬"，整治。　⑤坐秽污姑妇姊姨母：一说此处文字有衍，"姑妇姊姨母"五字当删，"坐秽污"应与下句连读。　⑥帷箔不修：男女关系淫乱的一种婉转说法。箔，门帘。　⑦罢软：疲沓软弱。　⑧不职：不称职。　⑨斥然：公然斥责貌。　⑩讳：避讳。　⑪谴：谴责。何：同"呵"，呵斥。域：范围。　⑫白冠厘缨：戴着用牦牛尾做帽带的白帽子，为丧服。厘，通"氂"，牦牛尾。　⑬盘水加剑：盘子盛满水，把剑放在上面。⑭造：到。请室：请罪之室。　⑮执缚：捆绑。系引：牵拉。　⑯弛：通"褫"，捆绑。　⑰颈鳌而加：扭住脖子加以捆绑。鳌，同"戾"，扭转。　⑱自裁：自杀。　⑲捽抑而刑：揪住头发、按下头行刑。捽抑，揪住往下按。　⑳自意：自爱。　㉑务：追求。节行：节操品行。

故化成俗定①，则为人臣者，主丑亡身②，国丑亡家，公丑忘私，利不苟就③，害不苟去，唯义所在，主上之化也。故父兄之臣诚死宗庙④，法度之臣诚死社稷⑤，辅翼之臣诚死君上，守卫捍敌之臣诚死城郭封境⑥。故曰"圣人有金城"者⑦，比物比志也⑧。彼且为我死，故吾得与之俱生；彼且为我亡，故吾得与之俱存；夫将为我危，故吾得与之皆安。顾行而忘利⑨，守节而服义⑩，故可以托不御之权⑪，可以托五尺之孤⑫。此厉廉耻、行礼义之所致也，主上何丧焉⑬？此之不为，而顾彼之行，故曰可为长太息者也⑭。

[注释]①化：教化。俗：风俗。　②主丑亡身：意为君主有难就舍身相救。丑，侮辱。亡，通"忘"，忘记。　③利不苟就：意为不以苟且的手段谋利。　④父兄之臣：指君主的同姓臣子。诚死宗庙：意为诚心为保卫王权而死。宗庙，国家政权的代称。　⑤法度之臣：掌管法度的大臣。社稷：土神和谷

神,代指国家。 ⑥封境:边疆。 ⑦金城:如金属铸造的城墙,喻指城池坚固,牢不可摧。 ⑧比物比志:意为与此同类。 ⑨顾行:顾惜德行。 ⑩服义:服从道义。 ⑪不御之权:意为无需加以管控的权利。 ⑫五尺之孤:指年幼丧父的小皇帝。 ⑬丧:损失。 ⑭太息:叹息。

卷第三

俗　激（事势）

　　大臣之俗①，特以牍书不报②，小期会不答耳，以为大故，以为大故不可矣③。天下之大指④，举之而激⑤。俗流失⑥，世坏败矣。因恬弗知怪⑦，大故也。加刀笔之吏⑧，务在筐箧⑨，而不知大体，陛下又弗自忧，故如哉。

　　[**注释**]①俗：习俗，风气。　②牍书：官署文书。不报：这里指没有及时上报。　③小期会不答耳，以为大故，以为大故不可矣：此处文字有误，一说应作"小期会不答耳，以为大故不可矣"；一说应作"小期会不答以为大故耳，以为大故不可矣"。小期会不答，意为小聚会没有出席。期会，预先约定时间的聚会。大故，大事。　④指：趋势。　⑤举：列举。激：激愤。　⑥俗流失：好习俗逐渐流失。　⑦恬：安然，坦然。　⑧刀笔之吏：指掌文案的官吏。　⑨务在筐箧：意为仅仅致力于处理案卷文书。筐箧，盛放案卷文书的器具。

　　夫邪俗日长，民相然席于无廉丑①，行义非循也②。岂且为人子背其父③，为人臣因忠于主哉④？岂为人弟欺其兄，为人下因信其上哉？陛下虽有权柄事业，将何寄之?管子曰⑤:"四维,一曰礼,二曰义,三曰廉,四曰耻⑥。""四维不张,国乃灭亡⑦。"云使管子愚无识人也,则可⑧;使管子而少知治体,则是岂不可为寒心⑨?今世以侈靡相竞⑩,而上无制度,弃礼义,捐廉丑⑪,日甚,可为月异而岁不同矣⑫。逐利乎不耳⑬,虑念非顾行也⑭。今其甚者,刭父矣⑮,财大母矣⑯,踝妪矣⑰,刺兄矣。盗者虑探柱下之金⑱,掇寝户之帘⑲,搴两庙之器⑳,白昼大都之中㉑,剽吏而夺之金㉒。矫伪者出几十万石粟㉓,赋六百余万钱㉔,乘传而行郡诸侯㉕,此靡无行义之尤至者已㉖。其余猖獗而趋之者,乃豕羊驱而往㉗。是类管子谓"四维不张"者也与㉘!窃为陛下惜之。

[注释]①相然:互以为是,相互肯定。席:安。丑:耻。 ②行义非循:意为行事不遵循道义。 ③背:背叛。 ④因:此处表转折,意为而、反而。 ⑤管子:管仲,春秋时齐国国相,辅佐齐桓公成就霸业。 ⑥四维,一曰礼,二曰义,三曰廉,四曰耻:出自《管子·牧民》。维,纲领。 ⑦四维不张,国乃灭亡:出自《管子·牧民》。张:伸张。 ⑧云使管子愚无识人也,则可:意思是说,如果管子是愚昧无知的人,没有礼义廉耻也就算了。 ⑨使管子而少知治体,则是岂不可为寒心:意思是说,如果说管子略微懂得治世之道,那岂不令人惊心。 ⑩侈靡:奢侈铺张。相竞:相斗,这里指相互攀比。 ⑪捐:抛弃。 ⑫为:通"谓"。 ⑬逐利乎不耳:意为只追逐利益。 ⑭虑念非顾行也:意为不考虑德行。 ⑮刭:用刀割脖颈。 ⑯财:残害。大母:祖母。 ⑰踝:通"刖",割、伤害。妪:母,这里指养母。 ⑱虑:图谋。探:摸取。柱下:殿柱之下,指库府所在地。 ⑲掇:摘取。寝户:内室之门。 ⑳搴:拔取。两庙:指汉高祖刘邦与惠帝刘盈之庙。 ㉑大都:泛指大的都邑。 ㉒剽:抢劫。吏:官吏。 ㉓矫伪:伪造官府文书。出:支取。几:将近。粟:粮食。 ㉔赋:征税。 ㉕乘传:乘坐官车。传,驿站的马车。行:巡行。 ㉖此靡无行义之尤至者已:此处文字有误,应作"此其无行义之尤至者已",意

思是说,这些是没有道义者中的极端情况。已,语气助词。 ㉗乃豕羊驱而往:意思是说,如同被驱赶着向前的猪羊一样多。 ㉘与:同"欤",语气助词。

以臣之意吏①,虑不动于耳目②,以为是特适然耳③。夫移风易俗,使天下移心而向道,类非俗吏之所能为也④。陛下又不自忧,窃为陛下惜之。夫立君臣等上下⑤,使父子有礼,六亲有纪⑥,此非天之所设也。夫人之所设,弗为持此则僵⑦,不循则坏。秦灭四维不张,故君臣乖而相攘⑧,上下乱僭而无差⑨,父子六亲殃僇而失其宜⑩,奸人并起,万民离叛,凡十三岁而社稷为墟⑪。今而四维犹未备也,故奸人冀幸⑫,而众下疑惑矣。岂如今定经制⑬,令主主臣臣⑭,上下有差,父子六亲各得其宜,奸人无所冀幸,群众信上而不疑惑哉。此业一定,世世常安,而后有所持循矣。若夫经制不定,是犹渡江河无维楫⑮,中流而遇风波也,船必覆败矣。悲夫。备不豫具之也⑯,可不察乎?

[注释]①意:猜测,推测。 ②虑不动于耳目:意思是说,对于邪风恶俗视而不见,置若罔闻。 ③适然:当然,理所应当。 ④类:大概。 ⑤等上下:划定上下等级。 ⑥六亲:具体内容说法不一,一说指父、母、兄、弟、妻、子;一说指父、子、兄、弟、夫、妇;一说指父子、兄弟、姑姊、甥舅、婚媾、姻娅。本书《六术》篇以父、昆弟、从父昆弟、从祖昆弟、从曾祖昆弟、族兄弟为六亲。纪:纲纪。 ⑦僵:死。 ⑧乖:背离。攘:侵夺。 ⑨僭:超越本分,越级行事。差:等级。 ⑩殃僇:残杀。僇,通"戮"。宜:通"仪",秩序、法度。 ⑪十三岁:指秦朝存在十三年。社稷:土神和谷神,代指国家。墟:废墟。 ⑫冀幸:心存侥幸。 ⑬经制:治国的方法和制度。 ⑭主主臣臣:意为君行君道,臣行臣道。 ⑮维楫:缆绳和船桨。 ⑯备不豫具:意为事前不做好准

备。豫,同"预"。

时　变(事势)

　　秦国失理①,天下大败②。众擒寡③,知欺愚,勇劫惧,壮凌衰,功击奋者为贤④,贵人善突盗者为忻⑤,诸侯设诒而相輘⑥,饰诈而相绍者为知⑦,天下乱至矣!是以大贤起之,威振海内,德从天下⑧。曩之为秦者⑨,今转而为汉矣。

　　[注释]①理:这里指为政之道。　②败:坏。　③擒:盖过,夺取。　④攻击奋者为贤:意思是说,以善于奋力攻击为贤能。　⑤贵人善突盗者为忻:此处文字有误,应作"善突盗者为哲",意思是说,以善于侵凌盗窃为智慧。突盗,侵凌盗窃。哲,智慧。　⑥诒:曲意迎合。輘:捆绑车伏兔(垫在车厢和车轴之间的木块)和车轴的绳子,此处意为倾轧。　⑦饰:矫饰,掩盖真相。绍:缠绕,此处意为纠结。　⑧德从天下:恩德令天下顺从。从,使……顺从。　⑨曩:过去。为秦者:归属于秦朝的。

　　今有何如①,进取之时去矣②,并兼之势过矣③。胡以孝弟循顺为④?善书而为吏耳⑤。胡以行义礼节为?家富而出官耳。骄耻偏而为祭尊⑥,黥劓者攘臂而为祭政⑦。行为狗彘也⑧,苟家富财足,隐机盱视而为天子耳⑨。唯告罪昆弟⑩,欺突伯父⑪,逆于父母乎⑫,然钱财多也,衣服修也⑬,我何妨为世之基公。唯爱季母、妻公之接女乎⑭,车马严也⑮,走犬良也。矫诬而家美⑯,盗贼而财多,何伤?欲交,吾择贵宠者而交之⑰;欲势,择吏权者而使之⑱。取妇嫁子⑲,非有权势,吾不与婚姻;非有贵戚,不与兄弟;非富大家,不与出入⑳。因何也?今俗侈靡㉑,以出伦踰等相骄㉒,以富过其事相竞㉓。今世贵空爵而贱良㉔,俗靡而尊奸㉕;富民不为奸而贫为里侮也㉖,廉吏释官而归为邑笑㉗;居官敢行奸而富为贤吏㉘,家处者犯法为利为材士㉙。故兄劝其弟,父劝其子,则俗之邪至于此矣。

[注释]①有:通"又"。 ②进取之时:指积极进攻,夺取天下的时代。③并兼之势:指吞并他国,统一天下的情势。 ④胡以孝弟循顺为:意思是说,还要孝敬父母、尊敬兄长、遵从官长那一套做什么。弟,同"悌",敬爱兄长。 ⑤善书而为吏耳:意思是说,善于书写就可以做官吏。 ⑥骄耻:指骄横无耻的人。偏:指行为不端的人。祭尊:即祭酒,飨宴时酹酒祭神的长者。 ⑦黥劓者:泛指受过刑罚的犯人。黥,刑罚名,在脸上刺字并涂墨。劓,刑罚名,割掉鼻子。攘臂:捋起衣袖、伸出胳膊,形容激奋的样子。 ⑧为:如。彘:猪。 ⑨隐机盱视而为天子耳:意思是说,隐藏起心机窥伺天子的权柄。隐机,隐藏心机;一说通"隐几",靠着几案。盱,张大眼睛。 ⑩告罪:告发罪行,此处意为出卖。昆弟:兄弟。 ⑪欺突:欺凌冒犯。 ⑫逆:不顺从。⑬修:美。 ⑭我何妨为世之基公。唯爱季母、妻公之接女乎:此十八字为衍文,当删。 ⑮严:齐备。 ⑯讦:颠倒是非;一说应作"诬",意同。 ⑰贵宠者:指位高得宠的权贵。 ⑱吏权者:指有权势的官吏。使:从,此处意为结交。 ⑲取:同"娶"。子:指女儿。 ⑳出入:交往。 ㉑侈靡:奢侈糜烂。㉒以出伦踰等相骄:意思是说,以超过他人超出等级为骄傲。伦,类。踰,同"逾",超过。 ㉓以富过其事相竞:意思是说,以超过实际情况的富裕相互攀比。 ㉔贵:以……为贵,看重。空爵:指徒有虚名的爵位。贱:以……为贱,看不起。 ㉕尊奸:尊崇奸人。 ㉖富民不为奸而贫为里侮也:意思是说,富有的人不做奸邪之事而陷入贫困就被乡邻讥笑。 ㉗释官:解除官职。邑:指乡邻。 ㉘居官敢行奸而富为贤吏:意思是说,做官的人敢做坏事致富被尊为好官。 ㉙家处者犯法为利为材士:意思是说,不做官者为牟利而犯法被誉为壮士。

商君违礼义①,弃伦理,并心于进取②,行之二岁,秦俗日败。秦人有子,家富子壮则出分③,家贫子壮则出赘④。假父耰鉏杖篲⑤,耳虑有德色矣⑥;母取瓢椀箕帚⑦,虑立讯语⑧。抱哺其子⑨,与公并踞⑩;妇姑不相说⑪,则反唇而睨⑫。其慈子嗜利而轻简父母也⑬,虑非有伦理也⑭,亦不同禽兽仅焉耳⑮。然犹并心而赴时者,曰功成而败义耳⑯。蹶六国⑰,兼天下,求得矣⑱;然不知反廉耻之节⑲、仁义之厚,信并兼之法,遂进取之业⑳,凡十三岁而社稷为墟㉑。不知守成之数㉒,得之之术也㉓,悲夫!

[注释]①商君:即商鞅,战国时代政治家,又称卫鞅、公孙鞅。 ②并心:专心。 ③出分:分家。 ④出赘:离家入赘到女方为婿。 ⑤假:借给。耰:平整土地的农具。鉏:同"锄",锄头。杖篲:扫帚。 ⑥耳:同"而"。虑有德色:意为露出要父亲感恩的神色。 ⑦取:借取。椀:同"碗"。 ⑧虑立讯语:意为马上就责问一番。讯,责问。 ⑨抱哺其子:指妇女抱着孩子哺乳。 ⑩公:公公。踞:蹲,坐。 ⑪姑:婆婆。说:同"悦"。 ⑫睨:斜着眼睛看。 ⑬慈子:爱子女。轻简:轻视,怠慢。 ⑭虑非有伦理也:意思是说,他们还能认识到自己不讲人伦之理。 ⑮亦不同禽兽仅焉耳:意思是说,与禽兽的不同之处也仅此而已。 ⑯然犹并心而赴时者,曰功成而败义耳:意思是说,但他们依然一心趋向这种摒弃人伦的时俗的原因,是认为要成就功业就可以不必顾及仁义的败坏。 ⑰蹶:挫败。 ⑱求得矣:意为所追求的东西已经获得。 ⑲反:同"返",返归。 ⑳遂:完成。 ㉑十三岁:指秦朝存在十三年。社稷:土神和谷神,代指国家。墟:废墟。 ㉒守成之数:守住前人功业的方法。 ㉓得之之术:指巩固政权的策略。

瑰 玮(事势)

天下有瑰政于此①:予民而民愈贫,衣民而民愈寒②,

使民乐而民愈苦,使民知而民愈不知避县网③,甚可瑰也!今有玮术于此④:夺民而民益富也,不衣民而民益暖,苦民而民益乐,使民愚而民愈不罗县网⑤。陛下无意少听其数乎⑥?

[注释] ①瑰政:奇特的治国之术。瑰,奇异。 ②衣民:给百姓衣服穿。 ③县网:悬挂着的网,喻指法令刑律。 ④玮术:奇特的治国之术。玮,珍奇。 ⑤罗:通"罹",遭遇。 ⑥少:稍。数:道理。

夫雕文刻镂周用之物繁多①,纤微苦窳之器日变而起②,民弃完坚而务雕镂纤巧以相竞高。作之宜一日③,今十日不轻能成④。用一岁,今半岁而弊⑤。作之费日挟功⑥,用之易弊。不耕而多食农人之食,是天下之所以困贫而不足也。故以末予民⑦,民大贫;以本予民⑧,民大富。

[注释] ①周用:适用。 ②苦窳:粗糙,质量低劣。 ③宜:应当。 ④不轻能成:不能轻易完成。 ⑤弊:坏。 ⑥挟功:意为费功夫。 ⑦末:指工商业。 ⑧本:指农业。

黼黻文绣纂组害女工①。且夫百人作之,不能衣一人,方且万里不轻能具天下之力②,势安得不寒③?世之俗侈相耀,人慕其所不如,悚迫于俗④,愿其所未至⑤,以相竞高,而上非有制度也。今唯刑馀鬻妾下贱⑥,衣服得过诸侯、拟天子⑦,是使天下公得冒主而夫人务侈也⑧。冒主务侈,则天下寒而衣服不足矣。故以文绣衣民而民愈寒;以褍民⑨,民必暖而有余布帛之饶矣。

[注释] ①黼黻:刺绣的华美花纹。纂组:用丝线编织的绳带。害:为害,这里指耗费。 ②方且万里不轻能具天下之力:意思是说,即使集结所有的人力来纺织,也满足不了需求。 ③势安得不寒:意思是说,这种形势下,百姓怎能不挨冻。 ④悚迫于俗:意为因时俗所迫而惶恐害怕。 ⑤愿其所未至:意为追慕自身达不到的事物。 ⑥刑馀:受过刑的人。鬻妾:卖身的小妾。 ⑦拟:比拟。 ⑧公:公然。冒主:冒犯君主。夫人:人人。务侈:追求奢靡。 ⑨襐:脱去、剥夺,这里指不让百姓穿文绣之衣。

夫奇巧末技、商贩游食之民,形佚乐而心县愆①,志苟得而行淫侈②,则用不足而蓄积少矣;即遇凶旱③,必先困穷迫身,则苦饥甚焉。今驱民而归之农,皆著于本,则天下各食于力。末技、游食之民转而缘南亩④,则民安性劝业而无县愆之心,无苟得之志,行恭俭蓄积而人乐其所矣⑤,故曰"苦民而民益乐"也。

[注释] ①形:身体。佚乐:悠闲安乐。县愆:过失,这里指邪念。 ②志:图谋。 ③即:如果。凶:灾荒。旱:干旱。 ④缘南亩:指务农。缘,沿着。南亩,泛指农田。 ⑤行恭俭蓄积:意为行为恭谨节俭,有积蓄。

世淫侈矣,饰知巧以相诈利者为知士①,敢犯法禁昧大奸者为识理②。故邪人务而日形③,奸诈繁而不可止,罪人积下众多而无时已。君臣相冒④,上下无辨⑤,此生于无制度也。今去淫侈之俗,行节俭之术,使车舆有度⑥,衣服器械各有制数⑦。制数已定,故君臣绝尤⑧,而上下分明矣。擅遏则让⑨,上僣者诛⑩,故淫侈不得生,知巧诈谋无为起,奸邪盗贼自为止,则民离罪远矣。知巧诈谋不起,所谓愚。故曰"使民愚而民愈不罗县网"。

［注释］ ①饰知巧：设巧使计。诈：诈取。知士：聪明人。 ②犯法禁：触犯法度禁令。昧大奸：隐瞒大奸大恶。识理：指懂得事理的人。 ③故邪人务而日形：意为坏人与日俱增。务，趋。形，见。 ④冒：侵犯。 ⑤辨：别。 ⑥度：法度。 ⑦器械：泛指各种用具。制数：限量，定法。 ⑧绝尤：差别明显，这里指等级分明。 ⑨擅：擅自。遏：退。让：斥责。 ⑩上僭：向上超越本分。诛：责罚。

此四者，使君臣相冒，上下无别，天下困贫，奸诈盗贼并起，罪人蓄积无已者也，故不可不急速救也①。

［注释］ ①"此四者"至"故不可不急速救也"三十八字为衍文，当删。

孽产子（事势）

民卖产子①，得为之绣衣、编经履、偏诸缘②，入之闲中③，是古者天子后之服也④，后之所以庙而不以燕也⑤，而众庶得以衣孽妾⑥。白縠之表⑦，薄纨之里⑧，緁以偏诸⑨，美者黼绣⑩，是古者天子之服也，今贵富人大贾者丧资⑪，若兄弟召客者得以被墙⑫。古者以天下奉一帝一后而节适⑬，今贵人大贾屋壁得为帝服，贾妇优倡下贱产子得为后饰，然而天下不屈者⑭，殆未有也。且主帝之身⑮，自衣皂绨⑯，而靡贾侈贵⑰，墙得被绣；帝以衣其贱⑱，后以缘其领，孽妾以缘其履，此臣之所谓蹝也⑲。

［注释］ ①产子：指婢妾所生的子女。 ②得为之绣衣、编经履、偏诸缘：意思是说，给他们穿着绣花衣服、编织着丝带的鞋，还滚着花边。编，丝线编织成的带子。经，织。偏诸，花边。缘，边沿。 ③闲：买卖奴婢的地方，设有栅栏。 ④天子后：皇后。 ⑤后之所以庙而不以燕也：意思是说，这是皇

后祭祀宗庙时才穿戴的服饰,平时闲居都不穿。燕,闲居。 ⑥众庶:老百姓。衣:给……穿衣。孽妾:地位低下的小妾。 ⑦縠:绉纱之类的丝织品。表:面。 ⑧纨:细绢。里:里子。 ⑨缉:缝。 ⑩黼绣:绣着斧形花纹的锦帛。 ⑪贾:商人。丧资:斥资。 ⑫若:及。召客:招待客人。被:覆盖。 ⑬奉:奉养。节适:有节制。 ⑭屈:穷尽。 ⑮且主帝之身:此处文字有误,一说应为"且帝之身";一说应为"皇帝之身"。 ⑯皂:黑色。绨:粗厚丝织品。 ⑰靡贾侈贵:奢靡的富商显贵。 ⑱帝以衣其贱:此五字为衍文,当删。 ⑲蹲:同"舛",错乱。

且试观事理,夫百人作之,不能衣一人也,欲天下之无寒,胡可得也?一人耕之,十人聚而食之,欲天下之无饥,胡可得也?饥寒切于民之肌肤①,欲其无为奸邪盗贼,不可得也。国已素屈矣②,奸邪盗贼特须时尔③,岁适不为④,如云而起耳⑤。若夫不为见,室满胡可胜抚也⑥?夫錞此而有安上者⑦,殆未有也。

[注释] ①切:迫近。 ②素屈:穷尽,枯竭。 ③特:只,不过。须时:等待时机。 ④岁适不为:意为年景不好,没有收成。 ⑤如云而起:指盗贼作乱之事就会大量涌现。 ⑥若夫不为见,室满胡可胜抚也:此十二字文意不明,应有讹误。 ⑦錞此:意为达到这种程度。錞,靠近。

今也平居则无茈施①,不敬而素宽②,有故必困③,然而献计者类曰:"无动为大"耳。夫无动而可以振天下之败者④,何等也⑤?曰:为大夫治,可也;若为大乱,岂若其小⑥?悲夫!俗至不敬也,至无等也⑦,至冒其上也⑧,进计者,犹曰"无为",可为长大息者此也⑨。

[注释] ①平居:平日,平素。茈施:藩篱,这里指防范措施。 ②不敬

而素宽:意为对不敬的行为向来宽容。　③故:变故。困:受困。　④振:同"赈",救济。　⑤何等也:这是什么意思,表示不满和斥责。　⑥曰:为大夫治,可也;若为大乱,岂若其小:此处文字有误,一说应为"曰:为大而治,可也;若为大而乱,岂若其小",意思是说,如果不作为可以达到大治,是可以的;如果不作为会导致大乱,还不如采取行动。一说此十五字为衍文,当删。　⑦等:指上下尊卑之别。　⑧冒:冒犯。　⑨大息:同"太息",深深地叹息。

铜　布

　　铜布于下①,为天下灾,何以言之?铜布于下,则民铸钱者,大抵必杂以铅铁焉,黥罪日繁②,此一祸也。铜布于下,伪钱无止③,钱用不信④,民愈相疑,此二祸也。铜布于下,采铜者弃其田畴⑤,家铸者损其农事,谷不为则邻于饥⑥,此三祸也。故不禁铸钱,则钱常乱,黥罪日积,是陷阱也。且农事不为,有疑为灾⑦,故民铸钱不可不禁。上禁铸钱,必以死罪。铸钱者禁,则钱必还重⑧;钱重则盗铸钱者起,则死罪又复积矣,铜使之然也。故铜布于下,其祸博矣。

[注释]　①铜布于下:铜散布在民间,即允许私人冶铜铸钱。　②黥罪日繁:意为受黥刑的人一天比一天增多。黥,刑罚名,在脸上刺字并涂墨。汉法规定,铸钱掺杂铅、铁造假者要被处以黥刑,见《铸钱》篇。　③伪钱:假钱。　④钱用不信:钱币失去信用。　⑤田畴:田地。　⑥谷不为:粮食没有收成。邻:接近。　⑦有:又。疑:恐怕。　⑧钱必还重:意为铜钱的价值必定提高。重,指价值高。

　　今博祸可除①,七福可致。何谓七福?上收铜勿令布下,则民不铸钱,黥罪不积,一。铜不布下,则伪钱不繁,民不相疑,二。铜不布下,不得采铜,不得铸钱,则民反耕田矣②,三。铜不布下,毕归于上,上挟铜积以御轻重③,钱轻则以术敛之④,钱重则以术散之⑤,则钱必治矣,四。挟铜之积以铸兵器,以假贵臣⑥,小大多少,各有制度,以别贵贱,以差上下,则等级明矣,五。挟铜之积,以临万货⑦,以调盈虚⑧,以收畸羡⑨,则官必富,而末民困矣⑩,六。挟铜之积,制吾弃财⑪,以与匈奴逐争其民,则敌必怀矣⑫,此谓之七福。故善为天下者,因祸而为福,转败而为功。今顾退七福而行博祸⑬,可为长太息者,此其一也。

[注释] ①博:大。 ②反:同"返",返归。 ③挟:拥有。御:控制。轻重:指铜币价值的高低。 ④术:措施。敛:收敛,指回笼货币。 ⑤散:散发,指投放货币。 ⑥假:给予。 ⑦临:监管。万货:指进行交易的各种货物。 ⑧调:调剂。盈虚:指各种货源的充裕和短缺。 ⑨畸羡:盈余。 ⑩末民:指商人。 ⑪制:掌握。弃财:指多余的钱财。 ⑫怀:归降。一说"怀"应作"坏",失败。 ⑬顾:却。

壹 通

所为建武关、函谷、临晋关者①,大抵为备山东诸侯也②。天下之制在陛下,今大诸侯多其力③,因建关而备之,若秦时之备六国也。岂若定地势使无可备之患④,因行兼爱无私之道,罢关一通⑤,示天下无以区区独有关中者。所谓禁游宦诸侯及无得出马关者⑥,岂不曰诸侯得众则权益重⑦,其国众车骑则力益多⑧,故明为之法⑨,无资诸侯⑩。于臣之计,疏山东⑪,孽诸侯⑫,不令似一家者⑬,

其精于此矣⑭。岂若一定地制,令诸侯之民,人骑二马,不足以为患,益以万夫不足以为害。今不定大理⑮,数起禁⑯,不服人心,害兼覆之义⑰,不便⑱。

[注释] ①武关:在今陕西省商洛市。函谷:即函谷关,在今河南省灵宝市附近。临晋关:在今陕西省大荔县东。 ②备:防备。山东:指崤山以东的地区。 ③大:使……变大。多:使……增多。 ④地势:即地制,指封地制度。 ⑤罢关一通:意为撤除关隘,一通天下,使道路畅通无阻。 ⑥禁游宦诸侯:意为禁止到诸侯国那里谋求官职。游宦,外出求官或做官。无得出马关:意为不准马匹出关。 ⑦岂:难道。得众:指得到的人才多。益:更加。 ⑧众车骑:指车马众多。 ⑨明为之法:意为明确设立法律禁令。 ⑩资:资助。 ⑪疏山东:意为分散山东各郡。 ⑫孽诸侯:意为使诸侯相互猜疑。孽,疑。 ⑬似一家:意为亲如一家。 ⑭其精于此矣:一说此处文字有误,"其"应作"莫"。 ⑮大理:大道,这里指地制。 ⑯数:屡次。起禁:制定禁令。 ⑰兼覆:广为覆盖,喻指天子恩泽广施,无所不至。 ⑱便:适宜。

天子都长安①,而以淮南东南边为奉地②,弥道数千③,不轻输致④,郡或乃越诸侯而有免侯之地⑤,于远方调均发征⑥,又且必同。大国包小国为境⑦,小国阔大国而为都⑧,小大驳跞⑨,远近无衰⑩。天子诸侯封畔之无经也⑪,至无状也⑫。以藩国资强敌⑬,以列侯饵篡夫⑭,至不得也⑮。陛下奈何久不正此?

[注释] ①都:建都。 ②淮南:指今安徽省淮河以南的区域。奉地:向天子直接交纳贡赋的地区。 ③弥:远。 ④不轻输致:意为很难将物品运送到朝廷。输,缴纳。 ⑤乃:竟然。越:跨越。免侯之地:指远方不及管辖之地。 ⑥调均发征:指调节、征收各种赋税。 ⑦境:国境。 ⑧阔:应作"廓",边际,意为小国紧挨着大国,国土相互错杂。 ⑨驳跞:交错。 ⑩衰:差别。 ⑪封畔:疆界。经:原则,标准。 ⑫无状:不成样子。 ⑬藩国:王

朝的属国、诸侯国。　⑭饵：引诱。篡夫：篡夺君权的人。　⑮不得：不当。

属　远（事势）

古者天子地方千里，中之而为都①，输将繇使②，其远者不在五百里而至③；公侯地百里，中之而为都，输将繇使，远者不在五十里而至。输将者不苦其繇④，繇使者不伤其费⑤。故远方人安其居，士民皆有欢乐其土，此天下之所能长久也。

[注释]　①中之而为都：意为在其中央建都。　②输将：运送贡赋。繇使：征调徭役。　③在：一说应作"出"，下同。　④繇：同"徭"，徭役；一说应作"劳"，劳苦。　⑤伤：损伤，这里指耗费。费：钱财。

及秦而不然，秦不能分尺寸之地，欲尽自有之耳①。输将起海上而来②，一钱之贱耳③，十钱之费④，弗轻能致也⑤。上之所得者甚少，而民毒苦之甚深⑥，故陈胜一动而天下不振⑦。

[注释]　①有：占有。　②海：指四海偏远之地。　③一钱之贱耳：意为价值一个钱那么少的贡赋。一说"贱"应作"赋"。　④十钱之费：意为要花费十个钱的费用。　⑤轻：轻易。致：到达。　⑥毒苦：怨恨。　⑦振：挽救。

今汉越两诸侯之中分①，而乃以庐江之为奉地②，虽秦之远边过此不远矣。令此不输将不奉主③，非奉地义也④，尚安用此而久县其心哉⑤！若令此如奉地之义，是复秦之迹也，窃以为不便。夫淮南瘠民贫乡也⑥，繇使长安者⑦，自悉以补⑧，行中道而衣⑨，行胜已羸弊矣⑩，强提荷弊衣而至⑪。虑非假货,自诸非有以所闻也⑫。履蹻不数易⑬,不足以至,钱用之费称此⑭,苦甚。窃以所闻县令丞相归休者⑮,虑非甚强也,不见得从者。夫行数千里,绝诸侯之地而县属汉⑯,其势终不可久。汉往者⑰,家号泣而送之;其来繇使者,家号泣而遣之⑱,俱不相欲也。其苦属汉而欲王⑲,类至甚也⑳。逋逃而归诸侯者㉑,类不少矣。陛下不如蚤定㉒,毋以资奸人㉓。

[注释] ①越:越过。两诸侯:指梁和淮阳两个诸侯国。中分:中间。 ②庐江:郡名,在今安徽省合肥市庐江县一带。奉地:向天子直接交纳贡赋的地区。 ③令:假如。不奉主:指不向朝廷进献贡赋。 ④非奉地义:意为没有尽到奉地交纳贡赋的义务。 ⑤县:同"悬",系挂。 ⑥淮南:指今安徽省淮河以南的区域。羸:羸弱。 ⑦繇使长安者:到长安服劳役的人。 ⑧自悉以补:意为倾家荡产以补贴路费。 ⑨行中道而衣:此处文字有脱,应作"行中道而衣弊",意思是说,走到半路,衣服已经破破烂烂了。 ⑩行胜已羸弊矣:此处文字有误,应作"行腾已羸弊矣",意为行囊已经残破不堪了。行腾,行囊。羸弊,残破。 ⑪荷:扛,担。 ⑫虑非假货,自诸非有以所闻也:此处文字有误,应作"虑非假货自诣,非有也",意思是说,大概除了借贷到达,没有别的办法。诣,到达。假货,借贷。 ⑬蹻:通"屩",草鞋。数:多次。易:更换。 ⑭称此:与此相等。 ⑮归休:退职归家。 ⑯绝:越过。县属汉:远远地归属朝廷。县,同"悬",远。 ⑰汉往者:指朝廷派往庐江的人。 ⑱遣:送。 ⑲欲王:这里指想要朝廷在此地设立诸侯王。 ⑳类:大约。至甚:特别迫切。 ㉑逋逃:逃亡。 ㉒蚤:通"早"。 ㉓资:助。

亲疏危乱(事势)

陛下有所不为矣,臣将不敢不毕陈事制①。假设令天下如曩也②,淮阴侯尚王楚③,黥布王淮南④,彭越王梁⑤,

韩信王韩⑥,张敖王赵⑦,贯高为相⑧,卢绾王燕⑨,陈豨在代⑩,令六七诸公皆无恙⑪,案其国而居⑫,当是时,陛下即天子之位,试能自安乎哉？臣有以知陛下之不能也⑬。天下殽乱⑭,高皇帝与诸公并肩而起⑮,非有侧室之势以豫席之也⑯。诸公率幸者乃得为中涓⑰,其次仅得为舍人⑱。高皇帝南面称帝,诸公皆为臣,材之不逮至远也⑲。高皇帝五年即天子之位⑳,割膏腴之地以王有功之臣㉑,多者百余城,少者乃三四十县,德至渥也㉒。然其后十年之间,反者九起,几危天下者五六。陛下之与诸公也,非亲角材而臣之也㉓,又非身亲封王之也,自高皇帝不能以是一岁为安㉔,陛下独安能以是自安也？

[注释] ①事制:政事的准则。 ②曩:从前。 ③淮阴侯:韩信,西汉开国功臣,被封为楚王,后因被人告发谋反,贬为淮阴侯,汉高祖十一年(公元前196年),有人告发其勾结陈豨反叛,被吕后处死。王:称王。楚:汉初的封国,都城在今江苏省徐州市一带。 ④黥布:即秦末汉初名将英布,因秦时受黥刑,又称黥布。汉初被封为淮南王,汉高祖十一年(公元前196年),因谋反被杀。淮南:汉初的封国,都城在今安徽省六安市一带。 ⑤彭越:西汉开国功臣,汉初被封为梁王,汉高祖十一年(公元前196年),因有人告其谋反,被诛杀。梁:汉初的封国,在今河南省商丘市一带。 ⑥韩信:指韩王信,战国时韩国君主韩襄王的孙子,汉初被刘邦封为韩王,后来投降匈奴,与汉军作战时被杀。 ⑦张敖:西汉开国功臣张耳之子,汉高祖五年(公元前202年)嗣爵为赵王。赵:汉初的封国,都城在今河北省邯郸市一带。 ⑧贯高:赵王张敖的国相,汉高祖九年(公元前198年),因谋反被捕,自杀身亡。 ⑨卢绾:刘邦的同乡及好友,追随刘邦反秦,汉初被封为燕王,汉高祖十二年(公元前195年),勾结匈奴反叛,后逃亡匈奴。燕:汉初的封国,在今北京市附近。 ⑩陈豨:秦汉之际刘邦部将,汉初被封为阳夏侯,统率赵国、代国的边防精锐部队,汉高祖十年(公元前197年)反叛,自立为代王,兵败后身亡。 ⑪无

恙:平安,没有灾祸。 ⑫案:据,据守。 ⑬有以:有理由。 ⑭骰乱:混乱。 ⑮高皇帝:汉高祖刘邦。 ⑯侧室:指可依靠的宗族势力。豫席:预先有所凭借、依仗。 ⑰率:大抵。幸者:受宠信者。中涓:官名,君主亲近的侍从官。 ⑱舍人:官名,侍从之官。 ⑲逮:及。 ⑳五年:公元前206年刘邦攻占咸阳,五年后,即公元前202年的汉五年,消灭项羽,即皇帝位。 ㉑王:让……称王。 ㉒渥:深厚。 ㉓亲:亲身。角:较量。臣:使……臣服。 ㉔自:虽。

然尚有可诿者①,曰疏②。臣请试言其亲者,假令齐悼惠王王齐③,元王王楚④,中子王赵⑤,幽王王淮阳⑥,共王王梁⑦,灵王王燕⑧,厉王王淮南⑨,六七贵人皆无恙,各案其国而居,当是时,陛下即天子之位,能为治乎?臣又窃知陛下之不能也。诸侯王虽名为人臣,实皆布衣昆弟之心⑩,虑无不帝制而天子自为者⑪。擅爵人⑫,赦死罪,甚者或戴黄屋⑬,汉法非立,汉令非行也。虽离道如淮南王者⑭,令之安肯听,召之焉可致?幸而至,法安可得加⑮?动一亲戚,天下环视而起,天下安可得制也⑯?陛下之臣虽有悍如冯敬者⑰,适启其口⑱,匕首已陷于胸矣。陛下虽贤,谁与领诸侯⑲,此所谓亲也者,故疏必危,亲必乱。陛下之因今以为治安,奈何知其必且危乱也,然且吟齿休而坚控守之⑳,为何如制以缠相县㉑。臣能令知乱如今利百金□□□□□□

[注释] ①诿:推诿。 ②疏:疏远,指韩信等异姓诸侯王与皇室没有亲属关系。 ③齐悼惠王:刘肥,汉高祖刘邦之子,受封为齐王。 ④元王:即楚元王刘交,汉高祖刘邦之弟,受封为楚王。 ⑤中子:排行居中的儿子,指赵隐王刘如意,汉高祖刘邦之子,原封为代王,后改封赵王。 ⑥幽王:即赵

幽王刘友,汉高祖刘邦之子,原封为淮阳王,继刘如意之后改封赵王。 ⑦共王:即赵共王刘恢,汉高祖刘邦之子,原封为梁王,继刘友之后改封赵王。 ⑧灵王:即燕灵王刘建,汉高祖刘邦之子,受封为燕王。 ⑨厉王:即淮南厉王刘长,汉高祖刘邦之子,受封为淮南王。 ⑩布衣昆弟之心:意为怀着普通平民兄弟的心态,没有把自己当做臣子。 ⑪虑:大概。帝制:行天子的制度。天子自为:以天子自居。 ⑫擅:擅自。爵人:给人封爵位。 ⑬黄屋:帝王专用的黄缯车盖。 ⑭离道:指背离了君臣之道。 ⑮加:施加。 ⑯制:控制。 ⑰悍:勇。冯敬:汉文帝的御史大夫。 ⑱适:刚刚。 ⑲领:治理。 ⑳吟齿休:文意不明。一说通"噤齿介",强压愤怒,隐忍不发。此句及以下文字费解,疑有讹误。 ㉑缳:通"縻",牛缰绳。

忧　民(事势)

王者之法①,民三年耕而余一年之食,九年而余三年之食,三十岁而民有十年之蓄。故禹水九年②,汤旱七年③,甚也,野无青草,而民无饥色,道无乞人。岁复之后④,犹禁陈耕⑤。古之为天下,诚有具也⑥。王者之法,国无九年之蓄谓之不足,无六年之蓄谓之急,无三年之蓄曰国非国也。

[注释] ①王者:指古代的圣王。 ②禹:夏代的第一个君主。水:水涝。 ③汤:商汤,商朝的建立者。 ④岁复:指年景转好。 ⑤陈耕:耕种该休耕的土地。 ⑥具:方略。

今汉兴三十年矣,而天下愈屈①,食至寡也②,陛下不省邪③?未获耳④,富人不贷,贫民且饥;天时不收⑤,请卖爵鬻子⑥,既或闻耳⑦。曩顷不雨⑧,令人寒心。一雨尔,虑若更生⑨。天下无蓄若此,甚极也⑩。其在王法谓之何⑪？必须困至乃虑⑫，穷至乃图⑬，不亦晚乎？窃伏念之⑭，愈使人悲。

[注释] ①屈：穷困。 ②至：极。寡：少。 ③省：省察。 ④未获耳：指年成歉收。 ⑤不收：没有收成。 ⑥鬻：卖。 ⑦既或闻耳：意为皇上您对此或者已有耳闻。 ⑧曩：之前。顷：不久。 ⑨虑若更生：意为就像获得了新生。 ⑩亟：通"亟"，急迫。 ⑪其在王法谓之何：意思是说，这在古代的王者之法中称作什么。 ⑫困：困顿。至：极点。虑：考虑，谋划。 ⑬穷：窘困。图：筹划，设法对付。 ⑭窃：谦称，指自己。伏念：念及，想到。

然则，所谓国无人者何谓也①？有天下而欲其安者，岂不在于陛下者哉？上弗自忧②，将以谁偷③？五岁小康④，十岁一凶⑤，三十岁而一大康，盖曰大数也⑥。自人人相食，至于今若干年矣，即不幸有方二三千里之旱⑦，天下何以相救？卒然边境有数十万众聚⑧，天下将何以馈之矣⑨？兵旱相承⑩，民填沟壑⑪，剽盗攻击者兴继而起⑫，中国失救⑬，外敌必骇⑭，一日而及⑮，此之必然。且用事之人未必此省⑯，为人上弗自省忧，魄然事困⑰，乃惊而督下曰："此天也，可奈何？"事既无如⑱，忧之何及？方今始秋，时可善为⑲，陛下少闲⑳，可使臣谊从丞相、御史计之㉑。臣义诏所自用秩二千石上虽幸使义计勿厚疏殆无伤也有时矣㉒。

[注释] ①国无人：指国家没有人才。何谓：是什么意思。 ②上：皇上。忧：指忧虑国事。 ③偷：苟且偷安。 ④康：饥荒。 ⑤凶：灾荒。 ⑥盖：大概。大数：自然规律。 ⑦即：倘若。 ⑧卒然：突然。 ⑨馈：供应粮饷。 ⑩兵：战争。承：接。 ⑪民填沟壑：意为死亡民众的尸体填满了山沟水渠。 ⑫剽：抢劫。 ⑬救：救助。 ⑭骇：兴起。 ⑮一日而及：意为

一旦这一天到来。 ⑯用事之人:指主政的大臣。此省:对此有所察觉。
⑰魄然:突然。魄,通"迫"。 ⑱无如:无奈。 ⑲时可善为:意为时间上还来得及好好做事。 ⑳少闲:稍稍过些时候。 ㉑丞相:官名,辅佐君主的最高行政长官。御史:官名,西汉时与丞相、太尉合称三公,为丞相的副职。
㉒臣义诏所自用秩二千石上虽幸使义计勿厚疏殆无伤也有时矣:语义不明,应有错讹。

解　县（事势）

天下之势方倒县①,窃愿陛下省之也②。凡天子者,天下之首也,何也？上也。蛮夷者,天下之足也,何也？下也。蛮夷征令③,是主上之操也④；天子共贡⑤,是臣下之礼也。足反居上,首顾居下⑥,是倒县之势也。天下倒县,莫之能解⑦,犹为国有人乎？非特倒县而已也⑧,又虑蹙⑨,且病痱⑩。夫蹙者一面病,痱者一方痛。今西为上流⑪,东为下流⑫,故陇西为上⑬,东海为下⑭,则北境一倒也⑮,西郡、北郡⑯,虽有长爵不轻得复⑰,五尺以上不轻得息⑱,苦甚矣！中地左戍⑲,延行数千里⑳,粮食馈饷至难也㉑。斥候者望烽燧而不敢卧㉒,将吏戍者或介胄而睡㉓,而匈奴欺侮侵掠,未知息时。于焉信威广德难㉔。臣故曰:"一方病矣。"医能治之,而上弗肯使也。天下倒县甚苦矣,窃为陛下惜之。

［注释］ ①方:如同。县:同"悬",悬挂。 ②省:省察。 ③征令:发号施令。 ④操:操持,指权柄。 ⑤共贡:奉献贡品。共,通"供"。 ⑥顾:反而。 ⑦解:解除。 ⑧非特:不仅,不止。 ⑨虑:好像。蹙:跛脚。 ⑩痱:偏瘫。 ⑪上流:上游。 ⑫下流:下游。 ⑬陇西:郡名,在今甘肃省

定西市临洮县一带。　⑭东海：郡名，在今山东省临沂市郯城县一带。　⑮则：若。　⑯西郡：指西部的郡县。北郡：指北部的郡县。　⑰长爵：高的爵位。轻：轻易。复：免除徭役赋税。　⑱五尺：指未成年的儿童。息：休息。　⑲中地：内地。左戍：戍边。　⑳延：连续。　㉑馈饷：运送粮饷。至：极。　㉒斥候：侦查，守望。烽燧：即烽火，古代边防报警的两种信号，白天放烟叫"烽"，夜间举火叫"燧"。　㉓介胄：披戴盔甲。　㉔于焉：于此。信威广德：施展威势，广布恩德。信，通"伸"，伸张。

　　进谏者类以为是困不可解也①，无具甚矣②。陛下肯幸听臣之计，请陛下举中国之祸而从之匈奴③，中国乘其威而富强，匈奴伏其辜而残亡④，系单于之颈而制其命⑤，伏中行说而笞其背⑥，举匈奴之众唯上之令⑦。杀之乎，生之乎，次也。陛下威惮大信，德义广远，据天下而必固，称高号诚所诚宜⑧，俛视中国⑨，仰望四夷⑩，莫不如志矣⑪。然后退斋三日，以报高庙⑫，令天下无愚智男女⑬，皆曰："皇帝果大圣也。"胡忍以陛下之明，承天下之资⑭，而久为戎人欺傲若此⑮，可谓国无人矣。

　　[注释]　①类：大多。　②具：办法。　③从：同"纵"，放，这里指转嫁。　④辜：罪。　⑤单于：匈奴首领的称号。　⑥中行说：汉文帝时的宦官，姓中行，名说，奉命护送公主前往匈奴和亲，后投降匈奴。笞：抽打。　⑦唯上之令：意为唯皇帝之命是从。　⑧高号：尊贵的名号，指帝号。　⑨俛：通"俯"，低头。　⑩仰望四夷：此处文字有误，应作"远望四夷"。　⑪如志：如愿。志，意愿。　⑫高庙：宗庙。　⑬无：无论。　⑭承：承受。资：资财。　⑮戎人：匈奴。欺傲：欺侮轻慢。

威　不　信（事势）

　　古之正义①，东西南北，苟舟车之所达，人迹之所至，莫不率服②,而后云天子;德厚焉,泽湛焉③,而后称帝;又加美焉④,而后称皇。今称号甚美,而实不出长城⑤,彼非特不服也⑥,又不大敬。边长不宁⑦,中长不静⑧,譬如伏虎,见便必动⑨,将何时已⑩?昔高帝起布衣而服九州⑪,今陛下杖九州而不行于匈奴⑫,窃为陛下不足。且事势有甚逆者焉,其义尤要。

[注释] ①正义:正道。 ②率服:顺服。 ③湛:深厚。 ④美:指美名。 ⑤实不出长城:意为君主的威势到不了长城以外的匈奴地区。 ⑥非特:非但。 ⑦边:指边境。 ⑧中:指中土,内地。 ⑨便:对自己有利的机会。 ⑩已:停止。 ⑪高帝:汉高祖刘邦。布衣:平民。九州:泛指中国。 ⑫杖:执掌。不行:指政令不行。

天子者,天下之首也,何也?上也。蛮夷者,天下之足也,何也?下也。蛮夷征令①,是主上之操也;天子共贡,是臣下之礼也。足反居上,首顾居下,是倒植之势也。天下之势倒植矣,莫之能理②,犹为国有人乎?德可远施,威可远加,舟车所至,可使如志。而特扣然数百里③,而威令不信④,可为流涕者此也。

[注释] ①征令:发号施令。 ②理:治理。 ③特:只,仅仅。扣然:形容很小的样子。 ④信:通"伸",伸张。

卷第四

匈　奴（事势）

　　窃料匈奴控弦大率六万骑①，五口而出介卒一人②，五六三十，此即户口三十万耳，未及汉千石大县也③。而敢岁言侵盗，屡欲亢礼④，妨害帝义，甚非道也。陛下何不使能者一试理此，将为陛下以耀蝉之术振之⑤。为此立一官，置一吏，以主匈奴⑥。诚能此者，虽以千石居之可也⑦。陛下肯听其事，计设令中国日治，匈奴日危。大国大富，匈奴适亡⑧。吒犬马行⑨，理势然也。将必以匈奴之众，为汉臣民，制之令千家而为一国⑩，列处之塞外⑪，自陇西延至辽东⑫，各有分地以卫边，使备月氏、灌窳之变⑬，皆属之置郡。然后罢戎休边⑭，民天下之兵⑮。帝之威德，内行外信⑯，四荒悦服⑰，则愚臣之志快矣。不然，帝威不遂，心与嘿嘿⑱。窃闻匈奴当今遂羸⑲，此其示武昧利之时也⑳，而建隆义渠、东胡诸国㉑，又颇来降。以臣之愚，匈奴且动㉒，疑将一材而出奇㉓，厚赘以责汉㉔，不大兴不已㉕。旁午走急数十万之众㉖，积于北方，天下安得食而馈之㉗？临事而重困，则难为工矣㉘，陛下何不蚤图㉙？

[注释] ①控弦：拉弓，借指士兵。大率：大约。 ②介卒：甲兵。介，披甲的武士。 ③千石大县：指县令俸禄为千石的大县。 ④亢：抗。 ⑤耀蝉：夜晚以火光引诱蝉的一种捕蝉方法。振：救治。 ⑥主：掌管。 ⑦千石：指一千石俸禄的职位。 ⑧适：至，走向。 ⑨叱犬马行：意为像呵斥犬马那样驱使匈奴。叱，吆喝。 ⑩制之令千家而为一国：意思是说，下令规定每千家为一个小国。 ⑪列：同"裂"，分割开。 ⑫陇西：郡名，在今甘肃省定西市临洮县一带。辽东：郡名，在今辽宁省辽阳市一带。 ⑬备：防备。月氏：古族名，游牧于伊犁河、祁连山一带。灌窳：未详。一说"灌窳"应作"浑窳"，古国名，在今内蒙古自治区杭锦后旗一带。变：叛乱。 ⑭罢戎休边：停止战争，休养边境。 ⑮民：使……做平民百姓。 ⑯信：通"伸"，伸张。 ⑰四荒：指四方边远之国。 ⑱嘿嘿：形容沉默抑郁的样子。 ⑲羸：弱。 ⑳示武：显示武力。昧利：贪图利益。 ㉑建隆：未详。一说"建"为衍文，当删；隆，通"降"。义渠：古族名，活动于今甘肃省庆阳市一带。东胡：古族名，因居匈奴（胡）以东而得名。 ㉒且：将。 ㉓疑将一材而出奇：意为估计会派遣有才能的将领出奇兵。 ㉔厚赟：丰厚的礼物，这里指索求厚礼。赟，礼物。责：求。 ㉕兴：成功。已：停止。 ㉖旁午：纷繁交错的样子。 ㉗馈：供应粮饷。 ㉘工：成效。 ㉙蚤：通"早"。

建图者曰①："匈奴不敬，辞言不顺，负其众庶②，时为寇盗，挠边境③，扰中国，数行不义，为我狡猾④，为此奈何？"对曰："臣闻伯国战智⑤，王者战义，帝者战德。故汤祝网而汉阴降⑥，舜舞干羽而三苗服⑦。今汉帝中国也⑧，宜以厚德怀服四夷⑨，举明义，博示远方，则舟车之所至，人迹之所及，莫不为畜⑩，又且孰敢忿然不承帝意⑪?

[注释] ①建图者：指为皇帝出谋划策的人。 ②负：依仗。众庶：民众。 ③挠：扰乱。 ④为我狡猾：意为对人诡诈。 ⑤伯国战智：意为强大的国家靠智谋作战。伯，通"霸"。 ⑥汤祝网：即"成汤祝网"的故事。据《史记·殷本纪》，商汤外出游猎，看见有狩猎的人四面张着罗网，祷告天上地下、四方的禽兽都进入他的网内。商汤把罗网撤去三面，并祷告说："想往左的往左边走，想往右的往右边逃。不听命令的，就往我的网里钻吧。"汤，即商朝的建立者商汤。汉阴：汉水以南，这里指汉水以南的国家。 ⑦舜舞干羽而三苗服：即"舜舞干戚"的故事。据《韩非子·五蠹》，虽然南方有苗氏部落不臣服，但舜不以武力征伐，而是实行德教，停止了战争，自己拿着盾牌和箭羽跳跃舞蹈。有苗氏听说舜的德政，便顺服了。舜，传说中的古代帝王。干羽，盾牌和箭羽，均为舞具，文舞执羽，武舞执干。三苗，古族名，活动于长江中游南部。 ⑧帝：称帝。 ⑨四夷：古代华夏族对四方少数民族的统称。 ⑩畜：畜养，这里指臣服。 ⑪忿然：纷乱的样子。忿，同"纷"。

臣为陛下建三表①，设五饵②，以此与单于争其民③，则下匈奴犹振槁也④。夫无道之人，何宜敢捍此其久⑤？陛下肯幸用臣之计，臣且以事势谕天子之信⑥，使匈奴大众之信陛下也。为通言耳⑦，必行而弗易⑧，梦中许人⑨，觉且不背⑩，其信陛下已诺，若日出之灼灼⑪。故闻君一言，虽有微远⑫，其志不疑⑬；仇雠之人⑭，其心不殆⑮，若此则信谕矣。所孤莫不行矣⑯，一表。臣又且以事势谕陛下之爱，令匈奴之自视也，苟胡面而戎状者⑰，其自以为见爱于天子也，犹若子之遭慈母也⑱。若此，则爱谕矣，一表。臣又且谕陛下之好⑲，令胡人之自视也，苟其技之所长与其所工⑳，一可当天子之意㉑。若此则好谕矣，一表。

爱人之状,好人之技,仁道也;信为大操㉒,帝义也。爱好有实㉓,已诺可期㉔,十死一生,彼必将至。此谓三表。

[注释] ①三表:三种表识,详见下文。 ②五饵:五种诱饵,详见下文。 ③单于:匈奴首领的称号。 ④下:战胜。振槁:摇落枯叶,比喻事情极易成功。 ⑤捍:同"悍",强悍。 ⑥谕:使人知晓。 ⑦通言:常言。 ⑧易:改变。 ⑨许:应允。 ⑩觉:睡醒。背:违背。 ⑪灼灼:明亮耀眼貌。 ⑫微远:指卑微、关系疏远的人。 ⑬其志不疑:意为心中也没有怀疑。 ⑭雠:仇。 ⑮殆:不安。 ⑯孤:通"顾",顾念。 ⑰胡面而戎状:指胡人的面貌和样子。 ⑱遭:遇到。 ⑲好:喜好。 ⑳工:擅长。 ㉑一:一律。当:符合。 ㉒大操:最高的操守。 ㉓实:符合客观情况。 ㉔已诺可期:意为已经答应的事如期兑现。

凡赏于国,此不可以均①。赏均则国㪍②,而赏薄不足以动人。故善赏者,踔之③,驳轹之④,从而时厚之⑤。令视之足见也,诵之足语也⑥,乃可倾一国之心。陛下幸听臣之计,则国有余财。匈奴之来者⑦,家长已上固必衣绣⑧,家少者必衣文锦,将为银车五乘⑨,大雕画之⑩,驾四马,载绿盖,从数骑,御骖乘⑪,且虽单于之出入也,不轻都此矣⑫。令匈奴降者,时时得此而赐之耳。一国闻之者、见之者,希心而相告⑬,人人冀幸⑭,以为吾至亦可以得此,将以坏其目⑮,一饵。匈奴之使至者⑯,若大人降者也⑰,大众之所聚也⑱,上必有所召,赐食焉。饭物故四五盛⑲,美嶽腒炙⑳,肉具醯醢㉑,方数尺于前,令一人坐此,胡人欲观者,固百数在旁。得赐者之喜也,且笑且饭,味皆所嗜而所未尝得也㉒。令来者时时得此而飨之耳。一国闻之者、见之者,垂涎而相告,人惊憚其所自㉓,以吾至亦将得此，将以坏其口，一饵。降者之杰也㉔，若使者至也，上必使人有所召客焉。令得召其知识㉕，胡人之欲观者勿禁。令妇人傅白墨黑㉖，绣衣而侍其堂者二十三十人㉗，或薄或撛㉘，为其胡戏以相饭㉙。上使乐府幸假之倡乐㉚，吹箫鼓韶㉛，倒絜面者更进㉜，舞者蹈者时作，少间击鼓舞其偶人。莫时乃为戎乐㉝，携手胥强上客之后㉞，妇人先后扶侍之者固十余人，令使者、降者时或得此而乐之耳。一国闻之者、见之者，希盱相告㉟，人人伋伋唯恐其后来至也，将以此坏其耳，一饵。凡降者，陛下之所召幸，若所以约致也㊱。陛下必有时有所官㊲，必令此有高堂邃宇㊳，善厨处㊴，大囷京㊵，厩有编马㊶，库有阵车㊷，奴婢、诸婴儿、畜生具㊸。令此时大具召胡客㊹，飨胡使，上幸令官助之具㊺，假之乐㊻。令此其居处乐虞、囷京之畜㊼，畜皆过其故王㊽，虑出其单于或㊾，时时赐此而为家耳㊿。匈奴一国倾心而冀，人人伋伋惟恐其后来至也，将以此坏其腹，一饵。于来降者，上必时时而有所召幸，拊循而后得入官㉛。夫胡大人难亲也㉜，若上于故婴儿召贵人子好可爱者㉝，上必召幸大数十人㉞，为此绣衣好阕㉟，且出则从，居则更侍。上即飨胡人也，大觳抵也㊱，客胡使也，力士、武士固近侍傍，胡婴儿得近侍侧，故贵人更进得佐酒前㊲，上乃幸自御此薄㊳，使付酒钱㊴，时人偶之㊵。为间则出绣衣㊶，具带服宾馀㊷，时以赐之。上即幸拊胡婴儿㊸，捣迢之㊹，戏弄之，乃授炙幸自啗之㊺，出好衣㊻，闲且自为赣之㊼。上起，胡婴儿或前或后，胡贵人既得奉酒，出则服衣佩绶㊽，贵人而立于前，令数人得此而居耳。一国闻者、见者，希盱而欲，人人伋伋惟恐其后来至也。将以此坏其心，一饵。故牵其耳、牵其目、牵其口、牵其腹，四者已牵，又引其心，安得不来，下胡抑抎也⑩。此谓五饵。

[注释] ①此：则，就。均：均匀，此处意为普遍。 ②窾：空虚。③踔：践踏。 ④驳轹：车轮交错碾过，比喻欺辱践踏。 ⑤从而时厚之：意为然后再时而重赏。 ⑥诵：述说。 ⑦来者：指前来投降的人。 ⑧家长：匈奴的基层长官。胡制，每十家设十家长，五十家设五十家长。此处的"家长"应指五十家长，下文的"家少者"应指十家长。已：通"以"。固必：一定。衣绣：使其穿彩绣的丝绸衣服。 ⑨银车：有银饰的车。 ⑩大：大肆。雕画：刻镂绘画。 ⑪御：使用。骖乘：陪乘的人，由武士充任，负责警卫。⑫不轻都此矣：意为不能轻易达到如此华美的程度。都，盛，华美。 ⑬希心：向慕。 ⑭冀幸：希望获得宠幸。 ⑮将以坏其目：此处文字有误，"坏"应作"怀"，意为用这些来吸引他们的眼球。下文"坏其口"等与此相同。⑯使：使者。 ⑰若：及。大人：指在高位者。 ⑱大众之所聚也：意为大批人聚众而来。 ⑲饭物故四五盛：意为饭食要盛四五种。 ⑳胾：大块的肉。膢炙：成块的烤肉。㉑醯：醋。醢：肉酱。 ㉒嗜：喜欢。未尝：未曾。㉓人倷憚其所自：意为人们都贪图这些美味。倷憚，贪图。 ㉔降者之杰：指投降者中的杰出人物。 ㉕召：邀请。知识：认识的人，朋友。 ㉖傅白墨黑：扑粉描眉。 ㉗绣衣：穿着绣花衣。侍：服侍。 ㉘薄：通"博"，搏击。挤：通"掩"，掩袭。 ㉙胡戏：胡人的歌舞、杂技。相饭：为吃饭助兴。 ㉚乐府：主管音乐的官署。假：给予，此处意为出演。倡乐：倡优的歌舞杂戏表演。㉛鞀：同"鼗"，乐器名，两旁缀小耳的有柄小鼓，犹如现今的拨浪鼓。㉜倒絜：翻筋斗的。面者：戴面具的。更进：轮番上场。 ㉝莫：同"暮"，傍晚。戎乐：戎族的乐曲。 ㉞胥强：侍奉。上客：上宾。 ㉟希盱：喜悦的样子。 ㊱约致：邀约招致。 ㊲官：馆舍。 ㊳邃宇：深广的屋宇。 ㊴善厨处：好的厨房。 ㊵囷京：粮仓。 ㊶编马：编成队列的马匹。 ㊷阵车：战车。 ㊸诸婴儿：僮仆。具：齐备。 ㊹大具：大排筵宴。 ㊺助之具：资助

器具。　㊻假之乐：给予乐人。　㊼乐虞：欢乐。虞，通"娱"。畜：通"蓄"，储备。　㊽畜皆过其故王：此处文字有误，应作"皆过其故土"。过，超过。㊾虑出其单于或：意为想来或者也超过了单于。　㊿时时赐此而为家耳：意为常常有这种赏赐让他们以汉地为家。　㉛拊循：安抚。　㉜亲：亲近。㉝故婴儿：即胡婴儿，胡人的孩童。　㉞大数十人：好几十人。　㉟绣衣好阕：华美的彩绣衣裳。　㊱觳抵：即角抵，古代竞技游戏，类似柔道、摔跤。㊲故贵人：即胡贵人。佐酒：陪同饮宴。　㊳自御此薄：意为皇帝亲自主持竞技游戏。　㊴使付酒钱：意为让他们斟酒。钱，通"盏"，杯。　㊵时人偶之：意为间或表示亲近。　㊶为间：过一会儿。出：拿出。　㊷具：备办。带服：衣带。宾徐：辫发的金属饰物。　㊸拊：同"抚"，安抚。　㊹捣道：逗弄。㊺炙：烤肉。啗：吃。　㊻出好衣：意为拿出好衣服进行赏赐。　㊼贛：赏赐。　㊽绶：绶带。　㊾下胡抑抎也：意为制服匈奴像枯叶坠落一样容易。抑，压。抎，通"陨"，坠落。

若夫大变之应①，大约以权决塞②，因宜而行，不可豫形③。尊翁主④，重相室⑤，多其长吏⑥，众门大夫皆谋士也⑦，必足之财。且用吾人，且用其尊，观其限⑧，窥其谋，中外符节适繻拘也⑨。夫或人且安得久悍若此！故三表已谕，五饵既明，则匈奴之中乖而相疑矣⑩，使单于寝不聊寐⑪，饭失其口，裨剑挟弓⑫，而蹲穹庐之隅，左视右视，以为尽仇也。彼其群臣，虽欲毋走，若虎在后；众欲无来，恐或轩之⑬，此谓势然。其贵人之见单于，犹迕虎狼也⑭；其南面而归汉也，犹弱子之慕慈母也；其众人之见将吏，犹噩迕仇雠也⑮；南乡而欲走汉⑯，犹水流下也。将使单于无臣之使，无民之守，夫恶得不系颈稽颡⑰，请归陛下之义哉！此谓战德。彼匈奴见略⑱，且引众而远去，连比有数⑲。

[注释] ①若夫:至于。大变:重大事变。应:应对。 ②权:变通。决塞:排除障碍。 ③豫形:事先设定。 ④翁主:指嫁给匈奴的诸侯王之女。 ⑤相室:为王室管理内务的家臣。 ⑥长吏:辅佐之官。 ⑦众门:指各部门。 ⑧限:险阻,指险关要塞。 ⑨中外符节适缚拘也:意思是说,内部外部的情况相互对照,如符节一样相合。符节,一种传达命令、往来出入的信物,以金玉竹木等制成,上刻文字,分为两半,使用时以两半相合为验。缚拘,相互连接,成为一体。 ⑩中:内部。乖:分裂,相互背弃。 ⑪寝不聊寐:睡不着觉,形容心事重重。 ⑫裨:持。 ⑬恐或轩之:意为恐怕被被人抢了先。轩,先。 ⑭迋:遇见。 ⑮罝:不详的。 ⑯乡:通"向"。 ⑰稽颡:跪拜,以额触地,表示极度虔诚。颡,额头。 ⑱略:减少,这里指人口减少。 ⑲连比有数:意为接着也有应对的办法。连比,连接。

夫关市者①,固匈奴所犯滑而深求也②,愿上遣使厚与之和③,以不得已许之大市④。使者反⑤,因于要险之所,多为凿开,众而延之⑥,关吏卒使足以自守。大每一关⑦,屠沽者、卖饭食者、羹臛膹炙者⑧,每物各一二百人,则胡人著于长城下矣⑨。是王将强北之⑩,必攻其王矣。以匈奴之饥,饭羹啗膹炙⑪,啅渍多饮酒⑫,此则亡竭可立待也⑬。赐大而愈饥⑭,财尽而愈困,汉者所希心而慕也⑮。匈奴贵人,以其千人至者⑯,显其二三⑰;以其万人至者,显其十余人。夫显荣者,招民之机也⑱。故远期五岁⑲,近期三年之内,匈奴亡矣。此谓德胜。

[注释] ①关市:指边关的集市。 ②犯滑:作乱。滑,乱。求:谋取。 ③厚:优厚,这里指给予优厚的条件。和:即和市,汉朝与少数民族交易,以调剂有无。 ④许之大市:指允许匈奴人到大的关市进行交易。 ⑤反:同"返",返回。 ⑥众:聚众。延:吸引。 ⑦大:大凡。 ⑧屠沽者:屠夫和卖酒的人。羹臛膹炙者:泛指卖肉类食品的。臛,肉羹。 ⑨著:显露,此处意

为聚集。 ⑩强:强迫。北:此处意为北迁。 ⑪饭羹啗膹炙:意为大喝肉羹,大块吃肉。 ⑫嘿㴑多饮酒:意为大口喝酒。嘿,大口吞食的不雅样子。㴑,未详。 ⑬亡:指国家灭亡。竭:指财力衰竭。 ⑭赐大而愈饥:意为赏赐越多而愈感到饥饿。 ⑮汉者所希心而慕也:意为汉朝成为他们向往、思慕的地方。 ⑯以:率领。 ⑰显其二三:意为使其中的两三个人成为显贵。 ⑱机:机会。 ⑲远期五岁:意为远则五年。期,期限。

或曰:"建三表,明五饵,盛资翁主①,禽敌国而后止②,费至多也,恶得财用而足之?"对曰:"请无敢费御府铢金尺帛③,然而臣有余资。"问曰:"何以?"对曰:"国有二族④,方乱天下,甚于匈奴之为边患也。使上下踳逆⑤,天下窭贫,盗贼、罪人蓄积无已,此二族为祟也。上去二族⑥,弗使乱国,天下治富矣。臣赐二族⑦,使祟匈奴⑧,过足言者⑨。"或曰:"天子不怵,人民悉之⑩。"曰:"苟或非天子民,尚岂天子也⑪?《诗》曰:'普天之下,莫非王土;率土之滨,莫非王臣⑫。'王者,天子也。苟舟车之所至,人迹之所及,虽蛮貊戎狄⑬,孰非天子之所作也?而憯渠颇率天子之民⑭,以不听天子,则憯渠大罪也。今天子自为怀其民⑮,天子之理也,岂有怵人之民哉⑯。"

[注释] ①盛:多。资:资助。 ②禽:通"擒",捉拿。 ③御府:帝王的府库。铢金尺帛:一铢钱、一尺布,形容非常少。铢,古代重量单位,二十四铢为一两。 ④二族:指吴王濞和邓通两大巨富家族。 ⑤踳逆:抵触,违逆。 ⑥去:除掉。 ⑦赐:尽,此处意为用尽二族的钱财。 ⑧祟:制造灾祸。 ⑨过足言者:未详,大致是说,这样做就足够了。 ⑩天子不怵,人民悉之:此处文字有误,应作"天子下临,人民悉之",意为天子屈尊去安抚匈奴,人民就会担忧。悉,同"患"。 ⑪苟或非天子民,尚岂天子也:意思是说,如果有不属于天子的臣民,那天子还是天子吗。 ⑫普天之下,莫非王土;率土之

滨,莫非王臣:诗见《诗经·小雅·北山》,意为普天之下,皆为王土,四海之内,皆是王臣。 ⑬蛮貊戎狄:泛指四方落后部族。东方称夷,西方称戎,南方称蛮,北方称貊狄。 ⑭憺渠:未详,应指匈奴首领。 ⑮自为:自行。怀:安抚。 ⑯岂有伏人之民哉:此处文字有误,应作"岂有不临之民哉",意为哪里有不应安抚的民众呢。

势 卑(事势)

匈奴侵甚、侮甚,遇天子至不敬也①,为天下患,至无已也②。以汉而岁致金絮缯彩③,是入贡职于蛮夷也④,顾为戎人诸侯也⑤。势即卑辱,而祸且不息,长此何穷⑥!陛下胡忍以帝皇之号持居此宾⑦?

[注释] ①遇:对待。 ②无已:无休无止。 ③致:送给,给予。金絮缯彩:泛指金银丝绸。絮,棉布。缯,丝帛。彩,彩绸。 ④入:缴纳。贡职:贡赋,贡品。 ⑤顾:反而。 ⑥穷:穷尽。 ⑦陛下胡忍以帝皇之号持居此宾:意思是说,陛下怎能忍受持有皇帝的称号而屈居戎人的诸侯。宾,诸侯。

窃料匈奴之众不过汉一千石大县①,以天下之大而困于一县之正②,甚窃为执事羞之③。陛下有意,胡不使臣一试理此?夫胡人于古小诸侯之所铚权而服也④,奚宜敢悍若此⑤?以臣为属国之官⑥,以主匈奴⑦。因幸行臣之计,半岁之内,休屠饭失其口矣⑧;少假之间⑨,休屠系颈以草,膝行顿颡⑩,请归陛下之义。唯上财幸⑪。而后复罢履属国之官,臣赐归伏田庐⑫,不复污末廷⑬,则忠臣之志快矣。今不獦猛敌而獦田彘⑭,不搏反寇而搏蓄菟⑮,所獦得毋小⑯,所搏得毋不急乎?繁细是虞⑰,不图大患,非所以为安。

[注释] ①千石大县:指县令俸禄为千石的大县。 ②正:长官。一说"正"应作"小";一说应作"众"。 ③执事:主管其事的人。 ④夫胡人于古小诸侯之所铚权而服也:意思是说,古时的小诸侯国像用镰刀割稻穗那样就轻而易举的制服了匈奴人。铚,一种割稻穗的短镰刀。 ⑤悍:凶悍。 ⑥属国:附属国。 ⑦主:掌管。 ⑧休屠:匈奴王的称号。饭失其口:吃不下饭。 ⑨少假之间:意为稍微给予一些时间。 ⑩顿颡:跪拜,以额头触地,表示投降。颡,额头。 ⑪财:通"裁",裁决。 ⑫赐:此处意为请赐。归伏田庐:意为返乡种田。 ⑬末廷:谦辞,朝堂的末位。 ⑭獩:猎取。彘:猪。 ⑮搏:攻击。蓄菟:囿苑饲养的供射猎的兔子。 ⑯所獩得毋小:意为所猎取的太小了。得毋:何其,岂不。 ⑰繁细是虞:意为只谋虑细小的事情。虞,思虑。

淮　难（事势）

窃恐陛下接王淮南子①,曾不与如臣者孰计之也②。淮南王来入赴③。□□□□□□千乘之君,陛下为顿颡谢罪皇太后之前④,淮南王曾不谯让⑤,敷留之罪无加身者⑥。舍人横制等室之门⑦,陛下追而赦之⑧,吏曾不捕。王人于天子国横行不辜而无谴⑨,乃赐美人,多载黄金而归。侯邑之在其国者毕徙之他所⑩。陛下于淮南王不可谓薄矣。然而淮南王,天子之法咀蹂促而弗用也⑪,皇帝之令咀批倾而不行⑫,天下孰不知？天子选功臣有识者,以为之相吏⑬,王堇不踏蹴而逐耳⑭,无不称病而走者,天下孰弗知？日接持怨言以诽谤陛下之为⑮,皇太后之馈赐逆抑而不受⑯,天子使者奉诏而弗得见,僵卧以发诏书⑰,

天下孰不知？聚罪人奇狡少年⑱，通栈奇之徒⑲，启章之等而谋为东帝⑳，天下孰弗知？淮南王罪已明，陛下赦其死罪，解之严道以为之神㉑，其人自病死㉒，陛下何负？天下大指孰能以王之死为不当㉓？陛下无负也！

[注释] ①接：紧接着。王：封……为王。淮南子：淮南王之子。淮南王，即汉高祖刘邦少子、汉文帝刘恒的弟弟刘长，汉高祖十一年（公元前196年）被封为淮南王，都城在今安徽省六安市一带。　②曾：竟然。如臣者：像我这样的臣下。孰计：仔细谋划。　③入赴：指文帝三年（公元前177年）淮南王入朝觐见一事，"赴"字下有脱文。　④□□□□□□千乘之君，陛下为顿颡谢罪皇太后之前：意思是说，淮南王只是诸侯王，陛下却为他在皇太后面前磕头谢罪。此事指刘长为泄私愤击杀了辟阳侯审食其，汉文帝为其在薄太后面前求情。千乘之君，代指诸侯王。颡，额头。　⑤谯让：谴责，这里指受到谴责。　⑥敷留之罪：即稽留之罪，指刘长稽留京城，不回归自己的封国。　⑦舍人：官名，汉初王公贵人的门客及侍从。横制：横行。等室：一说应作"寺室"，即官府宫室。　⑧追：紧跟着。　⑨王人：指淮南王的人。辜：治罪。　⑩侯邑之在其国者：指侯爵的封邑错杂在淮南国内的。毕：都。徙：迁走。　⑪咄：则。蹂促：践踏。　⑫批倾：排斥。　⑬以为之相吏：意为让他们做淮南国的丞相和官吏。　⑭王堇不踏蹴而逐耳：意为淮南王仅仅是没有践踏、驱逐他们罢了。堇，通"仅"。踏蹴：践踏。　⑮接持：挟持。　⑯皇太后：指汉文帝之母薄太后。　⑰僵卧：横躺着。发：打开。　⑱聚：聚集。奇狡：奸诈狡猾。　⑲通：私下结交。栈奇：也称"柴奇"，汉初大将棘蒲侯柴武之子，参与淮南王刘长叛乱。　⑳启章：也称"开章"，淮南王刘长部下，参与刘长叛乱。谋为东帝：谋划在东面称帝。东帝，刘长的封地在长安的东方，故称"东帝"。　㉑严道：地名，在今四川省容县。神：通"申"，羁押、约束。　㉒自病死：自己抱病而死。　㉓大指：舆论指向。

如是，咄淮南王罪人之身也，淮南子罪人之子也。奉尊罪人之子①，适足以负谤于天下耳②，无解细于前事也③,且人不以肉为心则已,若以肉为心,人之心可知也。今淮南子少,壮闻父辱状④,是立咺焉泣洽衿⑤,卧咺泣交项⑥,肠至腰肘如缪维耳⑦,岂能须臾忘哉⑧?是而不如是⑨,非人也。陛下制天下之命,而淮南王至如此极,其子舍陛下而更安所归其怨尔⑩。特曰势未便⑪,事未发,舍乱而不敢言⑫。若诚其心,岂能忘陛下哉?白公胜所为父报仇者⑬,报大父与诸伯父、叔父也⑭。令尹子西、司马子綦皆亲群父也⑮,无不尽伤。昔者白公之为乱也,非欲取国代主也⑯,为发愤快志尔⑰,故欲皆首以冲仇人之匈⑱,固为要俱靡而已耳⑲,固非冀生也⑳。

[注释] ①奉尊:尊奉。 ②负谤:受到责备。 ③无解细于前事也:意为无法弥补此前发生的事情。细,轻微的过失。 ④壮:悲壮。 ⑤是立咺焉泣洽衿:意为站着则涕泪沾湿了衣襟。洽,沾湿。衿,衣襟。 ⑥卧咺泣交项:意为躺着则涕泪流过脖子。 ⑦肠至腰肘如缪维耳:意思是说,父子之间,如同肠子和腰腹缠绕连接在一起那样亲密。缪,缠绕。维,连接。 ⑧须臾:片刻。 ⑨是而不如是:意为如果不是这样。 ⑩其子舍陛下而更安所归其怨尔:意思是说,淮南王的儿子们,除了陛下,还能去怨恨谁。 ⑪特:只是。 ⑫舍:搁置。一说"舍"应作"含",意为怀着。 ⑬白公胜:春秋末期楚国人,楚平王的孙子,太子建的儿子。太子建与楚平王反目,被迫出逃后死在郑国。白公胜为父报仇,突袭杀死了伯父令尹子西、叔父司马子綦,劫持楚惠王,史称"白公之乱"。 ⑭大父:祖父。 ⑮令尹子西:春秋末期楚国人,楚平王之子,在楚国任令尹,掌管军政大权。司马子綦:春秋末期楚国人,楚平王之子,在楚国任司马。群父:指伯父、叔父等诸位父辈。 ⑯取国代主:指篡夺王权。 ⑰发:发泄。愤:愤恨。快志:快意志气。 ⑱欲皆首:未详,一说应作"欲揸首",意为想要迅捷的出手,揸首,快手;一说应作"挟匕首",意为拿着匕首。匈:同"胸",胸口。 ⑲俱靡:同归于尽。 ⑳冀:希望。

今淮南土虽小，黥布用之耳①，汉存特幸耳②。夫擅仇人足以危汉之资③，于策安便？虽割而为四，四子一心未异也。豫让为智伯报赵襄子④，五起而不取者⑤，无他，资力少也。子胥之报楚也⑥，有吴之众也。白公成乱也，有白公之众也。阖闾富故⑦，然使专诸刺吴王僚⑧；燕太子丹富故⑨，然使荆轲杀秦王政⑩。今陛下将尊不亿之人⑪，予之众⑫，积之财，此非有白公、子胥之报于广都之中者⑬，即疑有专诸、荆轲起两柱之间⑭，其策安便哉？此所谓假贼兵、为虎翼者也⑮。愿陛下留意计之。

[注释] ①黥布：即秦末汉初名将英布，因秦时受黥刑，又称黥布。汉初被封为淮南王，汉高祖十一年（公元前196年），因谋反被杀。用之耳：指黥布利用淮南国反叛。　②汉存特幸耳：意为汉室能够保存下来只是侥幸而已。　③夫擅仇人足以危汉之资：意思是说，让仇人占有足以危害汉室的资本。擅，占有。　④豫让：春秋末期晋国人，晋国六大世袭卿族之一中行氏家臣，后为智伯的家臣，智伯进攻赵襄子时被赵襄子所灭，豫让为了给智伯报仇行刺赵襄子，行刺失败后自杀。智伯：知襄子荀瑶，春秋末期晋国六大世袭卿族之一。报：报复。赵襄子：晋国六大世袭卿族中的赵氏宗主。　⑤五起：指五次行刺。起，采取行动。取：攻取。　⑥子胥：伍子胥，春秋时楚国大夫。伍子胥的父亲伍奢和兄长伍尚被楚平王杀害，伍子胥从楚国逃到吴国辅佐吴王阖闾，带领吴军攻入楚都，掘楚平王墓，鞭尸三百，为父兄报仇。　⑦阖闾：春秋时吴国国君，公元前514年至公元前496年在位。　⑧专诸：春秋时吴国人，受阖闾之命，将匕首藏在鱼腹中刺杀了吴王僚。吴王僚：春秋时吴国国君，公元前526年至公元前514年在位。　⑨燕太子丹：战国末年燕王喜的太子，派遣荆轲行刺秦王嬴政，行刺失败后，燕王喜杀掉太子丹，将其首级献给秦国。　⑩荆轲：战国时期卫国人，著名刺客，行刺秦王嬴政失败后被杀。秦王政：秦始皇嬴政，秦庄襄王之子，公元前247年被立为秦王，公元前221年完成兼并六国、统一天下的大业建立秦朝，自称始皇帝，公元前210年死于

东巡途中。　⑪亿:通"臆",预料。　⑫予之众:意为赐给他们民众。　⑬广都:大都邑。　⑭两柱之间:指大殿之上。　⑮假:借给。兵:军队。

无　蓄(事势)

禹有十年之蓄①,故免九年之水②;汤有十年之积③,故胜七岁之旱。夫蓄积者,天下之大命也④。苟粟多而财有余,何向而不济⑤?以攻则取,以守则固,以战则胜,怀柔附远,何招而不至?管子曰⑥:"仓廪实,知礼节;衣食足,知荣辱⑦。"民非足也,而可治之者,自古及今,未之尝闻。古人曰:"一夫不耕,或为之饥;一妇不织,或为之寒。"生之有时而用之无度⑧,则物力必屈⑨。古之为天下者至悉也⑩,故其蓄积足恃⑪。今背本而以末⑫,食者甚众,是天下大残;从生之害者甚盛⑬,是天下之大贼也⑭;汰流、淫佚、侈靡之俗日以长⑮,是天下之大祟也⑯。残贼公行,莫之或止;大命贬败⑰,莫之振救;何计者也,事情安所取⑱?生之者甚少而靡之者甚众⑲,天下之势,何以不危?汉之为汉几四十岁矣⑳,公私之积犹可哀痛也㉑。故失时不雨㉒,民且狼顾矣㉓;岁恶不入㉔,请卖爵鬻子㉕,既或闻耳矣㉖,安有为天下阽危若此而上不惊者㉗!

[注释]　①禹:夏代的第一个君主。　②免:免除。水:水灾。　③汤:商汤,商朝的建立者。　④命:命脉。　⑤何向:向何,做什么。济:成功。　⑥管子:管仲,春秋时齐国国相,辅佐齐桓公成就霸业。　⑦仓廪实,知礼节;衣食足,知荣辱:出自《管子·牧民》。仓廪,粮仓。实,充实。　⑧生之有时:意为从事生产受时节的限制。　⑨屈:匮乏。　⑩悉:了解。　⑪恃:依靠。　⑫背:背弃。本:根本,指农业。末:末业,指工商业。　⑬从生之害者甚

盛:意思是说,对危害农业生产的行为放纵得很厉害。从,通"纵",放纵。 ⑭贼:祸患。 ⑮汰流:骄纵。淫佚:恣意享乐。侈靡:浪费。 ⑯崇:祸害。 ⑰大命:指国家政权。贬:损,损毁。 ⑱何计者也,事情安所取:此九字为衍文,当删。 ⑲靡:消耗。 ⑳汉之为汉:意为汉朝建立。几:将近。 ㉑公私之积:国家和个人的积蓄。 ㉒失时不雨:意为不按时令下雨。 ㉓狼顾:像狼一样边走边回头看,形容行事有所顾虑,担心受害。 ㉔岁恶:年成不好。不入:交不上税。入,交纳。 ㉕请:请求。卖爵:出售爵位。鬻子:卖儿女。鬻,卖。 ㉖既或闻耳矣:意为已经听说了。 ㉗为:治理。阽危:临近危险,摇摇欲坠的样子。

世之有饥荒,天下之常也①,禹汤被之矣②。即不幸有方二三千里之旱③,国何以相恤④?卒然边境有急⑤,数十百万之众聚,国何以馈之矣⑥?兵旱相乘⑦,天下大屈,勇力者聚徒而横击⑧,罢夫羸老易子孙而齩其骨⑨。故法未必通也⑩,远方之疑者并举而争起矣⑪。为人上者乃试而图之⑫,岂将有及乎⑬?可以为富安天下,而直以为此廪廪也⑭,窃为陛下惜之。

[注释] ①常:规律。 ②被:遭遇。 ③即:假如。 ④恤:救济。 ⑤卒然:突然。 ⑥馈:供应粮饷。 ⑦兵:战争。乘:加。 ⑧横击:横行杀掠。 ⑨罢夫:体弱的人。罢,通"疲",疲弱。羸老:衰弱的老人。易:交换。齩:同"咬"。 ⑩故法未必通也:意为法令不一定通达全国各地。一说此处文字有误,应作"政法未毕通也",意为政令法纪还没有完全通达全国各地。 ⑪疑者:指对朝廷有二心的人。举:兴起。 ⑫乃:才。试:试图。 ⑬岂将有及乎:意为怎么还来得及呢。 ⑭直:竟然。廪廪:惊慌、危惧的样子。

王制曰①:"国无九年之蓄,谓之不足;无六年之蓄,谓之急;无三年之蓄,国非其国也。"其王制若此之迫也,陛下奈何不使吏计所以为此？可以流涕者又是也。

[注释] ①王制：王朝的制度。一说此段五十九字为衍文，当删。

铸　钱（事势）

乃者窃闻吏复铸钱者①，民人抵罪②，多者一县百数，少者十数。家属、知识及吏之所疑③，系囚、榜笞及犇走者④，类甚不少。仆未之得验⑤，然其刑必然⑥。抵祸罪者，固乃始耳。此无息时⑦，事甚不少，于上大不便，原陛下幸勿忽！

[注释] ①乃：始。一说此段八十一字为衍文，当删。　②抵罪：抵偿罪责，指因铸钱造假而犯罪，受到相应的处罚。　③知识：认识的人，朋友。　④系囚：在押的囚犯。榜笞：鞭笞拷打。犇走：逃跑。　⑤仆：谦称，臣下。验：验证。　⑥刑：通"形"，情形。　⑦息：停止。

法使天下公得顾租铸钱①，敢杂以铅铁为它巧者②，其罪黥③。然铸钱之情④，非淆铅铁及以杂铜也⑤，不可得赢⑥；而淆之甚微，又易为，无异盐羹之易，而其利甚厚。张法虽公铸铜锡⑦，而铸者情必奸伪也。名曰顾租公铸，法也，而实皆黥罪也。有法若此，上将何赖焉⑧？夫事有召祸而法有起奸⑨，今令细民操造币之势⑩，各隐亲其家而公铸作⑪，因欲禁其大利微奸⑫，虽黥罪日报⑬，其势不止，民理然也。夫白着以请之⑭，则吏随而揜之⑮，为民设阱⑯，孰积于是⑰？上弗蚤图之⑱，民势且尽矣⑲！曩禁铸钱⑳，死罪积下㉑；今公铸钱，黥罪积下。虽少异乎㉒，未甚也㉓。民方陷溺㉔,上且弗救乎?

[注释] ①法:法令,指汉文帝五年(公元前175年)颁布的《除盗铸钱令》,允许民众铸造钱币。公:公开。顾:同"雇",雇佣。租:租赁,这里指租赁铜。 ②它巧:指其他机巧欺诈的造假手段。 ③黥:刑罚名,在脸上刺字并涂墨。 ④情:实际情况。 ⑤淯:掺杂。 ⑥赢:获利。 ⑦张:张设,设置。 ⑧赖:依靠。 ⑨起:引发。奸:奸邪之事。 ⑩细民:小民,老百姓。操:掌握。势:权利。 ⑪隐亲:隐蔽。 ⑫大利微奸:意为为谋取丰厚的利润而使用机巧欺诈的造假手段。 ⑬报:批复,此处意为判决。 ⑭夫白着以请之:意为公告百姓,让他们铸造钱币。白着,显明。着,通"著"。请,告诉。 ⑮掩:同"掩",捉拿。 ⑯阱:陷阱。 ⑰孰积于是:意思是说,哪有比这个更厉害的呢。积,多。 ⑱图:考虑。 ⑲且:将。 ⑳曩:先前。 ㉑死罪积下:意为犯死罪的人很多,积聚在下面。 ㉒少异:稍有不同。 ㉓未甚:意为没什么大的差别。 ㉔陷溺:比喻深陷错误的泥淖,无法自拔。

且世民用钱,县异而郡不同;或用轻钱①,百加若干②,轻小异行③;或用重钱,平称不受④。法钱不立⑤,将使天下操权族⑥,而吏急而一之乎⑦,则吏烦苛而民弗任⑧,且力不能而势不可施;纵而弗苛乎⑨,则郡县异而肆不同⑩,小大异用,钱文大乱⑪。夫苟非其术⑫,则何向而可哉⑬?

[注释] ①轻钱:指重量低于法定标准的钱币。 ②百加若干:意思是说,由于轻钱分量不足,所以每一百枚还要另外加上若干枚,才能符合要求。 ③异行:意为轻钱的使用不一。 ④平称不受:意思是说,由于重钱分量重,想按照实际重量折算,又不被接受。 ⑤法钱:重量、材质等合乎法定标准的铸币。 ⑥操权族:即操于权族,意为被豪门大族操纵。 ⑦而吏急而一之乎:意为而由地方官吏统一钱币的使用。 ⑧任:承受。 ⑨纵:纵使。弗苛:指统一钱币使用的规定和办法不苛刻繁杂。 ⑩肆:市场。 ⑪钱文:

指钱币。　⑫夫苟非其术:指处理钱币混用的措施不得当。　⑬则何向而可哉:意为那么怎么办才好呢。

夫农事不为,而采铜日烦①,释其耒耨②,冶熔炉炭③。奸钱日繁④,正钱日亡。善人怵而为奸邪⑤,愿民陷而之刑僇⑥。黥罪繁积,吏民且日斗矣⑦。少益于今⑧,将甚不祥,奈何而忽⑨?国知患此,吏必议曰:"禁之。"不得其术,其伤必大,何以圉之⑩?令禁铸钱,钱必还重⑪,四钱之粟⑫,必还二钱耳⑬。重则盗铸钱如云而起⑭,则弃市之罪又不足以禁矣。奸不胜而法禁数溃⑮,难言已,大事也。久乱而弗蚤振⑯,恐不称陛下之明。凡治不得,应天地星辰有动⑰,非小故也。或累王德,陛下不可以息,方今始伏⑱,望可善图也。

[注释]　①烦:多。　②释:放下。耒耨:犁与锄,泛指农具。　③冶熔炉炭:指烧炭冶铜铸钱。　④奸钱:指掺了假,成色不足的钱币。　⑤怵:被引诱。　⑥愿民:朴实善良的人。之:往,走向。僇:同"戮",杀戮。　⑦吏民:官吏和百姓。且:将要。　⑧少益于今:意为现在稍有增加。　⑨忽:忽视。　⑩圉:通"御",抵挡、防御。　⑪钱必还重:意为钱币对应的币值必定提高。　⑫四钱之粟:指要花费四文钱的小米。粟,小米。　⑬必还二钱耳:意为一定降价到两文钱就能买到。　⑭重则盗铸钱如云而起:意思是说,钱币的币值升高,私自铸造钱币的情况又会风起云涌。　⑮法禁:刑法和禁令。溃:溃败。　⑯蚤:通"早",及早。　⑰应天地星辰有动:指发生地震以示警。　⑱方今始伏:意为现今地震只是刚刚开始。

卷第五

傅　职（连语）

或称《春秋》①，而为之耸善而抑恶②，以革劝其心③。教之《礼》④，使知上下之则宜⑤。或称《诗》⑥，而为之广道显德，以驯明其志。教之《乐》⑦，以疏其秽⑧，而填其浮气⑨。教之语⑩，使明于上世而知先王之务明德于民也⑪。教之故志⑫，使知废兴者，而戒惧焉。教之任术⑬，使能纪万官之职任⑭，而知治化之仪。教之训典⑮，使知族类疏戚⑯，而隐比驯焉⑰。此所谓学太子以圣人之德者也⑱。

[注释]　①或：有的人。称：说，讲述。《春秋》：史书名，儒家经典之一，相传为孔子根据鲁国的编年史修订而成，叙史多蕴含褒贬之意。　②耸：劝导，勉励。　③革劝：劝诫。　④《礼》：古书名，指《仪礼》，儒家经典之一，记录了古代的部分礼仪制度。　⑤则：原则。宜：通"仪"，标准。　⑥《诗》：即《诗经》，儒家经典之一，中国第一部诗歌总集。　⑦《乐》：即《乐经》，儒家经典之一，已失传。　⑧疏：荡涤，清除。　⑨填：同"镇"，压制。浮气：浮躁轻率之气。　⑩语：指古代的治世良言。　⑪务：致力于。明德：彰明德行。

⑫故志:古时记载兴衰成败的史书。 ⑬任术:用人之道。 ⑭纪:厘清,通晓。职任:指官员的职位和职责。 ⑮训典:先王的典制之书。 ⑯族类:指同族。疏戚:亲疏。 ⑰隐:揣度。比:和顺,亲近。驯:顺从。 ⑱学:教。

或明惠施以道之忠①,明长复以道之信②,明度量以道之义③,明等级以道之礼,明恭俭以道之孝,明敬戒以道之事④,明慈爱以道之仁,明俪雅以道之文⑤,明除害以道之武,明精直以道之伐⑥,明正德以道之赏⑦,明斋肃以道之敬⑧,此所谓教太子也。

[注释] ①惠施:布施,施恩。道:引导。 ②长复:日久仍不忘记履行诺言。 ③度量:法度。 ④敬戒:谨慎,警戒。事:做事。 ⑤俪雅:同"娴雅",文雅。 ⑥精直:思想周密、正直。伐:责罚。 ⑦正德:端正恩德。 ⑧斋肃:庄重敬慎。

左右前后,莫非贤人以辅相之①,揔威仪以先后之②,摄体貌以左右之③,制义行以宣翼之④,章恭敬以监行之⑤,勤劳以劝之,孝顺以内之⑥,敦笃以固之⑦,忠信以发之⑧,德言以扬之⑨。此所谓顺者也。

[注释] ①辅相:辅佐。 ②揔:同"总",整饬。威仪:仪容举止。先后:引导。 ③摄:收敛,整理。体貌:体态容貌。左右:护卫,扶持。 ④制:规定。义行:合乎道义的行为准则。宣翼:辅佐。 ⑤章:同"彰",彰明。监行:监督实行。 ⑥内:同"纳",接受,此处意为使之接受。 ⑦敦笃:敦厚纯朴。 ⑧发:激发。 ⑨德言:合乎仁德的言论。扬:激扬。

此傅人之道也①,非贤者不能行。

[注释] ①傅人之道:指辅佐、教导太子的准则和方法。

天子不谕于先圣人之德①，不知君国畜民之道②，不见礼义之正，不察应事之理③，不博古人之典传④，不俪于威仪之数⑤，《诗》、《书》、《礼》、《乐》无经⑥，天子学业之不法⑦，凡此其属，太师之任也⑧。古者齐太公职之⑨。

[注释] ①谕：知晓。 ②君国：治理国家。畜民：治理民众。 ③应事：处理世务，应对人事。 ④博：博览。典传：古代典籍。 ⑤俪：通"娴"，娴熟。数：规矩。 ⑥《书》：古书名，《尚书》的简称，儒家经典之一，上古时期以记言为主的皇室文献档案汇编。无经：不走正道。 ⑦不法：不合章法。 ⑧太师：官名，辅导太子之官，与太傅、太保合称"三公"。 ⑨齐太公：姜尚，周文王的老师，又称"师尚父"，受封于齐地。职：掌管。

天子不恩于亲戚①，不惠于庶民，无礼于大臣，不中于刑狱②，无经于百官，不哀于丧，不敬于祭，不直于戎事③，不信于诸侯④，不诚于赏罚⑤，不厚于德，不强于行⑥，赐予侈于左右近臣⑦，吝授于疏远卑贱⑧，不能惩忿忘欲⑨，大行、大礼、大义、大道，不从太师之教，凡此其属，太傅之任也⑩。古者鲁周公职之⑪。

[注释] ①恩：加恩。亲戚：指父母。 ②中：公平，恰当。刑狱：量刑断狱。 ③直：正当有理。戎事：战争。 ④信：守信用。 ⑤诚：讲诚信。 ⑥强：刚健有力。行：行事。 ⑦赐予：赏赐。侈：过多，过度。 ⑧吝：舍不得。疏远：关系疏远的人。卑贱：地位低下的人。 ⑨惩忿：克制愤怒。忘欲：舍弃欲望。 ⑩太傅：官名，辅佐天子治理天下，与太师、太保合称"三公"。 ⑪鲁周公：姬旦，周文王之子，周武王之弟。先辅助周武王灭商，后辅助周成王治国，受封于鲁地。

天子处位不端①，受业不敬，教诲讽诵《诗》、《书》、

《礼》《乐》之不经不法不古②,言语不序③,音声不中律,将学趋让④,进退即席不以礼⑤,登降揖让无容⑥,视瞻俯仰周旋无节⑦,咳唾数顾⑧,趋行不得⑨,色不比顺⑩,隐琴肆瑟⑪,凡此其属,太保之任也⑫。古者燕召公职之⑬。

[注释] ①处位:指坐姿。 ②讽诵:朗诵,背诵。不经不法不古:不符合经法、古制。 ③不序:没有条理。 ④趋让:指进退周旋的礼仪。 ⑤即席:入座。 ⑥登降:指登阶下阶进退揖让之礼。揖让:宾主相见的礼仪。无容:没有礼法。 ⑦视瞻:观看瞻望。周旋:指行礼时进退揖让的动作。无节:没有礼节。 ⑧咳唾:咳嗽吐唾液。数顾:频频回头看。 ⑨趋行:疾走。不得:不得当。 ⑩比顺:顺从。 ⑪隐琴肆瑟:放肆地倚坐在琴瑟旁。 ⑫太保:官名,辅佐天子治理天下,与太师、太傅合称"三公"。 ⑬燕召公:姬奭,周文王之子,曾辅佐周武王灭商,最初采邑在召,后被封于北燕。

天子燕业反其学①,左右之习诡其师②;答远方诸侯,遇贵大人,不知大雅之辞;答左右近臣,不知已诺之适③;俩问小诵之不博不习④,凡此其属,少师之任也⑤。古者史佚职之⑥。

[注释] ①燕业反其学:意为平时闲居时的业行与所学的正业相反。燕,同"宴",安闲。 ②左右之习诡其师:意为与左右的随从嬉耍轻慢而违背、欺瞒老师。习,狎、亲昵而不庄重。诡:违反。 ③不知已诺之适:意思是说,不知道是应允合适还是不应允合适。已,止。 ④俩问:同"简闻",从简册上学到的。小诵:小时候诵习的。习:熟悉。 ⑤少师:官名,与少傅、少保合称"三少",均为辅弼君主之官。 ⑥史佚:原名尹佚,西周初年史官。

天子居处,出入不以礼,衣服冠带不以制,御器在侧不以度①,杂彩从美不以彰德②,忿怒说喜不以义③,赋与噿让不以节④,小行、小礼、小义、小道,不从少师之教,凡此其属,少傅之任也⑤。

[注释] ①御器:使用的器具。度:制度。 ②杂彩:杂色丝织品,这里指对服饰的色彩选用。从:追求。 ③说:同"悦"。 ④赋与:奖赏。噿让:责备。噿,通"谯"。节:节度。 ⑤少傅:官名,与少师、少保合称"三少",均为辅弼君主之官。

天子居处燕私①,安而易②,乐而湛③,夜漏屏人而数④,饮酒而醉,食肉而饱,饱而强食,饥而馁⑤,暑而暍⑥,寒而懦⑦,寝而莫宥⑧,坐而莫恃⑨,行而莫先莫后,帝自为开户,自取玩好⑩,自执器皿,亟顾还面⑪,而器御之不举不臧⑫,折毁丧伤⑬,凡此其属,少保之任也⑭。

[注释] ①燕私:祭祀后的同族亲属私宴。 ②安:安逸。易:轻慢。 ③湛:享乐过度。 ④夜漏:夜间。漏,古代滴水计时的器具。屏:屏退。数:谈说。 ⑤馁:吃变质的食物。 ⑥暍:中暑。 ⑦懦:怯懦。 ⑧莫:没有人。宥:通"侑",陪侍。 ⑨恃:通"侍",侍奉。 ⑩玩好:供玩赏的奇珍异宝。 ⑪亟顾还面:频频回头看。亟,屡次。还,通"环",旋转。 ⑫举:记录。臧:同"藏",储放。 ⑬折:折断。丧:遗失。伤:损伤。 ⑭少保:官名,与少师、少傅合称"三少",均为辅弼君主之官。

干戚戈羽之舞①,管籥琴瑟之会②,号呼歌谣声音不中律,燕乐《雅》、《讼》逆乐序③,凡此其属,诏工之任也④。

[注释] ①干:兵器名,盾。戚:兵器名,斧。戈:兵器名,长柄横刃、可勾可击。羽:箭上的羽毛,借指箭。 ②管:乐器名,笙。籥:乐器名,箫。 ③燕乐:古乐名,为内廷之乐。《雅》:周代朝廷上的乐歌。《讼》:通"颂",周代祭祀时用的舞曲。逆:违反。乐序:音乐演奏的次序。 ④诏工:古代乐官之

长。

不知日月之不时节①,不知先王之讳与国之大忌②,不知风雨雷电之眚③,凡此其属,太史之任也④。

[注释] ①不时节:意为不合时节。 ②讳:名讳,死去的帝王或尊长的名字。忌:禁忌。 ③眚:灾。 ④太史:官名,掌管天时星历。

保 傅(连语)

殷为天子三十余世而周受之①,周为天子三十余世而秦受之②,秦为天子二世而亡③。人性非甚相远也,何殷周之君有道而长也,而秦无道之暴也④?其故可知也。

[注释] ①殷:朝代名,即商朝,商代后期盘庚迁都后称"殷"。三十余世:自商汤灭夏建立商朝至商纣王被周武王所灭,共传三十一王,历时约六百余年。周:朝代名,继商而起,分为"西周"与"东周"两个时期。 ②三十余世:自周武王灭商建立周朝至周赧王被秦所灭,共传三十七王,历时约八百年。秦:朝代名,是由战国后期的秦国发展起来的统一大帝国。 ③二世而亡:秦始皇统一六国建立秦朝,传至秦二世而亡,只有十五年国祚。 ④暴:强大而短促。

古之王者,太子初生,固举以礼①,使士负之②,有司斋肃端冕③,见之南郊④,见于天也。过阙则下⑤,过庙则趋⑥,孝子之道也。故自为赤子而教固以行矣⑦。昔者周成王幼在襁褓之中⑧,召公为太保⑨,周公为太傅⑩,太公为太师⑪。保,保其身体;傅,傅之德义;师,道之教训:三公之职也。于是为置三少⑫,皆上大夫也⑬,曰少保、少傅、少师⑭,是与太子燕者也⑮。故嘎⑯,三公三少固明孝仁礼义,以道习之⑰,逐去邪人,不使见恶行。于是皆选天下之端士、孝悌博闻有道术者⑱,以卫翼之⑲,使与太子居处出入。故太子初生而见正事,闻正言,行正道,左右前后皆正人也。习与正人居之,不能无正也,犹生长于楚,不能不楚言也。故择其所嗜⑳,必先受业,乃得尝之㉑;择其所乐,必先有习,乃能为之。孔子曰:"少成若天性,习贯若自然㉒。"是殷周之所以长有道也。

[注释] ①固:一定。礼:指太子的出生礼。 ②士:士人。负:背。 ③有司:官吏,古代官吏各有专司,故称"有司"。斋肃:斋戒。端冕:玄衣和大冠,均为帝王、贵族的礼服,此处意为穿礼服、戴礼帽。 ④见之南郊:意为到都城的南郊去祭天。南郊,古代天子在京都南郊筑圜丘以祭天的地方。 ⑤阙:宫殿前的楼台,左右各一,中间为通道。下:下车。 ⑥趋:古代的一种礼节,小步快走,表示恭敬。 ⑦故自为赤子而教固以行矣:意思是说,所以,从婴儿起就一定要对太子进行教导。赤子,婴儿。 ⑧周成王:姬诵,周武王之子,西周第二代天子,谥号成王。 ⑨召公:姬奭,周文王之子,曾辅佐周武王灭商。太保:官名,辅佐天子治理天下,与太师、太傅合称"三公"。 ⑩周公:姬旦,周文王之子,先辅助周武王灭商,后辅助周成王治国。太傅:官名,辅佐天子治理天下,与太师、太保合称"三公"。 ⑪太公:即齐太公姜尚,周文王的老师,又称"师尚父"。太师:官名,辅导太子之官,与太傅、太保合称"三公"。 ⑫三少:三公的副职,亦称"三孤"。 ⑬上大夫:古代的官阶之一,周王室及各诸侯国的官阶分为卿、大夫、士三等,每等中又各分为上、中、下三级。 ⑭少保、少傅、少师:均为辅弼君主之官,合称"三少"。 ⑮燕:闲居,即日常生活。 ⑯嘎:孩提,幼儿时期。 ⑰习:习染。 ⑱端士:品行端正的士人。孝悌:孝顺父母,敬爱兄长。博闻:见闻广博。 ⑲卫翼:辅佐。 ⑳择其所嗜:意为挑选太子所喜好的事情。 ㉑尝:尝试。 ㉒少成若天性,习贯若自然:《孔子家语·七十二弟子解》云:"少成则若性也,习惯成自然

也。"意思是说,小时候养成的习惯就像是天生如此一样自然而然。

及太子少长,知好色①,则入于学。学者,所学之官也②。《学礼》曰③:"帝入东学④,上亲而贵仁⑤,则亲疏有序而恩相及矣⑥。帝入南学,上齿而贵信,则长幼有差而民不诬矣⑦。帝入西学,上贤而贵德,则贤智在位而功不遗矣。帝入北学,上贵而尊爵,则贵贱有等而下不踰矣⑧。帝入太学,承师问道,退习而考于太傅⑨,太傅罚其不则而匡其不及⑩,则德智长而理道得矣。此五学既成于上,则百姓黎民化辑于下矣⑪。"学成治就⑫,是殷周所以长有道也。

[注释] ①知好色:懂得女色,指到了青少年时期。 ②官:通"馆",馆舍。 ③《学礼》:《礼古经》中的一篇。 ④东学:周代五学之一。相传周有东、南、西、北四学,分别设在王宫的东、西、南、北,与太学合称"五学"。 ⑤上:重视。 ⑥及:施加。 ⑦诬:欺骗。 ⑧踰:同"逾",逾越。 ⑨考于太傅:意为接受太傅的考核。 ⑩不则:指不循礼法之处。匡:匡正。不及:不足之处。 ⑪百姓:百官。化辑:意为受教化而和睦相处。 ⑫学成治就:学业有成,治国之道已取得。

及太子既冠成人①,免于保傅之严②,则有司直之史③,有彻膳之宰④。太子有过,史必书之⑤,史之义⑥,不得书过则死⑦;过书而宰收其膳,宰之义,不得收膳即死。于是有进善之旌⑧,有诽谤之木⑨,有敢谏之鼓⑩,瞽史诵诗⑪,工诵箴谏⑫,大夫进谋⑬,士傅民语⑭。习与智长⑮,故切而不愧⑯;化与心成⑰,故中道若性⑱。是殷周之所以长有道也。

[注释] ①冠:加冠礼,古代男子到二十岁时举行的仪式,表示成年。②免于保傅之严:意为离开保傅的严格管束。 ③司直之史:正人之过的史官。 ④彻膳之宰:主管撤减膳食的官员。 ⑤书:记录。 ⑥义:职责。⑦死:这里指以死相谏。 ⑧进善之旌:上古为进献善言的人设置的一种旗子。 ⑨诽谤之木:供百姓书写批评意见的木牌。诽谤,评议,指责他人。⑩敢谏之鼓:让百姓敲击进谏的鼓。 ⑪瞽史:乐师与史官。诗:多为讽刺时政的民间诗歌。 ⑫工:指乐工。箴谏:规诫劝谏的话。 ⑬进:进献。谋:计策。 ⑭傅:陈述。民语:指民间的议论。 ⑮习与智长:学业与智慧共同增长。 ⑯切而不愧:切合正道而无所愧疚。 ⑰化与心成:教化与心性一同成就。 ⑱中道若性:意为一举一动都符合道义,像是天性如此。

三代之礼①:天子春朝朝日②,秋暮夕月③,所以明有敬也;春秋入学④,坐国老⑤,执酱而亲馈之⑥,所以明有孝也;行以鸾和⑦,步中《采荠》⑧,趋中《肆夏》⑨,所以明有度也;其于禽兽也,见其生不忍其死,闻其声不尝其肉,故远庖厨⑩,所以长恩⑪,且明有仁也。食以礼⑫,收以乐⑬。失度,则史书之,工诵之,三公进而读之⑭,宰夫减其膳,是天子不得为非。

[注释] ①三代:指夏、商、周三代。 ②春朝朝日:春分之日的早晨祭拜太阳。 ③秋暮夕月:秋分之日的晚上祭拜月亮。夕月,古代祭月的仪式。 ④春秋:春季和秋季。 ⑤坐:请……入座。国老:告老退职的卿大夫。 ⑥酱:指肉酱。馈:馈赠。 ⑦行以鸾和:意为出行时车马行进的步调符合车上铃铛的节律。鸾和,即鸾与和,古代车上的两种铃铛。 ⑧步中《采荠》:行走时步调符合《采荠》的节律。《采荠》,古乐名。 ⑨趋中《肆夏》:小步快走时步调符合《肆夏》的节律。《肆夏》,古乐名。 ⑩庖厨:厨房。 ⑪长:增加。 ⑫食以礼:用膳时以礼而行。 ⑬收以乐:撤席时要奏乐。 ⑭进:进前。读:宣读。

《明堂之位》曰①："笃仁而好学,多闻而道顺。天子疑则问,应而不穷者谓之道②。道者,道天子以道者也③,常立于前,是周公也。诚立而敦断④,辅善而相义者谓之辅⑤。辅者,辅天子之意者也⑥,常立于左,是太公也。洁廉而切直⑦,匡过而谏邪者谓之拂⑧。拂者,拂天子之过者也⑨,常立于右,是召公也。博闻强记,捷给而善对者谓之承⑩。承者,承天子之遗忘者也,常立于后,是史佚也⑪。故成王中立听朝⑫,则四圣维之⑬,是以虑无失计而举无过事⑭。"殷周之所以长久者,其辅翼天子有此具也。

[注释] ①《明堂之位》:《礼古经》中的一篇。 ②应:应答。 ③道天子以道者:意为用大道引导天子。 ④诚立:指为人忠诚。敦断:指行事果断。 ⑤相:辅佐。 ⑥辅:辅助。意:意志,想法。 ⑦切直:耿直。 ⑧谏:劝阻。拂:去除。 ⑨过:过失。 ⑩捷给:指应答敏捷。承:承接。 ⑪史佚:原名尹佚,西周初年史官。 ⑫听朝:临朝听政。 ⑬维:维护,扶持。 ⑭虑:谋虑。失计:失算。举:行为。过事:过错。

及秦而不然,其俗固非贵辞让也①,所上者告讦也②;固非贵礼让也,所上者刑罚也。使赵高傅胡亥而教之狱③,所习者非斩劓人④,则夷人之三族也⑤。故今日即位,明日射人,忠谏者谓之诽谤,深为之计者谓之妖言,其视杀人若艾草菅然⑥。岂胡亥之性恶哉?其所以集道之者非理故也⑦。

[注释] ①固:本来。贵:崇尚。辞让:谦逊,谦让。 ②上:提倡。告讦:相互揭发,告密。 ③赵高:赵国人,入秦为宦官,秦始皇死后与丞相李斯合谋伪造诏书,立秦始皇幼子胡亥为帝,并设计害死李斯,继之为丞相。主政

期间专制残暴,结党营私。为秦王子婴所杀,并诛其三族。傅:教导。胡亥:秦朝的第二个皇帝,秦始皇第十八子,公元前209年至公元前207年在位。胡亥跟随赵高学习狱法,秦始皇死后在赵高与李斯的帮助下,逼死公子扶苏,当上皇帝。狱:断案。 ④所习者:所学的。非:不是。斩:杀。劓:割掉鼻子。 ⑤则:就是。夷:杀。三族:一说指父族、母族、子族;一说指的是父、兄、子三族。 ⑥若艾草菅然:像割草一样。艾,通"刈",割、斩除。菅,茅草。 ⑦其所以集道之者非理故也:意为是因为引导他学习的内容不符合理义的缘故。道,引导。

鄙谚曰①:"不习为吏,而视已事②。"又曰:"前车覆而后车戒。"夫殷周之所以长久者,其已事可知也;然而不能从,是不法圣智也。秦之亟绝者③,其轨迹可见也,然而不避,是后车又覆也。夫存亡之反④,治乱之机⑤,其要在是矣。天下之命,县于太子⑥;太子之善,在于蚤谕教与选左右⑦。心未滥而先谕教⑧,则化易成也;夫开于道术⑨,知义理之指,则教之功也。若其服习积贯⑩,则左右而已矣⑪。夫胡越之人⑫,生而同声,嗜欲不异⑬,及其长而成俗也⑭,累数译而不能相通⑮;行有虽死而不相为者⑯,则教习然也。臣故曰:"选左右、蚤谕教最急。"夫教得而左右正,则太子正矣,太子正而天下定矣。《书》曰⑰:"一人有庆,兆民赖之⑱。"此时务也。

[注释] ①鄙谚:俗语。 ②不习为吏,而视已事:意思是说,不太懂得如何做官,就应当观察以往的事情。 ③亟:迅速。绝:灭亡。 ④反:翻转变化。 ⑤机:关键。 ⑥县:同"悬",系。 ⑦蚤:通"早",及早。谕教:晓谕教诲。左右:指身边的亲信。 ⑧滥:越轨。 ⑨开:开启。 ⑩服习积贯:意为习惯的养成。 ⑪则左右而已矣:意为则是左右亲随的职责。 ⑫胡越之人:胡人和越人,胡地在北,越地在南,喻指距离遥远,相互隔绝的

人。 ⑬嗜欲不异:嗜好和欲望没有不同。 ⑭成:形成。俗:习惯。 ⑮累:接连。数:多次。译:翻译。 ⑯行有虽死而不相为者:意思是说,就算是死,也不会做对方那样的事情。 ⑰《书》:古书名,《尚书》的简称,儒家经典之一,上古时期以记言为主的皇室文献档案汇编。 ⑱一人有庆,兆民赖之:出自《尚书·吕刑》,意思是说,天子有好品行,万民都依赖他。庆,善。

连　语（连语）

纣①,天子之后也,有天下而宜然②。苟背道弃义,释敬慎而行骄肆③,则天下之人,其离之若崩,其背之也不约而若期④。夫为人主者,诚奈何而不慎哉？纣将与武王战⑤,纣陈其卒⑥,左臆右臆⑦,鼓之不进,皆还其刃⑧,顾以乡纣也⑨。纣走还于寝庙之上⑩,身斗而死⑪,左右弗肯助也。纣之官卫舆纣之躯⑫,弃之玉门之外⑬。民之观者皆进蹴之⑭,蹈其腹⑮,躩其肾,践其肺,履其肝。周武王乃使人帷而守之⑯,民之观者搴帷而入⑰,提石之者犹未肯止⑱。可悲也！夫孰为民主⑲,直与民为仇⑳,殃忿若此。夫民尚践盘其躯㉑,而况有其民政教乎㉒？羞甚！臣窃闻之曰:"善不可谓小而无益,不善不可谓小而无伤。"夫牛之为胎也㉓,细若鼷鼠㉔,纣损天下,自象著始㉕。故小恶大恶一类也,过败虽小,皆纣之罪也。周谚曰:"前车覆而后车戒。"今前车已覆矣,而后车不知戒,不可不察也。

[**注释**] ①纣:商纣王帝辛,商朝的亡国之君。 ②宜:应当。 ③释:放弃。敬慎:恭敬谨慎。骄肆:骄纵放肆。 ④不约而若期:没有约定却像约好了一样。 ⑤武王:周武王姬发,周王朝的建立者。 ⑥陈:陈列。卒:士

兵。　⑦臆：胸肉，此处意为侧、翼。　⑧还其刃：调转兵器，即倒戈。⑨顾：回头。乡：通"向"，面向。　⑩寝庙：宗庙，宗庙的正殿称庙，后殿称寝。⑪身：只身一人。斗：搏斗。　⑫官卫：卫兵。舆：运载。　⑬玉门：宫门。⑭进：上前。蹴：踢，踏。　⑮蹈：踩，踏。下文的瞰、践、履均为此意。⑯帷：用布遮挡。　⑰搴：通"褰"，撩起。　⑱提：投掷。　⑲埶：通"势"，权位。　⑳直：竟然。　㉑践盘：反复践踏。　㉒而况有其民政教乎：意思是说，哪里还谈得上对民众进行治理与教化。　㉓胎：胚胎。　㉔细：小。鼷鼠：鼠类中最小的一种。　㉕象著：象牙筷子。

梁尝有疑狱①，群臣半以为当罪，半以为不当，虽梁王亦疑。梁王曰："陶之朱叟②，以布衣而富侔国③，是必有奇智。"乃召朱公而问之，曰："梁有疑狱，吏半以为当罪，半以为不当，虽寡人亦疑，为吾决是奈何？"朱公曰："臣鄙人也④，不知当狱⑤，然臣家有二白璧，其色相如也⑥，其径相如也⑦，其泽相如也。然其价也，一者千金，一者五百金。"王曰："径与色泽皆相如也，一者千金，一者五百金。何也？"朱公曰："侧而视之，其一者厚倍之⑧，是以千金。"王曰："善。"故狱疑则从去⑨，赏疑则从予⑩，梁国说。以臣谊窃观之，墙薄则亟坏⑪，缯薄则亟裂⑫，器薄则亟毁，酒薄则亟酸。夫薄而可以旷日持久者，殆未有也。故有国畜民施政教者，臣窃以为厚之而可耳⑬。

[注释]　①梁：即战国时期的魏国，魏惠王迁都到大梁（今河南开封）后，魏国亦称梁国。疑狱：疑难案件。　②陶之朱叟：即范蠡，自号陶朱公，春秋末期越国著名谋臣，被后人尊为"商圣"。　③布衣：平民。侔：齐等，匹敌。　④鄙人：居住在郊野的人，此处为谦称。　⑤当狱：判案。　⑥相如：相同。⑦径：直径。　⑧倍：一倍。　⑨去：免于处罚。　⑩予：给予。　⑪亟：则。亟：很快。　⑫缯：古代对丝织品的总称。　⑬厚：仁厚。

抑臣又窃闻之曰①,有上主者,有中主者,有下主者。上主者,可引而上②,不可引而下;下主者,可以引而下,不可引而上;中主者,可引而上,可引而下。故上主者,尧舜是也③,夏禹、契、后稷与之为善则行④,鲧、䮉兜欲引而为恶则诛⑤。故可与为善,而不可与为恶。下主者,桀纣是也⑥,虽侈、恶来进与为恶则行⑦,比干、龙逢欲引而为善则诛⑧。故可与为恶,而不可与为善。所谓中主者,齐桓公是也⑨。得管仲、隰朋则九合诸侯⑩,任竖貂、易牙则饿死胡宫⑪,虫流而不得葬⑫。故材性乃上主也,贤人必合⑬,而不肖人必离⑭,国家必治,无可忧者也。若材性下主也,邪人必合,贤正必远,坐而须亡耳⑮,又不可胜忧矣。故其可忧者,唯中主耳,又似练丝⑯,染之蓝则青,染之缁则黑,得善佐则存,无善佐则亡,此其不可不忧者耳。《诗》曰⑰:"芃芃棫朴,薪之槱之;济济辟王,左右趋之⑱。"此言左右日以善趋也,故臣窃以为练左右急也⑲。

[注释] ①抑:发语词。 ②引:引导。上:向上。 ③尧、舜:两位传说中的古代帝王。 ④夏禹:夏代的第一个君主。契:商族的杰出首领,尧称帝时为司徒。后稷:周族的始祖,曾经被尧任命为"农师"。 ⑤鲧:相传为黄帝的后代,大禹之父,因治水失败及作乱,被火神祝融杀死在羽山。䮉兜:中国古代传说中的三苗族首领,与共工、鲧一起作乱,被舜流放至崇山。 ⑥桀:夏桀,夏朝的最后一位君主。 ⑦虽侈:也称"推哆""推移""侯侈",夏桀的佞臣。恶来:一作"恶来革",商纣王的重臣,助纣为虐,被周武王所杀。 ⑧比干:商纣王的叔父,因忠言劝谏,被纣王剖心而死。龙逢:夏桀的大臣,因忠谏被杀。 ⑨齐桓公:春秋时齐国国君,春秋五霸之首,公元前685年至公元前643年在位。 ⑩管仲:管子,春秋时齐国国相,辅佐齐桓公成就霸业。隰朋:春秋时齐国大夫,与管仲、鲍叔牙等共同辅佐齐桓公。九合诸侯:九次会

盟诸侯。　⑪竖貂：也作"竖刁"，春秋时齐国宦官。齐桓公不听管仲遗言，信任自行阉割以示忠心的竖刁。竖刁在桓公病危时作乱，将桓公饿死，并与诸公子对峙，致使桓公死后不能下葬，大殿内尸臭熏天，蛆虫遍地。易牙：齐桓公的宠臣，善于烹饪调味。桓公病危时与竖刁等人作乱，导致齐国霸业衰落。胡宫：寝宫。　⑫虫流：指蛆虫从腐烂的尸体内爬出。　⑬合：聚集。　⑭不肖：无才无德的人。　⑮须：等待。　⑯练丝：未染色的熟丝。　⑰《诗》：即《诗经》，儒家经典之一，中国第一部诗歌总集。　⑱芃芃棫朴，薪之槱之；济济辟王，左右趋之：出自《诗经·大雅·棫朴》，意思是说，棫树和朴树枝叶茂盛，砍下烧了祭祀天神；周王庄重威严，群臣左右簇拥跟随。芃芃，茂盛的样子。棫、朴，古树名。槱，聚积木柴以备燃烧祭神。济济，庄严美好的样子。辟王，君王，这里指周文王。趋，跟随、趋附。　⑲练：挑选。

辅　佐（连语）

　　大相上承大义而启治道①，总百官之要②，以调天下之宜③，正身行，广教化，修礼乐，以美风俗；兼领而和一之④，以合治安⑤。故天下失宜⑥，国家不治，则大相之任也。上执政职⑦。

　　[注释]　①大相：贾谊自拟的官职名，为百官之长。承：承接。启：开启。　②总：统领。　③调：调和。宜：事宜。　④兼领：一并管领，兼任。　⑤治安：指长治久安之道。　⑥失宜：失调。　⑦上执政职：意为这是上等执政者的职责。

　　大拂秉义立诚①，以翼上志②；直议正辞③，以持上行④；批天下之患⑤，匡诸侯之过。令或郁而不通⑥，臣或鳌而不义⑦，大拂之任也。中执政职。

　　[注释]　①大拂（bì）：贾谊自拟的官职名，负责监察。拂，通"弼"，辅佐。

②翼：辅佐。上：君主。志：志愿。　③直议：直率议论。正辞：端正言辞。　④持：扶助。　⑤批：排除。　⑥郁：郁积，阻塞。　⑦戾：同"戾"，乖戾。

　　大辅闻善则以献①，知善则以献，明号令，正法则，颁度量②，论贤良③，次官职④，以时巡循⑤，使百吏敬率其业⑥。故经义不衷⑦，贤不肖失序⑧，大辅之任也。下执事职。

　　[注释]　①大辅：贾谊自拟的官职名，辅佐之官。以：以之，以此。献：进献。　②颁：颁布。度量：计量标准。　③论：评定。　④次：排定等次。　⑤以时：按时。巡循：巡行视察。　⑥敬：恭敬，谨慎。率：从事。　⑦经义不衷：不符合经义。衷，中。　⑧不肖：无才无德的人。

　　道行典知变化①，以为规是非②，明利害，掌仆及舆马之度③，羽旄旌旗之制④，步骤徐疾之节⑤，春夏秋冬马之伦色⑥；居车之容⑦，登降之礼⑧，见规宜论⑨，见过则调⑩。故职不率义⑪，则道行之任也。

　　[注释]　①道行：贾谊自拟的官职名，负责出行之事。典：主管。　②规：规诫，劝勉。　③仆：指驾车的仆役。舆马：车马。　④羽旄：羽毛。　⑤步骤：步伐。徐疾：快慢。节：节奏。　⑥伦：种类。色：颜色。　⑦容：仪容仪表。　⑧登降：指上车下车。　⑨见规宜论：意为见到合乎规矩的做法就要说出来。　⑩调：通"谏"，劝谏。　⑪率：遵循。

　　调讯典博闻①，以掌驷乘②，领时从③，比贤能，天子出则为车右④，坐立则为位⑤，承圣帝之德，畜民之道，礼乐之正，应事之理，则职以箴⑥；刑狱之衷⑦，赏罚之诚，已诺之信，百官之经，丧祭之共⑧，戎事之诫，身行之强⑨，则职以谂⑩;遇大臣之敬⑪,遇小臣之惠,坐立之端,言默之序⑫,音声之适,揖让之容,俯仰之节,立事之色,则职以证⑬;出入不从礼,衣服不从制,御器不以度,迎送非其章,忿说忘其义⑭,取予失其节,安易而乐湛⑮,则职以谏。故善不彻⑯,过不闻,侍从不谏,则调讯之任也。

[注释] ①调讯:贾谊自拟的官职名,负责咨询、进谏之事。 ②驷乘:指车马。 ③时从:侍从。 ④车右:乘车时位于驾车者右边的武士。 ⑤坐立则为位:意为平时则在君主左右侍候。位,宫殿中庭的左右两侧。 ⑥职以箴:意思是说,对于以上的事情,要进行劝谏以恪尽职守。 ⑦衷:中,指公正得当。 ⑧共:同"恭",肃敬。 ⑨身行:行事。强:刚健有力。 ⑩谂:劝告。 ⑪遇:对待。 ⑫言默:说话和沉默。 ⑬证:谏正,规劝。 ⑭忿说:喜怒。说,同"悦",高兴。 ⑮安易:安逸怠惰。乐湛:沉溺于安乐。 ⑯彻:达,指通达于上。

典方典容仪①,以掌诸侯、远方之君,谍之班爵、列位、轨任之约②,朝觐、宗遇、会同、享聘、贡职之数③;辨其民人之众寡,政之治乱。率德道顺④,僻淫犯禁之差第⑤;天子巡狩,则先循于其方⑥。故或有功德而弗举,或有淫僻犯禁而不知,典方之任也。

[注释] ①典方:贾谊自拟的官职名,负责交往、接待之事。 ②谍:同"撰",编定。班爵:序列爵位等次。列位:排列位次。轨任:遵守职责。约:规定。 ③朝觐、宗遇:诸侯朝见天子。春天朝见称朝;夏天称宗;秋天觐;冬天称遇。会同:诸侯朝见天子的通称。诸侯不在规定日期朝见天子称会;各方诸侯于四季分批朝见天子称同。享聘:宴飨使者。贡职:贡品。数:数额。 ④率:尊。道:引导。 ⑤僻淫:邪恶淫佚。犯禁:违反禁令。差第:等级。 ⑥循:同"巡",巡行。方:指天子要去巡狩的地方。

奉常典天①,以掌宗庙社稷之祀,天神地祇人鬼②,凡山川四望国之诸祭③,吉凶妖祥占相之事;序礼乐丧纪④,国之礼仪,毕居其宜,以识宗室;观民风俗,审诗商⑤,修宪命,禁邪言,息淫声;于四时之交,有事于南郊⑥,以报祈天明⑦。故历天事不得⑧,事鬼神不序,经礼仪人伦不正,奉常之任也。

[注释] ①奉常:贾谊自拟的官职名,负责祭天之事。 ②地祇:地神。 ③四望:古祭名,天子向四方遥祭山川。 ④序:安排。丧纪:丧事。 ⑤诗商:诗歌。商,通"章"。 ⑥有事于南郊:指在南郊祭天。 ⑦天明:天命。 ⑧历:推算。

祧师典春①,以掌国之众庶,四民之序②,以礼义伦理教训人民。方春三月,缓施生遂③,动作百物④,是时有事于皇考祖考⑤□□□□□□。

[注释] ①祧师:贾谊自拟的官职名,负责祭祖之事。春:这里指春季的祭祀。 ②四民:士、农、工、商。 ③缓施生遂:意为生机渐渐散发。 ④动作百物:意为各类生物都活动起来。 ⑤以下有脱文。皇考:对亡父的尊称。祖考:对已故祖父的尊称。

问　孝(阙)

卷 第 六

礼(连语)

昔周文王使太公望傅太子发①,太子嗜鲍鱼②,而太公弗与,太公曰:"礼,鲍鱼不登于俎③,岂有非礼而可以养太子哉?"寻常之室无奥剽之位④,则父子不别;六尺之舆无左右之义⑤,则君臣不明。寻常之室、六尺之舆,处无礼,即上下踳逆⑥,父子悖乱,而况其大者乎?故道德仁义,非礼不成;教训正俗,非礼不备;分争辩讼,非礼不决;君臣、上下、父子、兄弟,非礼不定;宦学事师⑦,非礼不亲;班朝治军、莅官行法⑧,非礼威严不行;祷祠祭祀⑨,供给鬼神,非礼不诚不庄。是以君子恭敬、撙节、退让以明礼⑩。

[注释] ①周文王:姬昌,周王朝奠基者,周武王之父。太公望:即齐太公姜尚,周文王的老师。傅:辅佐。太子发:周武王姬发。 ②鲍鱼:盐渍的干鱼。 ③俎:祭祀时放祭品的器具。 ④寻常:古代长度单位,八尺为寻,一丈六尺为常。奥:室内的西南角,为尊位。剽:通"窔",室内的东南角,为卑位。 ⑤左右之义:乘车时君主在左,卑者从右侧上车。 ⑥踳:同"舛",乖

违。　⑦宦学事师：意为向老师学习为官之道和六艺。　⑧班朝：安排朝中官员的位次。莅官：居官。　⑨祷祠：祷告，向神求福称祷，得福后谢神称祠。　⑩撙节：节制。

礼者，所以固国家，定社稷，使君无失其民者也。主主臣臣①，礼之正也；威德在君，礼之分也②；尊卑大小，强弱有位，礼之数也。礼，天子爱天下，诸侯爱境内，大夫爱官属，士庶各爱其家。失爱不仁，过爱不义。故礼者，所以守尊卑之经、强弱之称者也。礼，天子适诸侯之宫，诸侯不敢自阼阶③。阼阶者，主之阶也。天子适诸侯，诸侯不敢有宫④，不敢为主人礼也。君惠臣忠，父慈子孝，兄爱弟敬，夫和妻柔，姑慈妇听⑤，礼之至也。君惠则不厉⑥，臣忠则不贰，父慈则教，子孝则协⑦，兄爱则友，弟敬则顺，夫和则义，妻柔则正，姑慈则从，妇听则婉，礼之质也。

[注释]　①主主臣臣：君要行君道，臣要行臣道。　②分：职分。　③阼阶：东阶。古时殿前东西两面各有台阶，会见宾客时，主人立于东阶，宾客走西阶。　④不敢有宫：意为不敢把自己当做主人。　⑤姑：婆婆。听：顺从。　⑥厉：暴戾。　⑦协：和洽。

礼者，臣下所以承其上也①。故《诗》云："一发五犯，吁嗟乎驺虞②。"驺者，天子之囿也③。虞者，囿之司兽者也④。天子佐舆十乘⑤，以明贵也。二牲而食⑥，以优饱也。虞人翼五犯以待一发⑦，所以复中也⑧。人臣于是所尊敬⑨，不敢以节待⑩，敬之至也。甚尊其主，敬慎其所掌职，而志厚尽矣⑪。作此诗者，以其事深见良臣顺上之志也。良臣顺上之志者，可以义矣。故其叹之也长，曰"吁嗟乎"。虽古之善为人臣者,亦若此而已。

[注释] ①承:侍奉。 ②一发五豝,吁嗟乎驺虞:诗见《诗经·召南·驺虞》,意为一发箭射五只小猪,哎呀管理鸟兽的虞人啊。豝,小猪。吁嗟乎,赞美的叹词。驺虞,天子苑囿中掌鸟兽的官。 ③囿:养动物的园子。 ④司:掌管。 ⑤佐舆:佐车。 ⑥牲:特指供宴飨祭祀用的牛、羊、猪。 ⑦翼:围赶。 ⑧复:再次。中:射中。 ⑨是:其。 ⑩节:省减,节俭。 ⑪志:心意。厚:多。

礼者,所以节义而没不逮①,故飨饮之礼,先爵于卑贱②,而后贵者始羞③,殽膳下浃而乐人始奏④。觞不下遍⑤,君不尝羞;殽不下浃,上不举乐。故礼者,所以恤下也。由余曰⑥:"干肉不腐⑦,则左右亲;苞苴时有⑧,筐篚时至⑨,则群臣附;官无蔚藏⑩,腌陈时发⑪,则载其上。"《诗》曰:"投我以木瓜,报之以琼琚;匪报也,永以为好也⑫。"上少投之,则下以躯偿矣⑬;弗敢谓报,原长以为好。古之蓄其下者⑭,其施报如此。

[注释] ①义:合宜的行为或道理。没不逮:无所不及。逮,相及。 ②爵:饮酒器,此处意为饮酒。 ③羞:同"馐",美味的食品,此处意为进食。 ④浃:普遍,这里指都吃遍了。 ⑤觞:敬酒。 ⑥由余:春秋时人,辅助秦穆公称霸西戎。 ⑦干肉不腐:意为肉干时常赏赐出去,没有腐坏的。 ⑧苞苴:馈赠的礼物。苞,通"包"。 ⑨筐篚:礼物。 ⑩蔚:盛大,众多。 ⑪腌陈:盐渍久贮的食物。 ⑫投我以木瓜,报之以琼琚;匪报也,永以为好也:诗见《诗经·卫风·木瓜》,琼琚,精美的玉佩。匪,通"非"。 ⑬躯:这里指全身心。偿:报答。 ⑭蓄:畜养。

国无九年之蓄,谓之不足;无六年之蓄,谓之急;无三年之蓄,国非其国也。民三年耕,必余一年之食;九年而余三年之食;三十岁相通①,而有十年之积。虽有凶旱水溢,民无饥馑。然后天子备味而食②,日举以乐③。诸侯食珍不失④,钟鼓之县可使乐也⑤。乐也者,上下同之。故礼,国有饥人,人主不飧⑥;国有冻人,人主不裘⑦;报囚之日⑧,人主不举乐。岁凶谷不登⑨,台扉不涂⑩,榭彻干侯⑪,马不食谷,驰道不除⑫,食减膳,飧祭有阙⑬。故礼者,自行之义,养民之道也。受计之礼⑭,主所亲拜者二:闻生民之数则拜之,闻登谷则拜之。《诗》曰:"君子乐胥,受天之祜⑮。"胥者,相也。祜,大福也。夫忧民之忧者,民必忧其忧;乐民之乐者,民亦乐其乐。与士民若此者,受天之福矣。

[注释] ①通:连续。 ②备味:指各种美味都齐备。 ③举:吃丰盛的饮食。 ④珍:珍馐。 ⑤县:同"悬",悬挂。 ⑥飧:晚饭,这里指吃晚饭。 ⑦裘:皮衣,这里指穿皮衣。 ⑧报囚:判决囚犯。 ⑨凶:庄稼歉收。登:谷物成熟。 ⑩台扉:宫室门窗。涂:涂漆装饰。 ⑪榭:讲军习武的地方。彻:通"撤",除去。干侯:箭靶。 ⑫驰道:供君王行驶车马的道路。除:修整。 ⑬飧祭:饮食和祭祀。阙:同"缺",缺少。 ⑭受计:皇帝接受郡国所上的计簿。 ⑮君子乐胥,受天之祜:诗见《诗经·小雅·桑扈》,胥,相互辅助。祜,福。

礼,圣王之于禽兽也,见其生不忍见其死,闻其声不尝其肉,隐弗忍也①。故远庖厨,仁之至也。不合围②,不掩群③,不射宿④,不涸泽⑤。豺不祭兽,不田猎⑥;獭不祭鱼,不设纲罟⑦;鹰隼不鸷⑧,罻而不逮⑨,不出椬罗⑩;草木不零落,斧斤不入山林;昆虫不蛰⑪,不以火田⑫。不麛⑬,不卵⑭,不刳胎⑮,不殀夭⑯,鱼肉不入庙门⑰,鸟兽不成毫毛不登庖厨。取之有时,用之有节,则物蕃多。汤曰⑱:"昔蛛蝥作罟⑲,不高顺、不用命者⑳,宁丁我网㉑。"其惮害物也如是。《诗》曰:"王在灵囿,麀鹿攸伏。麀鹿濯濯,白鸟翯翯。王在灵沼,於牣鱼跃㉒。"言德至也。圣主所在,鱼鳖禽兽犹得其所,况于人民乎!

[注释] ①隐:怜悯。弗忍:不忍心。 ②合围:打猎时从四面包围。 ③掩群:偷袭兽群。 ④射宿:夜射栖鸟。 ⑤涸泽:排干水捕鱼。 ⑥豺不祭兽,不田猎:意为豺没有祭过兽,就不打猎。祭兽,豺杀兽过冬,将所杀的野兽四面摆放,像祭祀一样。 ⑦罟:网。 ⑧隼:一种猛禽。鸷:攻击,这里指攻击其他鸟。 ⑨睢:注视。 ⑩植罗:未详,一说应为"厨罗",捕鸟的网。 ⑪蛰:冬眠。 ⑫火田:用火焚烧草木以田猎。 ⑬不麛:不杀幼兽。 ⑭不卵:不取鸟卵。 ⑮刳胎:剖挖鸟兽的胎儿。 ⑯殀夭:残杀小兽。 ⑰鱼肉不入庙门:此处文字有误,"肉"应作"育",意为幼鱼不做祭品。育,稚。 ⑱汤:商汤,商朝的建立者。 ⑲蛛蝥:蜘蛛的别名。 ⑳高顺:意为高飞。用:遵从。 ㉑宁:宁愿。丁:碰,撞。 ㉒王在灵囿,麀鹿攸伏。麀鹿濯濯,白鸟翯翯。王在灵沼,於牣鱼跃:诗见《诗经·大雅·灵台》。灵囿,苑囿名。麀鹿,母鹿。攸,所。濯濯,肥泽貌。翯翯,洁白有光泽。灵沼,池沼名。於,发语词。牣,通"牣",满。

故仁人行其礼,则天下安而万理得矣。逮至德渥泽洽①,调和大畅,则天清澈,地富煴②,物时熟③,民心不挟诈贼,气脉淳化④;攫啮搏挚之兽鲜⑤,毒蠚猛蚄之虫密⑥,毒山不蕃⑦,草木少薄矣⑧。铄乎大仁之化也⑨。

[注释] ①逮至:等到。渥:深厚。洽:广博。 ②富煴:富庶繁盛。 ③时:按时。 ④气脉:指民风。 ⑤攫啮搏挚之兽:善于抓咬捕捉搏斗的野兽,指猛兽。鲜:少。 ⑥毒蠚猛蚄之虫:蜇人的毒虫,咬食庄家的害虫。蠚,蜇。蚄,一种吃庄稼叶的害虫。密:通"伏",潜藏不出。 ⑦蕃:多。 ⑧少:

始。薄：茂盛。　⑨铄：美。

容　经（连语）

志有四兴①：朝廷之志②，渊然清以严③；祭祀之志，谕然思以和④；军旅之志，怫然愠然精以厉⑤；丧纪之志，漻然湫然忧以湫⑥。四志形中⑦，四色发外。维如□□□□□□。志色之经⑧。

[注释]　①志：思想意志。兴：起，指表现。　②朝廷：指在朝堂上。③渊然：深邃貌。清：清正。严：庄严。　④谕然：通晓明白貌。思：悲伤。和：和顺。　⑤怫然、愠然：愤怒貌。精：精锐。厉：威严。　⑥漻然：寂寥貌。湫然：忧伤貌。湫：凄清。　⑦形：形成于。中：心中。　⑧志色之经：为本节的标题。以下"容经"等，与此类同。

容有四起①：朝廷之容，师师然翼翼然整以敬②；祭礼之容，遂遂然粥粥然敬以婉③；军旅之容，湢然肃然固以猛④；丧纪之容，怮然憯然若不逮⑤。容经。

[注释]　①容：仪表。　②师师然：恭敬貌。翼翼然：整齐貌。　③遂遂然：舒缓貌。粥粥然：恭肃貌。　④湢然：整肃貌。固：坚定。　⑤怮然、憯然：忧伤貌。若不逮：意为怅然若失。逮，及。

视有四则：朝廷之视，端沠平衡①；祭祀之视，视如有将②；军旅之视，固植虎张③；丧纪之视，下沠垂纲④。视经。

[注释]　①端沠平衡：目光端正平视。沠，同"流"，指目光。　②将：奉献。　③固植：坚定。虎张：如虎觅食般瞪大眼睛。　④下沠垂纲：意为向下

看。

言有四术：言敬以和，朝廷之言也；文言有序①，祭祀之言也；屏气折声，军旅之言也；言若不足②，丧纪之言也。言经。

[注释]　①文言：赞颂之言。　②不足：指气息不足，言语时断时续。

固颐正视①，平肩正背，臂如抱鼓，足间二寸，端面摄缨②，端股整足③。体不摇肘曰经立④，因以微磬曰共立⑤，因以磬折曰肃立⑥，因以垂佩曰卑立⑦。立容。

[注释]　①固：固定不动。颐：下颌。　②摄：系好。缨：帽带。　③股：腿。整：正。　④肘：胳膊。经立：正立。　⑤因以：由此，指在正立的基础上。磬：弯。共：通"恭"。　⑥磬折：弯腰。　⑦垂佩：指弯腰到玉佩下垂的程度。

坐以经立之容，胻不差而足不跌①。视平衡曰经坐②，微俯视尊者之膝曰共坐，俯首视不出寻常之内曰肃坐③，废首低肘曰卑坐④。坐容。

[注释]　①胻：小腿。差：不正，不齐。跌：歪斜。　②经坐：正坐。　③寻常之内：指较短的距离。寻常，古代长度单位，八尺为寻，一丈六尺为常。　④废首：低头。低肘：双臂下垂。

行以微磬之容，臂不摇掉①，肩不上下，身似不则②，从然而任③。行容。

[注释]　①掉：摇。　②则：同"侧"，倾斜。　③从然：从容。任：这里指行走。

趋以微磬之容①,飘然翼然②,肩状若沠③,足如射箭。趋容。

[注释] ①趋:快走。 ②飘然、翼然:自然飘逸貌。 ③沠,同"流",指如水流般低平。

旋以微磬之容①,其始动也,穆如惊倏②;其固复也③,旄如濯丝④。跘旋之容⑤。

[注释] ①旋:回旋转动。 ②穆:同"缪",绕。惊倏:形容动作突然而迅疾。 ③固复:回复原状。 ④旄:未详,一说通"缪",绕。濯:洗涤。 ⑤跘旋:盘旋。

跪以微磬之容,揄右而下①,进左而起②,手有抑扬③,各尊其纪④。跪容。

[注释] ①揄:引。右:指右腿。 ②进:向上移动。左:指左腿。 ③抑扬:按下与上举。 ④尊:通"遵"。纪:规定。

拜以磬折之容,吉事上左①,凶事上右,随前以举②。项衡以下③,宁速无迟,背项之状如屋之氐④。拜容。

[注释] ①上:尚。 ②随前以举:指双手向前举起。 ③项衡以下:意为脖颈低于背部。 ④氐:指屋檐。

拜而未起①。伏容。

[注释] ①此段文字有脱。

坐乘以经坐之容,手抚式①,视五旅②,欲无顾③,顾不过轂④。小礼动⑤,中礼式⑥,大礼下⑦。坐车之容。

[注释] ①式:通"轼",车厢前面用作扶手的横木。 ②五旅:未详,一说应指五楄,五个车轮的长度,约合今三十米。楄,指车轮转一周。 ③顾:回头看。 ④轂:车轮中心。 ⑤小礼动:意为行小礼只需动动身体。 ⑥中礼式:意为行中礼时手扶车厢横木,俯身。 ⑦下:下车。

立乘以经立之容①,右持绥而左臂诎②,存剑之纬③,欲顾,顾不过轂。小礼据④,中礼式,大礼下。立车之容。

[注释] ①立乘:站着乘车。 ②绥:登车时手挽的绳索。诎:通"屈"。 ③存剑之纬:意为手握剑鞘丝带处。纬:绳子。 ④据:靠,指靠一靠车厢横木。

礼,介者不拜①,兵车不式②,不顾,不言,反抑式以应武容也③。兵车之容。

[注释] ①介者:武士。 ②不式:指不行扶木俯身的"式礼"。 ③反抑式:反握着车厢横木。抑,按。

若夫立而技①,坐而踦②,礼㥯懈,志骄傲,趍视数顾③,容色不比④,动静不以度,妄咳唾⑤,疾言嗟⑥,气不顺,皆禁也。

[注释] ①技:通"跂",抬起脚后跟站着。 ②踦:不正。 ③趍:同"躁",急躁。 ④比:和顺。 ⑤妄:胡乱。 ⑥嗟:叹词,此处意为说话太快,滥用叹词。

古者年九岁入就小学,蹍小节焉①,业小道焉②;束发就大学③,蹍大节焉,业大道焉。是以邪放非辟④,无因入之焉⑤。谚曰:"君子重袭⑥,小人无由入;正人十倍⑦,邪辟无由来。"古之人其谨于所近乎?《诗》曰:"芃芃棫朴,薪之槱之。济济辟王,左右趋之⑧。"此言左右日以善趋也。

[注释] ①蹠:踏,此处意为践行。 ②业:学习。 ③束发:指青少年。古代男孩十五岁时束发为髻。 ④邪放非辟:指邪行恶念。 ⑤因:机会。 ⑥袭:防范。 ⑦十倍:这里指有十倍之多。 ⑧芃芃棫朴,薪之槱之。济济辟王,左右趋之:出自《诗经·大雅·棫朴》,意思是说,棫树和朴树枝叶茂盛,砍下烧了祭祀天神,周王庄重威严,群臣左右簇拥跟随。芃芃,茂盛的样子。棫、朴,古树名。槱,聚积木柴以备燃烧祭神。济济,庄严美好的样子。辟王,君王,这里指周文王。趋,跟随、趋附。

古者圣王居有法则,动有文章①,位执戒辅②,鸣玉以行。鸣玉者,佩玉也。上有双珩③,下有双璜④,冲牙蠙珠以纳其间⑤,琚瑀以杂之⑥。行以《采荠》⑦,趋以《肆夏》⑧,步中规,折中矩⑨。登车则马行而鸾鸣⑩,鸾鸣而和应⑪,声曰和⑫,和则敬。故《诗》曰:"和鸾雍雍,万福攸同⑬。"言动以纪度,则万福之所聚也。故曰:明君在位可畏⑭,施舍可爱,进退可度,周旋可则⑮,容貌可观,作事可法,德行可象⑯,声气可乐,动作有文⑰,言语有章,以承其上,以接其等⑱,以临其下,以畜其民。故为之上者敬而信之,等者亲而重之,下者畏而爱之,民者肃而乐之,是以上下和协而士民顺一。故能宗揖其国以藩卫天子⑲,而行义足法⑳。夫有威而可畏谓之威,有仪而可象谓之文。富不可为量,多不可为数。故《诗》曰:"威仪棣棣,不可选也㉑。"棣棣,富也。不可选,众也。言接君臣、上下、父子、兄弟、内外、大小品事之各有容志也㉒。

[**注释**] ①文章:指礼乐法度。 ②位执戒辅:意为处于保卫和辅佐人员之间。执,处于。 ③珩:佩玉上面的横玉。 ④璜:半璧形的玉。 ⑤冲牙:一种古代佩玉部件。蠙珠:珍珠。 ⑥琚瑀:珠玉或玉石所作的佩饰。 ⑦行以《采荠》:意为行走时的步调符合《采荠》的节律。《采荠》,古乐名。 ⑧趋:小步快走。《肆夏》:古乐名。 ⑨折:回转。 ⑩鸾:车衡上的金属铃。 ⑪和:车轼上的金属铃。 ⑫声曰和:声音和谐。 ⑬和鸾雝雝,万福攸同:诗见《诗经·小雅·蓼萧》。雝雝,形容声音和谐。攸,所。同,聚。 ⑭可畏:意为令人感到敬畏。 ⑮则:效法。 ⑯象:效法。 ⑰文:文雅。 ⑱接:结交。等:同辈。 ⑲宗揖:治理。揖,通"辑"。藩:保卫。 ⑳法:效法。 ㉑威仪棣棣,不可选也:诗见《诗经·邶风·柏舟》。棣棣,文雅安闲的样子。不可选,这里指威仪多得不可胜数。 ㉒接:对待。容:仪表。志:心志。

子赣由其家来①,谒于孔子②。孔子正颜,举杖磬折而立③,曰:"子之大亲毋乃不宁乎④?"放杖而立,曰:"子之兄弟亦得无恙乎?"曳杖倍下而行⑤,曰:"妻子家中得毋病乎?"故身之倨佝⑥,手之高下,颜色声气,各有宜称⑦,所以明尊卑,别疏戚也⑧。

[**注释**] ①子赣:孔子弟子端木赐,字子贡。 ②谒:拜见。 ③磬折:弯腰。 ④大亲:父母。 ⑤曳:拉,牵引。倍:同"背"。 ⑥倨佝:弯曲。 ⑦宜称:适宜的状态。 ⑧疏戚:亲疏。

子路见孔子之背①,磬折举褎②,曰:"唯由也见③。"孔子闻之,曰:"由也,何以遗亡也④。"故过犹不及,有余犹不足也。

[注释] ①子路:孔子弟子仲由,字子路。背:后背。 ②褒:同"袖"。 ③唯:发语词。由:仲由自称。见:拜见。 ④亡:忘。孔子这句话的意思是说,从正面拜见尊长应行"磬折"之礼,子路站在孔子背后,则不必如此。

语曰:"沉乎明王①,执中履衡②。"言秉中适而据乎宜③,故威胜德则淳④,德胜威则施⑤。威之与德,文若缪纆⑥,且畏且怀⑦,君道正矣。"质胜文则野⑧,文胜质则史⑨;文质彬彬,然后君子。"

[注释] ①沉乎明王:明智的圣王。沉,通"审",明智。 ②执中:公正适中。履衡:指行为中正适度。 ③秉中适而据乎宜:意为处理问题要拿捏得当。秉,掌握。 ④淳:通"憝",恶。 ⑤施:通"弛",懈怠。 ⑥文若缪纆:意为像纠结在一起的绳索。缪,通"纠"。纆,绳索。 ⑦怀:依恋。 ⑧野:粗野。 ⑨史:浮华。

龙也者,人主之辟也①。亢龙往而不返②,故《易》曰"有悔"③。悔者,凶也。潜龙入而不能出④,故曰"勿用"。勿用者,不可也。龙之神也,其惟兹龙乎?能与细细⑤,能与巨巨,能与高高,能与下下。吾故曰:龙变无常,能幽能章⑥。故圣人者,在小不宝⑦,在大不窕⑧;狎而不能作⑨,习而不能顺⑩;姚不慴⑪,卒不妄⑫;饶裕不赢⑬,迫不自丧⑭;明是审非,察中居宜。此之谓有威仪。

[注释] ①辟:通"譬",比喻。 ②亢龙:飞得最高的龙。 ③《易》:古书名,即《周易》,儒家经典之一,占卜用书。 ④潜龙:潜伏在下面的龙。 ⑤能与细细:意为龙的身体能变得很小。细细:细小。 ⑥幽:隐蔽。章:显现。 ⑦在小不宝:此处文字有误,"宝"应为"塞",意为圣人善于应对、变化,在小能小,不会觉得阻塞。 ⑧窕:小。 ⑨狎:亲近。作:指任意而为。

⑩习：熟悉。顺：顺从。　⑪姚：舒缓。僭：昏，此处意为马虎。　⑫卒：仓促。妄：乱。　⑬饶裕：富饶丰裕。赢：满足。　⑭迫：窘迫。丧：沮丧。

古之为路舆也①，盖圆以象天②，二十八橑以象列宿③，轸方以象地④，三十辐以象月⑤。故仰则观天文，俯则察地理，前视则睹鸾和之声，侧听则观四时之运，此舆教之道也。

[**注释**]　①路舆：天子或诸侯贵族所乘的车。　②盖：指车盖。　③橑：支撑车盖的弓形支架。　④轸：车箱底部四周的横木。　⑤辐：车条。

人主太浅则知暗①，太博则业厌②，二者异失同败，其伤必至。故师傅之道既美其施③，又慎其齐④；适疾徐⑤，任多少⑥；造而勿趣⑦，稍而勿苦⑧；省其所省⑨，而堪其所堪⑩。故力不劳而身大盛，此圣人之化也。

[**注释**]　①知：通"智"。暗：昏昧。　②业：学业。厌：自满。　③师傅之道：指教导太子、帝王的方法。美其施：意为重视施教。　④齐：调剂。⑤适疾徐：快慢适中。　⑥任多少：任务适度。　⑦造而勿趣：急也不催促。趣，同"促"，催促。　⑧稍而勿苦：缓也不怠惰。苦，窳，惰。　⑨省：减少。　⑩堪：承受。

春　秋（连语）

楚惠王食寒菹而得蛭①，因遂吞之，腹有疾而不能食。令尹入问②，曰："王安得此疾？"王曰："我食寒菹而得蛭，念谴之而不行其罪乎③，是法废而威不立也，非所闻也；谴而行其诛④,则疱宰、监食者⑤,法皆当死⑥,心又弗忍也。故吾恐蛭之见也⑦,遂吞之。"令尹避席⑧,再拜而贺曰:"臣闻'皇天无亲,惟德是辅。'王有仁德,天之所奉也⑨,病不为伤。"是昔也⑩,惠王之后而蛭出⑪,故其久病心腹之积皆愈。故天之视听,不可谓不察。

[注释] ①楚惠王:春秋时楚国国君,楚昭王之子,公元前488年至公元前432年在位。寒:凉的。菹:酸菜。蛭:水蛭,俗称"蚂蟥"。 ②令尹:楚国官名,掌管军政大权,相当于丞相。 ③念:考虑。谴:责备。行其罪:治他的罪。 ④行其诛:施行处罚。 ⑤疱宰:厨师。监食者:监督食物烹调的人。 ⑥法皆当死:依法均应处死。 ⑦见:通"现",这里指被发现。 ⑧避席:离席起立,以示敬意。 ⑨奉:帮助。 ⑩昔:夜。 ⑪之:到。后:后宫,这里指后宫的厕所。出:这里被排出。

卫懿公喜鹤①,鹤有饰以文绣者②,赋敛繁多而不顾其民,贵优而轻大臣③。群臣或谏,则面叱之。及翟伐卫④,寇挟城堞矣⑤,卫君垂泪而拜其臣民曰:"寇迫矣,士民其勉之!"士民曰:"君亦使君之贵优,将君之爱鹤⑥,以为君战矣。我侪弃人也⑦,安能守战?"乃溃门而出走⑧。翟寇遂入,卫君奔死⑨,遂丧其国。故贤主者,不以草木禽兽妨害人民,进忠正而远邪伪,故民顺附而臣下为用。今释人民而爱鸟兽,远忠道而贵优笑⑩,反甚矣。人主之为人主也,举错而不偾者⑪,杖贤也⑫。今倍其所主而弃其所杖⑬,其偾仆也,不亦宜乎?语曰:"祸出者祸反⑭,恶人者人亦恶之。"管子曰⑮:"不行其野,不违其马⑯。"此违其马者也。

[注释] ①卫懿公:春秋时卫国国君,卫惠公之子,公元前668年至公元前661年在位,嗜好养鹤,人称"鹤将军"。 ②文绣:刺绣华美的丝织品。 ③优:俳优,滑稽杂耍艺人。 ④翟:也作"狄",北方的民族。 ⑤挟:通"接",迫近。城堞:城上的矮墙。 ⑥将:率领。 ⑦俦:辈。 ⑧溃:冲破。 ⑨奔死:出逃而亡。 ⑩优笑:指俳优。 ⑪举错:举措。偾:失败。 ⑫杖:同"仗",依靠。 ⑬倍:同"背",背弃。 ⑭反:同"返",返还。 ⑮管子:管仲,春秋时齐国国相,辅佐齐桓公成就霸业。 ⑯不行其野,不违其马:出自《管子·形势二》,意思是说,不到野外去,也不要懈怠把马丢开。

邹穆公有令①,食凫雁者必以秕②,毋敢以粟。于是,仓毋秕而求易于民,二石粟得一石秕③。吏以请曰:"秕食雁,为无费也。今求秕于民,二石粟而易一石秕,以秕食雁则费甚矣。请以粟食之。"公曰:"去!非而所知也。夫百姓煦牛而耕④,曝背而耘⑤,苦勤而不敢惰者,岂为鸟兽也哉?粟米,人之上食也,奈何其以养鸟也?且汝知小计而不知大会⑥。周谚曰:'囊漏贮中⑦',而独弗闻与?夫君者,民之父母也。取仓之粟,移之于民,此非吾粟乎?鸟苟食邹之秕,不害邹之粟而已。粟之在仓,与其在民,于吾何择⑧?"邹民闻之,皆知其私积之与公家为一体也。

[注释] ①邹穆公:战国时邹国国君。 ②食:喂养。凫雁:鸭与鹅。秕:瘪的谷粒。 ③石:容量单位,十斗为一石。 ④煦:出气声,这里指呵斥。 ⑤曝:暴晒。 ⑥会:总账。 ⑦囊漏贮中:意为袋子漏了,也还在粮仓里。 ⑧择:区别。

楚王欲淫邹君①,乃遣之技乐美女四人②。穆公朝观③,而夕毕以妻死事之孤④,故妇人年弗称者弗蓄⑤,节于身而弗众也⑥。王舆不衣皮帛⑦,御马不食禾菽⑧,无淫僻之事,无骄燕之行⑨,食不众味,衣不杂采,自刻以广民⑩,亲贤以定国,亲民如子。邹国之治,路不拾遗,臣下顺从,若手之投心⑪。是故以邹子之细⑫,鲁卫不敢轻,齐楚不能胁。邹穆公死,邹之百姓,若失慈父,行哭三月,四境之邻于邹者,士民乡方而道哭⑬,抱手而忧行⑭。酤家不雠其酒⑮,屠者罢列而归⑯,傲童不讴歌⑰,舂筑者不相杵⑱,妇女抉珠瑱⑲,丈夫释玦韔⑳,琴瑟无音,期年而后始复㉑。故爱出者爱反,福往者福来。《易》曰:"鸣鹤在阴,其子和之㉒。"其此之谓乎! 故曰:"天子有道,守在四夷㉓;诸侯有道,守在四邻。"

[注释] ①淫:使……淫乱。邹君:指邹穆公。 ②遣:馈赠。技乐:乐工。 ③朝:早上。 ④妻:嫁给。死事:为国事而死的人。 ⑤年弗称:年龄不相当。蓄:指纳为妻妾。 ⑥众:指妻妾众多。 ⑦不衣皮帛:指不用兽皮和丝帛做装饰。 ⑧禾菽:谷类和豆类。 ⑨燕:轻慢。 ⑩自刻:自责自励。 ⑪投:合。 ⑫邹子:指邹穆公。细:指国家小。 ⑬乡:通"向",向着。方:指邹国的方向。 ⑭忧行:忧伤而行。 ⑮酤家:酒家。雠:出售。 ⑯罢列:停止营业。 ⑰傲童:游玩的儿童。傲,通"遨"。 ⑱舂:舂米。筑:筑墙。不相杵:意为舂谷时不再发出号子声。 ⑲抉:摘掉。珠瑱:缀珠的耳饰。 ⑳释:去掉。玦:拉弓弦用的扳指。韔:干皮革,这里指皮箭袋。 ㉑期年:一年。 ㉒鸣鹤在阴,其子和之:出自《周易·中孚》,意思是说,鹤在山的北面鸣叫,小鹤们随声附和。 ㉓四夷:对四方少数民族的统称。

宋康王时①,有爵生鹯于城之陬②,使史占之③,曰:"小而生大,必伯于天下④。"康王大喜。于是灭滕⑤,伐诸侯,取淮之城⑥,乃愈自信,欲霸之亟成⑦。故射天笞地⑧,伐社稷而焚之⑨,曰威服天地鬼神;骂国老之谏者为无头之棺⑩,以视有勇;剖伛之背⑪,斫朝涉之胫⑫,国人大骇⑬。齐王闻而伐之,民散城不守,王乃逃于郳侯之馆⑭,遂得而死。故见祥而为不可⑮,祥反为祸。

[注释] ①宋康王:战国时宋国国君。 ②爵:通"雀"。鹪:鹪类猛禽。陬:角落。 ③史:太史。占:占卜。 ④伯:通"霸",称霸。 ⑤滕:滕国,在今山东省。 ⑥淮:指淮河流域。 ⑦亟:急速。 ⑧射天:悬挂盛血的革囊,用箭射之,以示威武。笞:鞭打。 ⑨伐社稷:毁坏土神和谷神祭坛。 ⑩无头之棺:意为自寻死路。 ⑪伛:驼背。 ⑫斫:砍断。朝涉之胫:早晨涉水过河者的小腿。 ⑬骇:惊恐。 ⑭郳侯:郳国国君。郳,周代侯国名,在今山东省滕州市附近。馆:馆舍。 ⑮为不可:做不应该做的事情。

晋文公出畋①,前驱还白②,前有大蛇,高若堤,横道而处。文公曰:"还车而归。"其御曰③:"臣闻:'祥则迎之,见妖则凌之。'今前有妖,请以从吾者攻之。"文公曰:"不可。吾闻之曰:'天子梦恶则修道,诸侯梦恶则修政,大夫梦恶则修官,庶人梦恶则修身。若是,则祸不至。'今我有失行,而天招以夭④,我若攻之,是逆天命也。"乃归。斋宿而请于庙⑤,曰:"孤实不佞⑥,不能尊道,吾罪一。执政不贤,左右不良,吾罪二。饬政不谨⑦,民人不信,吾罪三。本务不修,以咎百姓,吾罪四。斋肃不庄⑧,粢盛不洁⑨,吾罪五。请兴贤遂能而章德行善⑩,以道百姓⑪,毋复前过。"乃退而修政。居三月,而梦天诛大蛇,曰:"尔何敢当明君之路⑫!"文公觉,使人视之,蛇已鱼烂矣⑬。文公大说,信其道而行之不解⑭,遂至于伯。故曰:见妖而迎以德,妖反为福也。

[注释] ①晋文公:春秋时晋国国君,春秋五霸之一,公元前636年至公元前628年在位。畋:打猎。 ②前驱:在前面开道的人。白:禀告。 ③御:驾车的人。 ④招:通"昭",昭示。夭:通"妖"。 ⑤斋宿:祭祀的前一日斋戒独宿,表示虔诚。庙:宗庙。 ⑥不佞:不才。 ⑦饬:治理。谨:严。 ⑧斋肃:斋戒。 ⑨粢盛:盛在祭器内供祭祀的谷物。 ⑩遂:进。 ⑪道:引导。 ⑫当:挡住。 ⑬鱼烂:意为像鱼那样从内部糜烂腐败。 ⑭解:同"懈",懈怠。

楚怀王心矜好高人①,无道而欲有伯王之号②,铸金以象诸侯人君,令大国之王编而先马③,梁王御④,宋王骖乘⑤,周召毕陈滕薛卫中山之君⑥,皆象使随而趋⑦。诸侯闻之,以为不宜,故兴师而伐之。楚王见士民为用之不劝也⑧,乃征役万人,且掘国人之墓。国人闻之振动,昼旅而夜乱⑨。齐人袭之,楚师乃溃。怀王逃适秦⑩,克尹杀之西河⑪,为天下笑。此好矜不让之罪也,不亦羞乎?

[注释] ①楚怀王:战国时楚国国君,楚威王之子。矜:自大。高人:高于人。 ②伯王:霸王。 ③编:排列。先马:意为牵着马在前引路。 ④梁王:即魏王。御:驾车。 ⑤骖乘:陪乘。 ⑥周、召、毕、陈、滕、薛、卫、中山:均为当时的小诸侯国。 ⑦使:随从。随:跟着。趋:小步快走。 ⑧为用之不劝:意为不肯效力。劝,努力。 ⑨昼旅:白天集结成军。旅,军队的编制单位,此处意为成为旅。夜乱:夜晚叛乱。 ⑩适:往。 ⑪克尹:人名,未详。西河:地名,在今陕西省南部。

齐桓公之始伯也①,翟人伐燕②,桓公为燕北伐翟,乃至于孤竹③,反,而使燕君复召公之职④。桓公归,燕君送桓公入齐地百六十六里。桓公问于管仲曰⑤:"礼,诸侯相送,固出境乎?"管仲曰:"非天子不出境。"桓公曰:"然则燕君畏而失礼也,寡人恐后世之以寡人能存燕而朝之也⑥。"乃下车,而令燕君还车,乃剖燕君所至而与之⑦,遂沟以为境而后去⑧。诸侯闻桓公之义,口不言而心皆服矣。故九合诸侯⑨,莫不乐听;扶兴天子,莫不劝从。诚退让,人孰弗戴也⑩?

[注释] ①齐桓公:春秋时齐国国君,公元前685年至公元前643年在位,春秋五霸之首。 ②燕:诸侯国名,在今河北、辽宁一带。 ③孤竹:古国名,在今河北省卢龙县附近。 ④复召公之职:意为恢复了燕的诸侯国及辅臣地位。召公,燕国始祖,周武王同姓宗室,辅助周武王灭商,被封于燕。 ⑤管仲:即管子,春秋时齐国国相,辅佐齐桓公成就霸业。 ⑥朝之:意为使燕国朝拜自己。 ⑦剖:割。燕君所至:指燕君所至的齐国土地。与之:给燕国。 ⑧沟以为境:挖沟作为边境。 ⑨九合诸侯:九次会盟诸侯。 ⑩戴:拥戴。

二世胡亥之为公子①,昆弟数人②,诏置酒飨群臣③,召诸子赐食先罢④。胡亥下陛⑤,视群臣陈履状善者⑥,因行践败而去⑦。诸侯闻之,莫不大息⑧。及二世即位,皆知天下之弃之也。

[注释] ①二世胡亥:即秦朝的第二个皇帝胡亥,秦始皇第十八子,公元前209年至公元前207年在位。 ②昆弟:兄弟。 ③诏:下诏。飨:宴请。 ④罢:回去。 ⑤陛:宫殿的台阶。 ⑥陈履:摆放着的鞋子。状善:指摆放得整齐。 ⑦因:就。践败:踩坏。 ⑧大息:叹息。

孙叔敖之为婴儿也①,出游而还,忧而不食,其母问其故。泣而对曰:"今日吾见两头蛇,恐去死无日矣。"其母曰:"今蛇安在?"曰:"吾闻见两头蛇者死,吾恐他人又见,吾已埋之也。"其母曰:"无忧,汝不死。吾闻之,有阴德者②,天报以福。"人闻之,皆谕其能仁也③。及为令尹,未治而国人信之。

[注释]　①孙叔敖:春秋时楚国人,楚庄王时任令尹。婴儿:泛指幼童。②阴德:暗中做的善事。　③谕:知晓。

卷第七

先　　醒（连语）

怀王问于贾君曰①："人之谓知道者为先生②，何也？"

[注释]　①怀王：即梁怀王刘揖，又名刘胜，汉文帝少子，立为梁王，拜贾谊为太傅。贾君：指贾谊。　②人之谓知道者为先生：意为人们称通晓道理的人为先生。

贾君对曰："此博号也①，大者在人主，中者在卿大夫，下者在布衣之士。乃其正名②，非为先生也，为先醒也。彼世主不学道理，则嘿然惛于得失③，不知治乱存亡之所由，怉怉然犹醉也④。而贤主者学问不倦，好道不厌，惠然独先乃学道理矣⑤。故未治也知所以治，未乱也知所以乱，未安也知所以安，未危也知所以危，故昭然先寤乎所以存亡矣⑥。故曰先醒，辟犹俱醉而独先发也⑦。故世主有先醒者，有后醒者，有不醒者。

[注释]　①博号：泛称。　②乃：至于。正名：确切的名称。　③嘿：同

"默"。惛:同"昏",昏乱。　④忳忳然:浑然无知貌。　⑤惠:通"慧"。乃:而。　⑥寤:通"悟"。　⑦辟:通"譬",比如。发:清醒。

　　昔楚庄王即位①,自静三年②,以讲得失,乃退辟邪而进忠正,能者任事而后在高位,内领国政,辟草而施教③,百姓富,民恒一④,路不拾遗,国无狱讼⑤。当是时也,周室坏微,天子失制矣,宋郑无道⑥,欺昧诸侯。庄王围宋伐郑,郑伯肉袒牵羊⑦,奉簪而献国⑧。庄王曰:'古之伐者,乱则整之,服则舍之,非利之也。'遂弗受,乃与晋人战于两棠⑨,大克晋人,会诸侯于汉阳⑩,申天子之辟禁⑪,而诸侯说服⑫。庄王归过申侯之邑⑬,申侯进饭,日中而王不食。申侯请罪曰:'臣斋而具食甚洁,日中而不饭,臣敢请罪。'庄王喟然叹曰:'非子之罪也。吾闻之曰,其君贤君也,而又有师者王;其君中君也,而又有师者伯⑭;其君下君也,而群臣又莫若者亡⑮。今我下君也,而群臣又莫若不谷⑯,恐亡有也。吾闻之,世不绝贤。天下有贤,而我独不得,若吾生者,何以食为?'故庄王战服大国,义从诸侯⑰,戚然忧恐,圣智在身,而自错不肖⑱,思得贤佐,日中忘饭,可谓明君矣。此之谓'先寤所以存亡',此先醒者也。

　　[注释]　①楚庄王:春秋时楚国国君,楚穆王之子,公元前613年至公元前591年在位,春秋五霸之一。　②静:静息。　③辟草:开垦荒地。　④民恒一:指民众没有二心。　⑤狱讼:诉讼案件。　⑥宋郑:宋国和郑国。　⑦郑伯:指郑襄公。肉袒:脱去上衣,裸露肢体,以示谢罪。　⑧奉簪:意为取下发簪,去冠退位。　⑨两棠:地名,在今河南省荥阳市东部。　⑩汉阳:汉水北面。　⑪辟禁:法令。　⑫说:同"悦"。　⑬申侯:申国国君。邑:都城。

⑭伯:通"霸",称霸。　⑮群臣又莫若者:指群臣又不如国君。亡:灭亡。　⑯不谷:王侯自称的谦词。　⑰义从诸侯:以正义令诸侯跟从。　⑱自错不肖:自认为无德无能。错,置。

昔宋昭公出亡至于境①,喟然叹曰:'呜呼!吾知所以存亡!吾被服而立②,侍御者数百人,无不曰吾君丽者;吾发政举事③,朝臣千人,无不曰吾君圣者。外内不闻吾过,吾是以至此,吾困宜矣。'于是革心易行,衣苴布④,食疄馂⑤,昼学道而夕讲之。二年,美闻于宋。宋人车徒迎而复位⑥,卒为贤君,谥为昭公⑦。既亡矣,而乃寤所以存,此后醒者也。

[注释]　①宋昭公:春秋时宋国国君,应指宋后昭公,宋景公之养子,公元前468年至公元前404年在位。亡:逃亡。境:边境。　②被:通"披"。　③发政举事:施政做事。　④苴布:粗布。　⑤疄:未详。馂:剩饭。　⑥车徒:车马和仆从。　⑦谥:帝王、高官死后,根据其生前事迹追封的称号。

昔者虢君骄恣自伐①,谄谀亲贵②,谏臣诘逐③,政治踳乱④,国人不服。晋师伐之,虢人不守,虢君出走,至于泽中,曰:'吾渴而欲饮。'其御乃进清酒⑤。'吾饥而欲食。'御进殿脯梁糗⑥。虢君喜曰:'何给也?'御曰:'储之久矣。''何故储之?'对曰:'为君出亡而道饥渴也。'君曰:'知寡人亡邪?'对曰:'知之。'曰:'知之,何以不谏?'对曰:'君好谄谀而恶至言⑦,臣愿谏,恐先虢亡。'虢君作色而怒。御谢曰:'臣之言过也⑧。'为间⑨,君曰:'吾之亡者,诚何也?'其御曰:'君弗知耶?君之所以亡者,以大贤也。'虢君曰:'贤,人之所以存也。乃亡何也⑩?'对曰:'天下之君皆不肖，夫疾吾君之独贤也⑪，故亡。'虢君喜，据式而笑⑫，曰：'嗟！贤固若是苦耶！'遂徒行而于山中居⑬，饥倦，枕御膝而卧。御以块自易⑭，逃行而去。君遂饿死，为禽兽食。此已亡矣，犹不悟所以亡，此不醒者也。

［注释］①虢：春秋时诸侯国，在今河南省三门峡市一带，地跨黄河两岸。自伐：自夸。　②亲贵：这里指得到亲近和重用。　③诘逐：这里指遭到斥责和驱逐。　④踳：同"舛"，错乱。　⑤御：驾车的人。　⑥腶脯：干肉。梁糗：干粮。　⑦至言：真话。　⑧过：错。　⑨为间：一会儿。　⑩乃：竟然。　⑪疾：忌恨。　⑫据：靠着。式：通"轼"，车厢前面用作扶手的横木。　⑬徒行：步行。　⑭以块自易：意为用土块代替自己，让虢君枕着。

故先醒者，当时而伯；后醒者，三年而复①；不醒者，枕土而死，为虎狼食。呜呼，戒之哉！"

［注释］①复：指恢复君位。

耳　痹（连语）

窃闻之曰：目见正而口言枉则害①，阳言吉错之民而凶则败②，倍道则死③，障光则晦④，无神而逆人则天必败其事⑤。

［注释］①枉：歪曲。害：引起祸害。　②阳言吉错之民而凶则败：意思是说，表面上说得很好，施政于民时却做坏事，就要招致失败。错，通"措"，实施。　③倍：同"背"，违背。　④障：遮挡。晦：暗。　⑤无：通"罔"，蒙蔽。逆人：指违逆人道。

故昔者楚平王有臣曰伍子胥①，王杀其父而无罪②，奔走而之吴，曰："父死而不死，则非父之子也；死而非补③，则过计也④；与吾死而不一明⑤，不若举天地以成名。"于是纡身而不□⑥，适阖闾⑦，治味以求亲⑧。阖闾甚而安之⑨，说其谋⑩，果其举⑪，反其德⑫，用而任吴国之政也。民保命而不失，岁时熟而不凶⑬，五官公而不私⑭，上下调而无尤⑮，天下服而无御⑯，四境静而无虞⑰。然后忿心发怒⑱，出凶言⑲，阴必死⑳，提邦以伐楚㉑。五战而五胜，伏尸数十万，城郢之门㉒，执高库之兵㉓，伤五藏之实㉔，毁十龙之钟㉕，挞平王之墓㉖。昭王失国而奔㉗，妻生虏而入吴㉘。故楚平王怀阴贼㉙，杀无罪，殃既至此矣。

[注释] ①楚平王：春秋时楚国国君，楚共王之子，公元前528年至公元前516年在位。伍子胥：春秋时楚国大夫，父兄被楚王所杀后逃到吴国，辅佐吴王阖闾。 ②王杀其父而无罪：意为伍子胥的父亲伍奢无罪而被楚平王所杀。 ③非补：指于事无补。 ④过计：错误的打算。 ⑤与：与其。不一明：指不明不白。 ⑥纡身：屈身。 ⑦适：往，投奔。阖闾：春秋时吴国国君，公元前514年至公元前496年在位。 ⑧治味：烹饪美味。 ⑨安：满意。 ⑩说：同"悦"。 ⑪果：实现。 ⑫反：报。 ⑬凶：灾荒。 ⑭五官：泛指百官。 ⑮尤：怨尤。 ⑯御：通"悟"，叛逆。 ⑰虞：忧虑。 ⑱忿心发怒：指伍子胥愤恨发怒。 ⑲凶言：指战前的檄文。 ⑳阴必死：暗下必死的决心。 ㉑提邦：举国。 ㉒城：攻克。郢：楚国的都城，在今湖北省江陵县附近。 ㉓执：取走。兵：兵器。 ㉔伤：损毁。五藏：五库，指车库、兵库、祭器库、乐库和宴器库。实：物资。 ㉕十龙之钟：刻有十条龙的钟。 ㉖挞：鞭打。 ㉗昭王：即楚昭王，春秋时期楚国国君，楚平王之子，公元前515年至公元前489年在位。奔：逃亡。 ㉘生虏：活捉。 ㉙阴贼：阴狠残忍。

子胥发郁冒忿①，辅阖闾而行大虐。还十五年②，阖闾没而夫差即位③，乃与越人战江上，栖之会稽④。越王之穷至乎吃山草，饮腑水⑤，易子而食。于是履甓戴璧⑥，号唫告毋罪⑦，呼皇天，使大夫种行成于吴王⑧，吴王将许，子胥曰："不可，越国之俗，勤劳而不愠⑨，好乱而无礼，溪徼而轻绝⑩，好诅而倍盟⑪。放此类者⑫，鸟兽之侪徒⑬，狐狸之丑类也，生之为患，杀之无咎⑭，请无与成。"大夫种拊心嗥啼⑮，沫泣而言信⑯，割白马而为牲⑰，指九天而为证，请妇人为妾，丈夫为臣，百世名宝因闲官为积⑱，孤身为关内诸侯⑲，世为忠臣。吴王不忍，缩师与成⑳，还，谋而伐齐，子胥进争不听㉑，忠言不用。越既得成，称善累德，以求民心。于是上帝降祸，绝吴命乎直江㉒。君臣乖而不调㉓，置社稷而分裂㉔，容台振而掩败㉕，犬群嗥而入渊㉖，豕衔蒩而适奥㉗，燕雀剖而蚖蛇生㉘；食芦菹而蛭口㉙，浴清水而遇蚤㉚。伍子胥见事之不可为也，何笼而自投水㉛，自抉而珥东门㉜，身鸱夷而浮江㉝。怀贼行逆，深报而殃不辜㉞，祸至乎身矣！越于是果逆谋负约，袭邦刟夫差㉟，兼吴而拊㊱。事济功成，范蠡负石而蹈五湖㊲，大夫种縻领谢室㊳，渠如处车裂回泉㊴。自此之后，句践不乐㊵，忧悲荐至㊶，内崩而死。

[注释] ①发郁冒忿：发泄烦闷愤恨。 ②还：过了。 ③夫差：春秋时吴国国君，阖闾之子，公元前495至公元前473年在位。 ④栖：栖身。会稽：山名，在今浙江省绍兴市郊。 ⑤腑水：臭水。腑，通"腐"。 ⑥履：踏。甓：砖。璧：碧玉。 ⑦号唫：嚎哭而诉。唫，同"吟"。毋：无。 ⑧种：文种，越国大夫。行成：议和。 ⑨愠：埋怨。 ⑩溪徼：刻薄。轻绝：轻易就绝交。

⑪诅:诅咒。倍:同"背",背叛。 ⑫放:通"仿",像。 ⑬侪徒:同类。 ⑭咎:罪。 ⑮拊心:拍胸。嗥啼:大声啼哭。嗥,通"号"。 ⑯沫泣:泪流满面。 ⑰割:杀。牲:供宴飨祭祀用的牲畜。 ⑱百世名宝:传世珍宝。因闲官为积:指堆放在吴国的库房里。官,通"馆"。 ⑲孤身:指越王勾践。关内:指吴国境内。 ⑳缩师:退兵。与:允许。成:讲和。 ㉑进争:进谏规劝。 ㉒直江:未详。一说应作"胥江",在今浙江北部。 ㉓乖:不和谐。 ㉔置:舍弃。 ㉕容台:行礼之台。振:通"震",震动。掩败:倒塌。 ㉖嗥:嚎叫。 ㉗豨:猪。菹:枯草。适:至。奥:室内的西南角,为尊位。 ㉘燕雀剖:指剖开燕雀之卵。虺:毒蛇。 ㉙芦菹:芦笋做的腌菜。蛭:蚂蟥。口:指入口。 ㉚虿:蝎子。 ㉛何:同"荷",背负。 ㉜自抉:指自己挖出眼珠。珥东门:挂在东门上。 ㉝身鸱夷:意为把伍子胥的尸体装在皮革口袋里。鸱夷,革囊。 ㉞深报:指伍子胥复仇过分、失当。 ㉟创:打败。 ㊱兼:吞并。拊:指抚恤民众。 ㊲范蠡:春秋时人,越国大夫。负石而蹈五湖:背着石头跳水自杀。一说应作"负室而归五湖",意为带着家眷归隐。 ㊳絜领谢室:意为被关进监狱。谢室,即请室,请罪之室。 ㊴渠如:即皋如,越国大夫。回泉:地名,未详。 ㊵句践:即勾践,春秋时越国君主,公元前496年至公元前464年在位。 ㊶荐至:接连而来。

故天之诛伐,不可为广虚幽间①,攸远无人;虽重袭石中而居②,其必知之乎。若诛伐顺理而当辜③,杀三军而无咎;诛杀不当辜,杀一匹夫,其罪闻皇天。故曰:天之处高,其听卑④;其牧芒⑤,其视察⑥。故凡自行,不可不谨慎也。

[注释] ①广虚:旷远。幽间:幽远。 ②重袭:一层又一层。 ③当辜:与罪名相当。 ④其听卑:意为能听到低处的声音。 ⑤其牧芒:未详。一说此三字为衍文,当删。 ⑥其视察:意为能看到细微的地方。

谕　诚（连语）

　　汤见设网者四面张①，祝曰②："自天下者，自地出者，自四方至者，皆罗我网③。"汤曰："嘻，尽之矣④！非桀其孰能如此⑤？"令去三面，舍一面⑥，而教之祝曰："蛛蝥作网⑦，今之人脩绪⑧，欲左者左，欲右者右，欲高者高，欲下者下，吾请受其犯命者⑨。"士民闻之，曰："汤之德及于禽兽矣，而况我乎！"于是下亲其上。

　　[注释]　①汤：商汤，商朝的建立者。　②祝：祷告。　③罗：通"罹"，遭逢，这里指投入。　④尽之矣：意为一网打尽了。　⑤桀：夏桀，夏朝的最后一位君主。　⑥舍：设置。　⑦蛛蝥：蜘蛛的别名。　⑧脩绪：因袭此事。　⑨犯命者：指不听命令，自投罗网者。

　　楚昭王当房而立①，愀然有寒色②，曰："寡人朝饥馑时，酒二酳③，重裘而立④，犹憯然有寒气⑤，将奈我元元之百姓何⑥？"是日也，出府之裘以衣寒者，出仓之粟以赈饥者。居二年，阖闾袭郢⑦，昭王奔隋⑧。诸当房之赐者，请还⑨，至死之寇⑩。阖闾一夕而十徙卧⑪，不能赖楚⑫，曳师而去⑬。昭王乃复，当房之德也。

　　[注释]　①楚昭王：春秋时楚国国君，楚平王之子，公元前515年至公元前489年在位。当：面对着。房：旁室。　②愀然：忧愁貌。　③酳：同"觛"，小酒杯。　④重裘：指穿着两层裘皮衣。　⑤憯然：痛苦貌。　⑥元元：善良。　⑦阖闾：春秋时吴国国君，公元前514年至公元前496年在位。郢：楚国的都城，在今湖北省江陵县附近。　⑧隋：春秋时小诸侯国，在今湖北省随州市附近。　⑨请还：指请求返回楚国。　⑩至死之寇：意为拼死赴敌。之，

往、赴。　⑪一夕而十徙卧:意为一晚多次更换睡觉的地方。一说"十"应作"五"。　⑫赖:攻取。　⑬曳:率领。去:离开。

昔楚昭王与吴人战,楚军败,昭王走①,屦决背而行失之②,行三十步,复旋取屦③。及至于隋,左右问曰:"王何曾惜一踦屦乎④?"昭王曰:"楚国虽贫,岂爱一踦屦哉？思与偕反也⑤。"自是之后,楚国之俗无相弃者。

[注释]　①走:逃跑。　②屦:鞋。决:指鞋面断裂。　③旋:返回。　④踦屦:单只的鞋。　⑤偕:一起。反:通"返",返回。

文王昼卧①,梦人登城而呼己曰:"我东北陬之枯骨也②,速以王礼葬我。"文王曰:"诺。"觉,召吏视之,信有焉③。文王曰:"速以人君礼葬之。"吏曰:"此无主矣④,请以五大夫⑤。"文王曰:"吾梦中已许之矣,奈何其倍之也⑥!"士民闻之曰:"我君不以梦之故而倍槁骨,况于生人乎?"于是,下信其上。

[注释]　①文王:周文王姬昌,周王朝奠基者。昼卧:白天睡觉。　②陬:角落。　③信:证实。　④无主:指身份不明。　⑤请以五大夫:意为请按照五大夫的礼仪安葬。五大夫,周代官名。　⑥倍:同"背",背弃。

豫让事中行之君①,智伯灭中行氏②,豫让徙事智伯③,及赵襄子破智伯④,豫让剂面而变容⑤,吞炭而为哑⑥,乞其妻所而妻弗识⑦,乃伏刺襄子⑧,五起而弗中⑨。襄子患之,食不甘味,一夕而三易卧,见不全身⑩。人谓豫让曰:"子不死中行而反事其雠⑪,何无可耻之甚也？今必碎身麋躯以为智伯⑫,何其与前异也?"豫让曰:"我事中行之君,与帷而衣之⑬,与关而枕之⑭。夫众人畜我⑮,我故众人事之。及智伯分吾以服衣,餡吾以鼎实⑯,举被而为礼⑰。是以国士遇我⑱,我故国士报之。"故曰:"士为知己者死,女为悦己者容",非冗言也⑲,故在主而已。

[注释] ①豫让:春秋末期晋国人,晋国六大世袭卿族之一中行氏家臣,后为智伯的家臣,智伯进攻赵襄子时被赵襄子所灭,豫让为了给智伯报仇行刺赵襄子,行刺失败后自杀。事:侍奉。中行之君:中行氏的末代宗主中行文子荀寅。 ②智伯:即智襄子荀瑶,春秋末期晋国六大世袭卿族之一。 ③徙:改为。 ④赵襄子:晋国六大世袭卿族中的赵氏宗主。 ⑤剂:割破。 ⑥吞炭:吞下火炭。 ⑦乞:行乞。所:住所。 ⑧伏:埋伏。刺:刺杀。 ⑨五起:指五次行刺。 ⑩见不全身:意为觉得自身不保。 ⑪不死中行:不为中行氏而死。反事其雠:反而去侍奉仇敌。雠,仇人。 ⑫靡躯:犹言粉身碎骨。靡,烂。 ⑬与:给予。帷:帷布。 ⑭关:门栓。 ⑮众人畜我:像对待普通人那样蓄养我。 ⑯餡:通"饵",给……吃。鼎实:鼎中所盛的美食。 ⑰被:应为"袂",衣袖。 ⑱国士遇我:像对待国士那样礼遇我。国士,国中才能出众的人。 ⑲冗言:多余的话。

退 让(连语)

梁大夫宋就者①,为边县令②,与楚邻界。梁之边亭与楚之边亭皆种瓜③,各有数。梁之边亭劬力而数灌④,其瓜美。楚窳而希灌⑤,其瓜恶。楚令固以梁瓜之美⑥,怒其亭瓜之恶也。楚亭恶梁瓜之贤己⑦,因夜往,窃搔梁亭之瓜⑧,皆有死焦者矣⑨。梁亭觉之,因请其尉⑩,亦欲窃往,报搔楚亭之瓜⑪。尉以请。宋就曰:"恶!是何言也!是讲怨分祸之道也⑫。恶!何称之甚也⑬!若我教子,必诲莫令人往⑭,窃为楚亭夜善灌其瓜,令勿知也。"于是梁亭乃每夜往,窃灌楚亭之瓜。楚亭旦而行瓜⑮,则此已灌矣,瓜日以美,楚亭怪而察之,则乃梁亭也。楚令闻之大悦,具以闻⑯。楚王闻之,恕然丑以志自懵也⑰,告吏曰:"微搔瓜⑱,得无他罪乎?"说梁之阴让也⑲,乃谢以重币,而请交于梁王。楚王时则称说梁王以为信⑳,故梁、楚之欢由宋就始。语曰:"转败而为功,因祸而为福。"老子曰:"报怨以德㉑。"此之谓乎。夫人既不善,胡足效哉?

[注释] ①梁:即战国时期的魏国,魏惠王迁都到大梁(今河南开封)后,魏国亦称梁国。宋就:人名,未详。 ②边:边境。 ③亭:秦汉时乡以下的一种行政机构。 ④劬力:勤劳尽力。数:屡次。 ⑤窳:懒惰。希:少。 ⑥固:久。 ⑦贤:胜过。 ⑧窃:偷偷。搔:同"骚",扰乱、破坏。 ⑨焦:干枯。 ⑩请:请求。尉:县尉。 ⑪报:报复。 ⑫讲:通"构",结成。 ⑬何称之甚也:说得太过分了。称,说。 ⑭莫:同"暮",晚上。 ⑮行:巡视。 ⑯具以闻:意为把事情的经过禀告给楚王。 ⑰恕然:后悔状。丑:羞愧。志:想法。懵:糊涂。 ⑱微:除了。 ⑲说:同"悦"。阴让:暗地退让。 ⑳时:常常。信:诚信。 ㉑报怨以德:出自《老子》第六十三章。

翟王使使至楚①,楚王欲夸之②,故飨客于章华之台上③。上者三休④,而乃至其上。楚王曰:"翟国亦有此台乎?"使者曰:"否。翟,婪国也⑤,恶见此台也?翟王之自为室也,堂高三尺,壤陛三累⑥,茆茨弗翦⑦,采椽弗刮⑧,且翟王犹以作之者大苦⑨,居之者大佚,翟国恶见此台也!"楚王愧。

[注释] ①翟:春秋时小国,在今河南省汝南县一带。 ②楚王:指楚灵王。夸:炫耀。 ③飨:宴请。章华之台:即章华台,楚离宫名。 ④上者三

休:意为登台的人要中途歇息三次。　⑤窭:贫穷。　⑥壤陛:土做的台阶。纍:同"累",这里指层。　⑦茆茨:用茅草覆盖的屋顶。茆,同"茅"。　⑧采椽:栎木或柞木的椽子。　⑨大:同"太"。

君　道(连语)

纣作梏数千①,睨诸侯之不谄己者②,杖而梏之③。文王桎梏于羑里④,七年而后得免。及武王克殷⑤,既定,令殷之民投撤桎梏而流之于河⑥。民输梏者以手撤之⑦,弗敢坠也;跪之入水⑧,弗敢投也。曰:"昔者,文王鬻常拥此⑨。"故爱思文王,犹敬其梏,况乎其法教乎?

[注释]　①纣:商纣王帝辛,商朝的亡国之君。梏:木制手铐。　②睨:斜着眼睛看。谄:巴结。　③杖:用棍子打。　④文王:周文王姬昌,周王朝奠基者,周武王之父。桎梏:脚镣和手铐,此处意为戴着脚镣和手铐。羑里:地名,在今河南省汤阴县北。　⑤武王:周武王姬发,周王朝的建立者。⑥投:扔。撤:撤除。流:顺水飘走。　⑦输:运送。　⑧跪之入水:意为跪着将桎梏放入水中。　⑨鬻:通"圄",这里指在狱中。常:通"尝",曾经。拥:戴。

《诗》曰:"济济多士,文王以宁①。"言辅翼贤正,则身必已安也。又曰:"弗识弗知,顺帝之则②。"言士民说其德义③,则效而象之也④。文王志之所在,意之所欲,百姓不爱其死⑤,不惮其劳⑥,从之如集⑦。《诗》曰:"经始灵台","庶民攻之,不日成之。经始勿亟,庶民子来⑧。"文王有志为台,令近规之⑨。民闻之者襁褓而至⑩,问业而作之⑪,日日以众。故弗趋而疾⑫,弗期而成⑬。命其台曰"灵台",命其囿曰"灵囿",谓其沼曰"灵沼",爱敬之至也。

《诗》曰:"王在灵囿,麀鹿攸伏。麀鹿濯濯,白鸟鹤鹤。王在灵沼,於牣鱼跃⑭。"文王之泽,下被禽兽⑮,洽于鱼鳖⑯,咸若攸乐⑰,而况士民乎?

[注释] ①济济多士,文王以宁:诗见《诗经·大雅·文王》。济济,整齐美好貌。士,指贤士。以,依靠。宁,指得到安宁。 ②弗识弗知,顺帝之则:诗见《诗经·大雅·皇矣》。弗识弗知,不知不觉。顺,顺从。则,法则。 ③说:同"悦"。 ④效:仿效。象:模仿。 ⑤爱:惜。 ⑥惮:怕。 ⑦集:这里指像赶集一样。 ⑧"经始灵台","庶民攻之,不日成之。经始勿亟,庶民子来":诗见《诗经·大雅·灵台》。经始,开始营建。灵台,台名,周文王建。攻,修建。亟,急。子来,指不召自来。 ⑨近:应作"匠"。规:规划。 ⑩齎裹:意为自带干粮。 ⑪问业:指主动请求任务。 ⑫趋:通"促",催促。疾:迅速。 ⑬期:限期。 ⑭王在灵囿,麀鹿攸伏。麀鹿濯濯,白鸟鹤鹤。王在灵沼,於牣鱼跃:诗见《诗经·大雅·灵台》。灵囿,苑囿名。麀鹿,母鹿。攸,所。濯濯,肥泽貌。鹤鹤,洁白有光泽。灵沼,池沼名。於,发语词。牣,通"牣",满。 ⑮被:施加。 ⑯洽:浸润。 ⑰咸若攸乐:意为都和顺欢乐。攸,所。

《诗》曰:"恺悌君子,民之父母①。"言圣王之德也。《易》曰:"鸣鹤在阴,其子和之②。"言士民之报也。《书》曰:"大道亶亶,其去身不远,人皆有之,舜独以之③。"去射而不中者,不求之鹄④,而反修之于己。君国子民者,反求之己,而君道备矣。

[注释] ①恺悌君子,民之父母:诗见《诗经·大雅·泂酌》。恺悌,和乐平易。 ②鸣鹤在阴,其子和之:出自《周易·中孚》,意思是说,鹤在山的北面鸣叫,小鹤们随声附和。 ③大道亶亶,其去身不远,人皆有之,舜独以之:今本《尚书》未见。亶亶,平坦貌。以,运用。 ④不求之鹄:意为不归罪、责求于箭靶。鹄,箭靶的中心。

卷第八

官　人（连语）

王者官人有六等①：一曰师，二曰友，三曰大臣，四曰左右，五曰侍御②，六曰厮役③。知足以为源泉④，行足以为表仪；问焉则应，求焉则得；入人之家足以重人之家⑤，入人之国足以重人之国者，谓之师。知足以为砻砺⑥，行足以为辅助，仁足以访议⑦；明于进贤，敢于退不肖；内相匡正，外相扬美者，谓之友。知足以谋国事，行足以为民率⑧，仁足以合上下之欢；国有法则退而守之，君有难则进而死之⑨；职之所守，君不得以阿私托者⑩，大臣也。修身正行不怍于乡曲⑪，道语谈说不怍于朝庭；智能不困于事业，服一介之使⑫，能合两君之欢；执戟居前⑬，能举君之失过，不难以死持之者⑭，左右也。不贪于财，不淫于色；事君不敢有二心，居君旁不敢泄君之谋；君有失过，虽不能正谏以其死持之，憔悴有忧色，不劝听从者⑮，侍御也。柔色伛偻⑯，唯谀之行⑰，唯言之听，以睚眦之间事君者⑱,厮役也。故与师为国者帝,与友为国者王,与大臣为国者伯⑲,与左右为国者强,与侍御为国者若存若亡,与厮役为国者亡可立待也。

[注释] ①官人:授予官职以任用人。 ②侍御:侍从。 ③厮役:仆役。 ④知:同"智",智慧。 ⑤重:加重,这里指使其尊贵。 ⑥砻砺:磨砺。 ⑦访议:咨询,谋议。 ⑧率:表率。 ⑨死:效死。 ⑩阿:偏袒。 ⑪怍:惭愧。乡曲:乡里。 ⑫服:担任。一介之使:一个使者。 ⑬执戟:指持戟的侍卫官。 ⑭难:怕。持:护卫。 ⑮劝:勉强。 ⑯伛偻:腰背弯曲做恭顺状。 ⑰谀:奉承。 ⑱睚眦:眼角,这里指眼色。 ⑲伯:通"霸"。

取师之礼①,黜位而朝之②。取友之礼,以身先焉③。取大臣之礼,皮币先焉④。取左右之礼,使使者先焉。取侍御之礼,以令至焉⑤。取厮役之礼,以令召矣。师至,则清朝而侍⑥,小事不进⑦。友至,则清殿而侍,声乐技艺之人不并见⑧。大臣奏事,则俳优侏儒逃隐⑨,声乐技艺之人不并奏⑩。左右在侧,声乐不见⑪。侍御者在侧,子女不杂处。故君乐雅乐⑫,则友、大臣可以侍;君乐燕乐⑬,则左右、侍御者可以侍;君开北房从熏服之乐⑭,则厮役从。清晨听治⑮,罢朝而论议,从容泽燕⑯。夕时开北房,从熏服之乐。是以听治论议,从容泽燕,矜庄皆殊序⑰,然后而帝王之业可得而行也。

[注释] ①取:择用。 ②黜位:离开座位。朝:拜见。 ③以身先焉:意为亲身迎接。 ④皮币先焉:意为先送礼物聘问。皮币,用作聘享的贵重礼物。 ⑤以令至焉:意为命令他就职。 ⑥清:清扫。朝:朝堂。侍:侍奉。 ⑦进:禀告。 ⑧并:同时。见:通"现",出现。 ⑨俳优侏儒:指歌舞、杂耍艺人。逃隐:回避。 ⑩奏:奏乐。 ⑪声乐不见:指不奏乐。 ⑫乐:欣

赏。雅乐：正乐，指帝王朝贺、祭祀天地等大典所用的音乐。　⑬燕乐：饮宴时所用的音乐。　⑭北房：指王后的宫殿。熏服之乐：指妓乐。　⑮听治：指处理朝政。　⑯泽燕：休息。　⑰矜庄：严肃庄敬。殊序：指符合不同的次序、场合。

劝　学（连语）

谓门人学者①：舜何人也？我何人也？夫启耳目②，载心意③，从立移徙④，与我同性⑤。而舜独有贤圣之名，明君子之实；而我曾无邻里之闻、宽狗之智者⑥，独何与？然则舜偩俛而加志⑦，我儃僈而弗省耳⑧。

[注释]　①学者：求学的人。　②启：开启。　③载：表达。　④从立：站立。从，通"纵"，竖。移徙：行走。　⑤性：本性。　⑥宽：广博。狗：同"徇"，敏捷。　⑦偩俛：勤勉。加志：意为志向高远。　⑧儃僈：安逸放纵。省：反省。

夫以西施之美而蒙不洁①，则过之者莫不睨而掩鼻②。尝试傅白黱黑③，榆铗陂④，杂芷若⑤，茧虱视⑥，益口笑⑦，佳能佻志⑧，从容为说焉⑨，则虽王公大人，孰能无悇憛养心而巅一视之⑩？今以二三子材，而蒙愚惑之智，予恐过之有掩鼻之容也。

[注释]　①西施：春秋时越国美女。蒙：沾染。不洁：污秽之物。②睨：斜着眼睛看。　③傅白黱黑：涂粉描眉。黱，同"黛"，女子画眉用的青黑色颜料，此处意为画眉。　④榆铗陂：未详。一说榆通"揄"，披；铗陂即"夹帔"，指披肩。　⑤杂：佩带。芷若：白芷和杜若，均为香草。　⑥茧虱视：未详。一说应作"逢蒙视"，意为微微低垂着眼睛看。　⑦益口笑：意为嘴角充

溢着笑容。 ⑧佳能佻志:意为神态曼妙,心志美好。佻,同"姚",美好。⑨从容为说:指言语从容。 ⑩孰能无悰憛养心而巅一视之:意思是说,谁能不爱慕、心动,为之倾倒,而想要一睹芳容呢?悰憛,贪念。养心,动心。巅,同"颠",倾倒。

昔者南荣跦丑圣道之忘乎己①,故步涉山川②,坌冒楚棘③,弥道千余④,百舍重茧⑤,而不敢久息。既过老聃⑥,噩若慈父⑦,雁行避景⑧,夔立蛇进⑨,而后敢问。见教一高言,若饥十日而得大牢焉⑩,是达若天地⑪,行生后世⑫。

[注释] ①南荣跦:老子弟子庚桑楚的门徒。丑:惭愧。忘:通"亡",失掉。 ②步涉:跋涉。 ③坌冒:蒙受,冒着。楚棘:荆棘。 ④弥:远。⑤百舍重茧:意为百里一宿,脚上磨出厚厚的茧子。舍,住宿、休息。 ⑥老聃:老子。 ⑦噩:通"愕",惊愕。 ⑧雁行:形容排列整齐而有次序。景:同"影",影子。 ⑨夔立:肃立。蛇进:比喻弯腰前行。 ⑩大牢:即"太牢",牛、羊、猪三牲具备,这里指太牢那样的大餐。 ⑪达:通达。 ⑫行:德行。生:养育。

今夫子之达佚乎老聃①,而诸子之材不避荣跦②,而无千里之远、重茧之患。亲与巨贤连席而坐,对膝相视,从容谈语,无问不应,是天降大命以达吾德也。吾闻之曰:时难得而易失也。学者勉之乎!天禄不重③。

[注释] ①夫子:应指张苍,贾谊曾向其学习《左传》。佚:通"轶",超过。 ②避:逊。 ③天禄:天赐的福禄。重:重复,这里指重复到来。

道　术（连语）

曰:"数闻道之名矣①,而未知其实也,请问道者何谓也?"

[注释] ①数:多次。

对曰:"道者所道接物也①,其本者谓之虚②,其末者谓之术③。虚者,言其精微也,平素而无设诸也④;术也者,所从制物也⑤,动静之数也。凡此皆道也。"

[注释] ①道者所道接物也:意思是说,道是用来认识和处理事物的。 ②其本者谓之虚:道的本质叫做虚无。 ③其末者谓之术:道的末节叫做术。 ④平:平和。素:质朴。无设诸:指无所作为。 ⑤制物:处理事物。

曰:"请问虚之接物何如?"

对曰:"镜义而居①,无执不臧②,美恶毕至,各得其当;衡虚无私③,平静而处,轻重毕悬④,各得其所。明主者南面而正,清虚而静,令名自命⑤,令物自定⑥,如鉴之应⑦,如衡之称⑧。有甹和之⑨,有端随之⑩,物鞠其极⑪,而以当施之⑫,此虚之接物也。"

[注释] ①镜义而居:意为像镜子那样居处。 ②无执不臧:意为无所执著也无所隐藏。臧,同"藏"。 ③衡:秤。虚:指客观、公平,不主观臆断。 ④悬:挂,这里指称量出来。 ⑤令名自命:意为让事物的名称由其实质自然确定。 ⑥令物自定:意为让事物自然安定。 ⑦鉴:镜子。应:映射。 ⑧称:称重。 ⑨甹:同"甠",事端。和:调和。 ⑩端:发端。随:顺应。 ⑪鞠:尽。 ⑫而以当施之:意为用适当的方法给予帮助。

曰:"请问术之接物何如?"

对曰:"人主仁而境内和矣①,故其士民莫弗亲也;人主义而境内理矣②,故其士民莫弗顺也;人主有礼而境内肃矣③，故其士民莫弗敬也；人主有信而境内贞矣④，故其士民莫弗信也；人主公而境内服矣，故其士民莫弗戴也⑤；人主法而境内轨矣⑥，故其士民莫弗辅也⑦。举贤则民化善，使能则官职治⑧；英俊在位则主尊⑨，羽翼胜任则民显⑩；操德而固则威立⑪，教顺而必则令行⑫；周听则不蔽⑬，稽验则不惶⑭，明好恶则民心化，密事端则人主神⑮。术者，接物之队也⑯。凡权重者必谨于事，令行者必谨于言⑰，则过败鲜矣⑱。此术之接物之道也。其为原无屈⑲，其应变无极，故圣人尊之。夫道之详，不可胜述也。"

[注释]　①和：和谐。　②理：治理得好。　③肃：清平。　④贞：正。　⑤戴：拥戴。　⑥法：指行事合乎法度。轨：守法。　⑦辅：辅助。　⑧官职治：指官吏各尽其职，政事治理得好。　⑨英俊：贤能之士。　⑩羽翼：辅佐之人。显：显荣。　⑪操德而固：意为固守节操。德，通"得"。　⑫教：教化。顺：行。必：必定做到。　⑬周听：广泛听取意见。　⑭稽：考察。惶：惶惑。　⑮密：使……秘密。神：神奇。　⑯队：通"隧"，方法、途径。　⑰令行者：发号施令的人。　⑱鲜：少。　⑲原：本源。屈：尽。

曰："请问品善之体何如①？"

[注释]　①品善之体：意为各种正确与不正确的体现。品，各类。

对曰："亲爱利子谓之慈①，反慈为嚚②。子爱利亲谓之孝，反孝为孽。爱利出中谓之忠③，反忠为倍④。心省恤人谓之惠⑤，反惠为困。兄敬爱弟谓之友，反友为虐⑥。弟敬爱兄谓之悌，反悌为敖⑦。接遇慎容谓之恭⑧，反恭为媟⑨。接遇肃正谓之敬，反敬为慢。言行抱一谓之贞⑩，反贞为伪。期果言当谓之信⑪，反信为慢⑫。衷理不辟谓之端⑬，反端为趽⑭。据当不倾谓之平⑮，反平为险。行善决菀谓之清⑯，反清为鲛⑰。辞利刻谦谓之廉⑱，反廉为贪。兼覆无私谓之公⑲，反公为私。方直不曲谓之正，反正为邪。以人自观谓之度⑳，反度为妄㉑。以己量人谓之恕㉒，反恕为荒㉓。恻隐怜人谓之慈，反慈为忍㉔。厚志隐行谓之洁㉕，反洁为汰㉖。施行得理谓之德㉗，反德为怨。放理洁静谓之行㉘，反行为污。功遂自却谓之退，反退为戟㉙。厚人自薄谓之让㉚，反让为冒㉛。心兼爱人谓之仁，反仁为戾㉜。行充其宜谓之义㉝，反义为懜㉞。刚柔得道谓之和，反和为乖㉟。合得密周谓之调㊱，反调为盭㊲。优贤不逮谓之宽㊳，反宽为阸㊴。包众容易谓之裕㊵，反裕为褊㊶。欣熏可安谓之熅㊷，反熅为鸷㊸。安柔不苛谓之良，反良为啮㊹。缘法循理谓之轨，反轨为易㊺。袭当缘道谓之道㊻，反道为辟㊼。广较自敛谓之俭㊽，反俭为侈。费弗过适谓之节㊾，反节为靡。勠银勉善谓之慎(50)，反慎为怠(51)。忠恶勿道谓之戒(52)，反戒为傲(53)。深知祸福谓之知，反知为愚。亟见窕察谓之慧(54)，反慧为童(55)。动有文体谓之礼(56)，反礼为滥(57)。容服有义谓之仪(58)，反仪为诡(59)。行归而过谓之顺(60)，反顺为逆。动静摄次谓之比(61)，反比为错(62)。容志审道谓之僩(63)，反僩为野。辞令就得谓之雅(64)，反雅为陋。论物明辩谓之辩，反辩为讷(65)。纤微皆审谓之察，反察为旄(66)。诚动可畏谓之威(67)，反威为圂(68)。临制不犯谓之严(69)，反严为轹(70)。仁义修立谓之任(71)，反任为欺。伏义诚必谓之节(72)，反节为罢(73)。持节不恐谓之勇(74)，反勇为怯。信理遂愀谓之敢⑦⑤,反敢为拚⑦⑥。志操精果谓之诚⑦⑦,反诚为殆⑦⑧。克行遂节谓之必⑦⑨,反必为怚⑧⑩。凡此品也⑧①,善之体也,所谓道也。"

[注释] ①亲:父母。 ②嚚(yín):暴虐。 ③中:内心。 ④倍:同"背",背叛。 ⑤心省恤人:心中懂得怜悯他人。 ⑥ 劄:未详,一说意为不团结友爱。 ⑦敖:通"傲",傲慢。 ⑧接遇慎容:待人接物态度谨慎。 ⑨媟(xiè):轻慢。 ⑩抱一:守一,一致。 贞:正。 ⑪期果言当:意为信守承诺,说到做到。期,邀约。果,实现。当,合。 ⑫慢:轻忽。 ⑬衷理:合乎道理。衷,正。 辟:邪僻。 ⑭𧿒(páng):邪曲。 ⑮据当不倾:意为处于平稳妥当的位置不倾斜。 ⑯行善决菀:意为行为正确,解决郁塞。菀,屈、积。 ⑰鼤(wén):昏乱。 ⑱辞利刻谦:拒绝私利,刻意谦让。 ⑲兼覆:广泛兼顾。 ⑳以人自观:从他人的角度反观自身。度:气度。 ㉑妄:狂妄。 ㉒以己量人:从自身的角度考量他人。 ㉓荒:悖乱。 ㉔忍:残忍。 ㉕厚志隐行:志向高远,行事低调。洁:高洁。 ㉖汏:污浊。 ㉗施行得理:行事合乎义理。 ㉘放:依照。行:德行。 ㉙戟:进击,这里指自夸。 ㉚厚人自薄:宽以待人,严以律己。 ㉛冒:冒犯。 ㉜戾:暴戾。 ㉝行充其宜:行为适当。 ㉞㦀(mèng):昏昧不明。 ㉟乖:乖张。 ㊱合得:和谐。 密周:周密。 调:协调。 ㊲鷙(lì):同"戾",乖戾。 ㊳优贤不逮:优待贤者,唯恐做得不够。 ㊴陿:阻塞,此处意为狭隘。 ㊵包众:包容众人。 容易:宽容。 ㊶褊(biǎn):狭隘。 ㊷欣憮可安:意为令人感到舒适愉悦。憮,未详,一说意为和悦。 煴(yūn):温和。 ㊸鸷:凶狠。 ㊹啮(niè):咬,此处意为不安分。 ㊺易:轻率。 ㊻袭当缘道:意为因袭、遵守正道。 ㊼辟:邪僻,不正派。 ㊽广较:多方比较。 ㊾费弗过适:花费有度。节:节俭。 ㊿呦银勉善:未详,大意为勤勉向善。 ㊿①急:急惰。 ㊿②忠恶勿道:意为忧心恶行而不做恶。忠,通"忡",忧虑不安。 ㊿③傲:傲慢而轻视。 ㊿④亟见宛察:意为反应敏捷,观察深入。 ㊿⑤童:愚昧无知。 ㊿⑥动有文体:意为举动文雅有节。文体,文雅有节的体态。 ㊿⑦滥:僭越失度。 ㊿⑧义:适宜。 ㊿⑨诡:怪异。 ㊿⑩行归而过:意为行为有始有终。 ㊿⑪动静摄次:意为

动静有次序。比:合顺。 ㉖错:错乱。 ㉗容志:容貌,心志。审道:合乎道。㑋:通"娴",优雅。 ㉛辞令就得:言辞优美得体。 ㉜讷:木讷。㘋:同"眊",昏乱。 ㉝诚动可畏:真诚果敢令人敬畏。 ㉞圂(hùn):同"溷",混日子,此处意为窝囊。 ㉟临制:临朝为政。不犯:不可触犯。㊱辗:未详,一说应为"软(ruǎn)",软弱。 ㊲仁义修立:意为修仁立义。任:诚笃。 ㊳伏义诚必:意为信服道义,坚定不移。节:节操。 ㊴罢:无节操。㊵持节不恐:坚守节操不恐惧。 ㊶信理遂惔:坚信义理,果敢进取。惔(dàn),通"锬(xiān)",锋利。 ㊷揜(yǎn):掩藏,此处意为胆怯。 ㊸志操精果:意志节操精诚果敢。 ㊹殆:懈怠。 ㊺克行遂节:约束自己的行为以践行节操。必:坚定。 ㊻怚(cū):粗陋。 ㊼品:类。

故守道者谓之士,乐道者谓之君子;知道者谓之明,行道者谓之贤,且明且贤,此谓圣人。

六　术(连语)

德有六理①。何谓六理?道、德、性、神、明、命②,此六者德之理也。六理无不生也③,已生而六理存乎所生之内。是以阴阳、天地、人尽以六理为内度④,内度成业⑤,故谓之六法。六法藏内⑥,变流而外遂⑦,外遂六术⑧,故谓之六行。是以阴阳各有六月之节⑨,而天地有六合之事⑩,人有仁、义、礼、智、信之行,行和则乐与⑪,乐与则六⑫,此之谓六行。阴阳、天地之动也⑬,不失六律,故能合六法;人谨修六行⑭,则亦可以合六法矣。

[注释]　①德:与"道"相对。道指宇宙的本体及其规律,德指具体事物得之于"道"所具有的特殊属性。道是德的本原,德是道的应用和体现。理:理路。　②贾谊对道、德、性、神、明、命的解释详见《道德说》篇。　③六理无

不生也:意为六理滋生天地万物。 ④内度:指内在的法度。 ⑤内度成业:意为内在的法度形成、确定。 ⑥六法藏内:意为六法含藏在事物内部。⑦变流而外遂:变化、流动而表现于外。 ⑧外遂六术:其外在表现就是六术。 ⑨节:节令。 ⑩六合:指天地与四方。 ⑪行和:指仁、义、礼、智、信之行相合。 ⑫乐与则六:意为乐产生后有六种表现形式。 ⑬动:运行。 ⑭谨修:敬慎修习与持守。

然而人虽有六行,细微难识,唯先王能审之①,凡人弗能自志②。是故必待先王之教,乃知所从事③。是以先王为天下设教,因人所有④,以之为训;道人之情⑤,以之为真⑥。是故内法六法,外体六行,以与《书》、《诗》、《易》、《春秋》、《礼》、《乐》六者之术以为大义⑦,谓之六艺。令人缘之以自修⑧,修成则得六行矣。六行不正,反合六法⑨。艺之所以六者,法六法而体六行故也,故曰六则备矣。

[注释] ①审:辨识。 ②志:知晓。 ③知所从事:知道如何行事。④因人所有:意为根据人所具有的禀性。 ⑤道:引导。情:性情。 ⑥真:正。 ⑦《书》、《诗》、《易》、《春秋》、《礼》、《乐》:均为儒家经典,合称"六经"。⑧缘:沿着、顺着。 ⑨反合:不合。

六者非独为六艺本也①,他事亦皆以六为度②。

[注释] ①本:根本。 ②度:准则。

声音之道以六为首①,以阴阳之节为度②,是故一岁十二月,分而为阴阳③,阴阳各六月。是以声音之器十二钟④,钟当一月⑤,其六钟阴声,六钟阳声;声之术⑥,律是而出⑦,故谓之六律。六律和五声之调⑧,以发阴阳、天地、人之清声⑨，而内合六法之道。是故五声宫、商、角、徵、羽，唱和相应而调和，调和而成理谓之音⑩。声五也⑪，必六而备⑫，故曰声与音六⑬。夫律之者⑭，象测之也⑮，所测者六，故曰六律。

[注释] ①首：要领。 ②节：节律。 ③分而为阴阳：十二个月中，奇数月为阳，偶数月为阴。 ④十二钟：即十二律，古乐的十二调。阳律六：黄钟、太簇、姑洗、蕤宾、夷则、亡射；阴律六：大吕、夹钟、中吕、林钟、南吕、应钟。 ⑤钟当一月：意为每钟相当于一个月。 ⑥术：指演奏技艺。 ⑦律是而出：意为由此规律产生。 ⑧五声：指宫、商、角、徵、羽五音。 ⑨清声：清亮的声音。 ⑩成理：有条理。 ⑪声五也：指五声的音节有五个。 ⑫备：完备。 ⑬声与音六：意为五声与音相合为六。 ⑭夫律之者：所谓"律"。 ⑮象：指声音显露于外的征象。测：测定。

人之戚属①，以六为法。人有六亲②，六亲始曰父；父有二子，二子为昆弟③；昆弟又有子，子从父而昆弟④，故为从父昆弟；从父昆弟又有子，子从祖而昆弟，故为从祖昆弟；从祖昆弟又有子，子从曾祖而昆弟，故为从曾祖昆弟；从曾祖昆弟又有子，子为族兄弟，备于六，此之谓六亲。亲之始于一人，世世别离⑤，分为六亲。亲戚非六则失本末之度，是故六为制而止矣⑥。六亲有次⑦，不可相逾⑧；相逾则宗族扰乱，不能相亲。是故先王设为昭穆三庙以禁其乱⑨。何谓三庙？上室为昭，中室为穆，下室为孙嗣令子。各有其次，上下更居⑩；三庙以别，亲疏有制。丧服称亲疏以为重轻，亲者重，疏者轻，故复有粗衰、齐衰、大红、细红、缌麻⑪，备六，各服其所当服。夫服则有殊⑫，此先王之所以禁乱也。

[注释] ①戚属:亲属。 ②六亲:具体内容说法不一,本篇以父、昆弟、从父昆弟、从祖昆弟、从曾祖昆弟、族兄弟为六亲。 ③昆弟:兄弟。 ④子从父而昆弟:意为儿子随从父辈的关系而又形成兄弟关系。 ⑤别离:指人口繁衍而分支。 ⑥制:限定。止:终止。 ⑦次:次序。 ⑧逾:逾越。 ⑨昭穆:古代宗法制度,宗庙或宗庙中神主的排列次序,始祖居中,第二代居左为昭,第三代居右为穆,昭穆相递。 ⑩更居:指分别依次排列。 ⑪粗衰、齐衰、大红、细红、缌麻:均为丧服名。粗衰也称"斩衰",五种丧服中最重的一种,用粗麻布制成,左右和下边不缝,服期三年。齐衰次重,用粗麻布制成,以其缉边缝齐,服期分三年、一年、五个月、三个月。大红也称"大功",次于齐衰,用熟麻布做成,服期九个月。细红也称"小功",五服中的第四等,以熟麻布制成,服期五个月。缌麻,五服中最轻的一种,用细麻布制成,服期三个月。 ⑫殊:差别。

数度之道①,以六为法。数加于少而度出于居②,数度之始,始于微细。有形之物,莫细于毫。是故立一毫以为度始,十毫为发,十发为厘,十厘为分,十分为寸,十寸为尺,备于六,故先王以为天下事用也③。

[注释] ①数度之道:计算数量的标准。 ②数加于少而度出于居:意为数量是由少积多,而度量单位也是从小的开始的。居,未详,一说应作"小"。 ③事用:指计量事物方面的应用。

事之以六为法者,不可胜数也。此所言六,以效事之尺①,尽以六为度者谓六理,可谓阴阳之六节,可谓天地之六法,可谓人之六行。

[注释] ①效:验明,验证。尺:尺度。

道 德 说(连语)

德有六理①。何谓六理？曰：道、德、性、神、明、命，此六者德之理也。诸生者②，皆生于德之所生③；而能象人德者④，独玉也⑤。象德体六理，尽见于玉也，各有状，是故以玉效德之六理⑥。泽者⑦，鉴也⑧，谓之道；腒如窃膏谓之德⑨；湛而润厚而胶谓之性⑩；康若泐流谓之神⑪；光辉谓之明；礐乎坚哉谓之命⑫；此之谓六理。鉴生空窍⑬，而通之以道。德生理，通之以六德之毕离状⑭。六德者，德之有六理。理，离状也⑮。性生气，而通之以晓⑯。神生变⑰，而通之以化⑱。明生识⑲，而通之以知⑳。命生形㉑，而通之以定㉒。

[注释] ①德：与"道"相对。道指宇宙的本体及其规律，德指具体事物得之于"道"所具有的特殊属性。道是德的本原，德是道的应用和体现。理：理路。 ②诸生者：指世间万物。 ③皆生于德之所生：意为都是由产生德的道产生出来的。 ④象：比拟。 ⑤独：只有。 ⑥效：仿效。 ⑦泽：光泽。 ⑧鉴：镜子，这里指像镜子一样。 ⑨腒(jū)：干肉，这里指玉的内质。窃膏：油脂。 ⑩湛而润：厚重而润滑。胶：牢固。 ⑪康若泐流：意为玉色灵动闪烁。康，通"漮(kāng)"，水的中心有空处，虚盈闪烁。泐，水名，在今山东省。 ⑫礐(què)：坚硬。 ⑬鉴生空窍：意为玉的光亮像镜子一样能照见物体，好像有眼睛一样。空窍，指眼睛。 ⑭毕离：交错，这里指相互分离的六德彼此之间又相互关联。 ⑮理，离状也：意为理是分离的状态。 ⑯通之以晓：意为通达于外呈现出明晰。 ⑰变：变化。 ⑱通之以化：意为通达于外呈现出变化。 ⑲识：指识别能力。 ⑳而通之以知：意为通达于外呈现出智识。 ㉑形：形体。 ㉒而通之以定：意为通达于外呈现出定型。

德有六美①,何谓六美?有道、有仁、有义、有忠、有信、有密②,此六者德之美也。道者,德之本也③;仁者,德之出也④;义者,德之理也⑤;忠者,德之厚也⑥;信者,德之固也⑦;密者,德之高也⑧。

[注释] ①六美:意为六种美好的显现。 ②密:密切,指万物与道、德密不可分。 ③本:根本。 ④德之出也:意为是德生发出的。 ⑤理:义理。 ⑥德之厚也:意为是德的敦厚之处。 ⑦德之固也:意为是德的稳固之处。 ⑧德之高也:意为是德的高贵之处。

六理、六美,德之所以生阴阳、天地、人与万物也。固为所生者法也①。故曰:道此之谓道②,德此之谓德③,行此之谓行④。所谓行此者,德也。是故,著此竹帛谓之《书》⑤。《书》者,此之著者也⑥;《诗》者⑦,此之志者也⑧;《易》者⑨,此之占者也⑩;《春秋》者⑪,此之纪者也⑫;《礼》者⑬,此之体者也⑭;《乐》者⑮,此之乐者也⑯。祭祀鬼神,为此福者也⑰;博学辩议,为此辞者也⑱。

[注释] ①法:效法。 ②道此之谓道:意为遵循六理、六美就叫做道。 ③德此之谓德:意为以六理、六美为操守就叫做德。 ④行此之谓行:意为按照六理、六美行事就叫做行。 ⑤著此竹帛:意为将"德"撰写在书籍上。竹帛,竹简和白绢,指书籍。《书》:古书名,《尚书》的简称,儒家经典之一,上古时期以记言为主的皇室文献档案汇编。 ⑥此之著者也:意为就是著录"德"的。 ⑦《诗》:即《诗经》,儒家经典之一,中国第一部诗歌总集。 ⑧志:表达。 ⑨《易》:古书名,即《周易》,儒家经典之一,占卜用书。 ⑩占:占验。 ⑪《春秋》:史书名,儒家经典之一,相传为孔子根据鲁国的编年史修订而成,叙史多蕴含褒贬之意。 ⑫纪:记述。 ⑬《礼》:古书名,儒家经典之一,记录了古代的部分礼仪制度。 ⑭体:体现。 ⑮《乐》:即《乐

经》,儒家经典之一,已失传。　⑯乐:意为以德为乐。　⑰为此福者也:意为是为了祈求"德"带来的福佑。　⑱为此辞者也:意为是为了确立表达"德"的言辞。

　　道者无形①,平和而神②。道有载物者③,毕以顺理适行④,故物有清而泽⑤。泽者,鉴也。鉴以道之神⑥。摹贯物形⑦,通达空窍⑧,奉一出入为先⑨,故谓之鉴。鉴者,所以能也⑩。见者,目也⑪。道德施物⑫,精微而为目⑬。是故物之始形也⑭,分先而为目⑮,目成也形乃从。是以人及有因之在气⑯,莫精于目。目清而润泽若濡⑰,无毳秽杂焉⑱,故能见也。由此观之,目足以明道德之润泽矣,故曰"泽者,鉴也","生空窍,通之以道"。

　　[注释]　①道者无形:道是无形的。　②神:高深莫测。　③道有载物者:道承载万物。　④顺理:遵循事理。适行:适宜施行。　⑤清而泽:纯正而润泽。　⑥鉴以道之神:意思是说,镜子准确、完整的映照事物,如同道的神通,平和神秘,又能承载万物。　⑦摹贯物形:意为准确描摹物体的形态。贯,符合。　⑧空窍:空虚的所在。　⑨一:指道。　⑩鉴者,所以能也:意思是说,镜子,是能显现物体形态的。能,通"形"。　⑪见者,目也:意思是说,能够看见物体的,是眼睛。　⑫道德施物:意为道德施加在物体上。　⑬精微而为目:意为最精微的是眼睛。　⑭始形:开始成形。　⑮分先而为目:意为先长出眼睛。　⑯人及有因之在气:人和有气息的生物。　⑰濡:湿的。　⑱毳(cuì):鸟兽的细毛,形容细小。

　　德者,离无而之有①。故润则腪然浊而始形矣②,故六理发焉③。六理所以为变而生也,所生有理④。然则物得润以生⑤,故谓润德。德者变及物理之所出也⑥。夫变者,道之颂也⑦。道冰而为德⑧,神载于德。德者,道之泽也⑨。道虽神，必载于德，而颂乃有所因⑩，以发动变化而为变。变及诸生之理⑪，皆道之化也⑫，各有条理以载于德⑬。德受道之化，而发之各不同状⑭。德润，故曰"如膏，谓之德"，"德生理，通之以六德之毕离状"。

[注释] ①离无而之有：意为是道脱离无形而到达了有形的状态。之，至。 ②润：润泽。腒然：凝聚状。 ③发：生发。 ④六理所以为变而生也，所生有理：意思是说，六理就是由这一从无形到有形的变化产生的，万物一生成就具备六理。 ⑤然则物得润以生：意为万物得到润泽而产生。 ⑥德者变及物理之所出也：意为德是变化触及事物的内在规律而产生的。 ⑦颂：容貌，此处意为外在表现。 ⑧冰：通"凝"，凝结。 ⑨泽：光泽。 ⑩因：依托。 ⑪变及诸生之理：变化和万物生成的原理。 ⑫皆道之化也：意为都是道变化的结果。 ⑬各有条理以载于德：意为都有各自的脉络并以德为载体。 ⑭而发之各不同状：意为表现出各自不同的形态。

性者，道德造物①。物有形，而道德之神专而为一气②，明其润益厚矣③。浊而胶相连④，在物之中，为物莫生⑤，气皆集焉⑥，故谓之性。性，神气之所会也⑦。性立，则神气晓晓然发而通行于外矣⑧，与外物之感相应，故曰"润厚而胶谓之性"，"性生气，通之以晓。"

[注释] ①道德造物：意为是道德所产生的事物。 ②道德之神专而为一气：意为道、德的精华凝聚在一起成为气。专，通"抟"，聚集。 ③明其润益厚矣：意为表明德的润泽更加浑厚了。 ④胶：黏稠。 ⑤为物莫生：在物还没有形成的时候。 ⑥集：聚集。 ⑦会：汇集。 ⑧晓晓然：明晰状。

神者①，道、德、神、气发于性也②，康若泱流不可物效也③。变化无所不为，物理及诸变之起，皆神之所化也④，故曰"康若泱流谓之神","神生变,通之以化"。

[注释] ①神:精神。 ②道、德、神、气发于性也:意为是道、德、神、气从性中发出的。 ③康若泱流:意为灵动自由。效:效仿。 ④化:变化。

明者,神气在内则无光而为知①,明则有辉于外矣②。外内通一③,则写得失④,事理是非⑤,皆职于知⑥,故曰"光辉谓之明","明生识,通之以知"。

[注释] ①神气在内则无光而为知:意为神、气在物内,没有光华叫做知。 ②明则有辉于外矣:意为有光辉显露于外叫做明。 ③外内通一:外部和内部相互沟通为一体。 ④则写得失:就出现得与失。 ⑤事理:事物的道理。 ⑥职:主,掌管。

命者,物皆得道德之施以生①,则泽润、性、气、神、明及形体之位分、数度②,各有极量指奏矣③。此皆所受其道德,非以嗜欲取舍然也。其受此具也④,礐然有定矣⑤,不可得辞也⑥,故曰命。命者,不得毋生⑦,生则有形,形而道、德、性、神、明因载于物形⑧,故曰"礐坚谓之命","命生形,通之以定"。

[注释] ①物皆得道德之施以生:意为万物都是得到道的施予而生发出来的。 ②位分:地位,身份。数度:指大小宽窄。 ③极量:一定的量。指奏:旨趣。 ④受此具:指接受的道、德已具足。 ⑤礐然:坚固状。 ⑥辞:推辞。 ⑦毋:不。 ⑧第一个"形"字指形体产生以后。因:就。

物所道始谓之道①,所得以生谓之德②。德之有也,以道为本。故曰"道者,德之本也"。德生物又养物,则物安利矣③。安利物者,仁行也。仁行出于德,故曰"仁者,德之出也"。德生理,理立则有宜④,适之谓义⑤。义者,理也。故曰"义者,德之理也"。德生物,又养长之而弗离也⑥,得以安利。德之遇物也忠厚⑦,故曰"忠者,德之厚也"。德之忠厚也,信固而不易⑧,此德之常也⑨。故曰"信者,德之固也"。德生于道而有理,守理则合于道,与道理密而弗离也,故能畜物养物。物莫不仰恃德,此德之高,故曰"密者,德之高也"。道而勿失,则有道矣;得而守之,则有德矣;行而无休,则行成矣⑩。故曰"道此之谓道,德此之谓德,行此之谓行"。诸此言者,尽德变⑪;变也者,理也。

[注释] ①物所道始谓之道:意为引导事物开始的就是道。 ②所得以生谓之德:意为使事物得以生成的就是德。 ③安:安乐。利:受益。 ④理立则有宜:理一经确立就合乎道理。 ⑤适:适宜。 ⑥养长之:意为抚育万物生长。 ⑦遇:对待。 ⑧信:可靠。固:坚定。易:改变。 ⑨常:常法。 ⑩行而无休,则行成矣:意为奉行道、德而不停止,那么德行就养成了。 ⑪诸此言者,尽德变:意为以上所说,包括了德的各种变化。

《书》者,著德之理于竹帛而陈之令人观焉①,以著所从事②,故曰"《书》者,此之著者也"。《诗》者,志德之理而明其指③,令人缘之以自成也④,故曰"《诗》者,此之志者也"。《易》者,察人之循德之理与弗循而占其吉凶⑤,故曰"《易》者,此之占者也"。《春秋》者,守往事之合德之理与不合而纪其成败⑥,以为来事师法⑦,故曰"《春秋》者,此之纪者也"。《礼》者,体德理而为之节文⑧,成人事,故曰"《礼》者,此之体者也"。《乐》者,《书》、《诗》、《易》、《春秋》、《礼》五者之道备,则合于德矣。合则欢然大乐矣,故曰"《乐》者,此之乐者也"。人能修德之理,则安利之谓福。莫不慕福,弗能必得,而人心以为鬼神能与于利害,是故具牺牲、俎豆、粢盛⑨,斋戒而祭鬼神,欲以佐成福⑩,故曰"祭祀鬼神,为此福者也"。德之理尽施于人,其在人也,内而难见⑪,是以先王举德之颂而为辞语,以明其理;陈之天下,令人观焉;垂之后世,辩议以审察之,以转相告⑫。是故弟子随师而问,受传学以达其知,而明其辞以立其诚,故曰"博学辩议,为此辞者也"。

[注释] ①理:道理。 ②所从事:指依照道、德所做的事情。 ③指:同"旨",宗旨。 ④缘:沿着。 ⑤察人之循德之理与弗循而占其吉凶:意为考察人们遵循不遵循德的原理并占卜吉凶。 ⑥守:掌管,把握。纪:记载。 ⑦来事:将来的事情。师法:效法。 ⑧体:体现。节文:指制定礼仪,使行之有度。 ⑨牺牲:祭祀用的牲畜。俎(zǔ)豆:俎和豆,祭祀、宴飨时盛食物用的两种礼器。粢(zī)盛:盛在祭器内以祭祀的谷物。 ⑩佐:帮助。 ⑪内:指德的原理存在于人心内部。 ⑫以转相告:相互相告。

德毕施物,物虽有之,微细难识。夫玉者,真德写也①。六理在玉,明而易见也。是以举玉以谕②,物之所受于德者,与玉一体也③。

[注释] ①真德写也:真正是德的写照。一说"写"应作"象",意为形象。 ②谕:使人理解。 ③一体:相同。

卷第九

大 政 上

闻之于政也①,民无不为本也②。国以为本,君以为本,吏以为本。故国以民为安危③,君以民为威侮,吏以民为贵贱。此之谓民无不为本也。闻之于政也,民无不为命也④。国以为命,君以为命,吏以为命。故国以民为存亡,君以民为盲明⑤,吏以民为贤不肖⑥。此之谓民无不为命也。闻之于政也,民无不为功也⑦。故国以为功,君以为功,吏以为功。国以民为兴坏,君以民为强弱,吏以民为能不能⑧。此之谓民无不为功也。闻之于政也,民无不为力也⑨。故国以为力,君以为力,吏以为力。故夫战之胜也,民欲胜也;攻之得也,民欲得也;守之存也,民欲存也。故率民而守,而民不欲存,则莫能以存矣;故率民而攻,民不欲得,则莫能以得矣;故率民而战,民不欲胜,则莫能以胜矣。故其民之为其上也⑩,接敌而喜⑪,进而不可止⑫,敌人必骇⑬,战由此胜也。夫民之于其上也,接而惧,必走去,战由此败也。故夫灾与福也,非粹在天也⑭,又在士民也。呜呼,戒之!戒之!夫士民之志,不可不要也⑮。呜呼,戒之!戒之!

[注释] ①闻:听说。政:治理国政。 ②民无不为本也:没有不把民众作为根本的。 ③国以民为安危:意为国家是安还是危取决于民众。 ④命:命脉。 ⑤盲:昏庸。明:贤明。 ⑥不肖:无才无德。 ⑦功:功绩。 ⑧能:称职。 ⑨民无不为力也:没有不把民众作为力量的。 ⑩其上:指君主。 ⑪接敌:同敌人交战。 ⑫进而不可止:意为冲锋勇往直前而不停息。 ⑬骇:怕。 ⑭粹:纯粹。 ⑮要:明察。

行之善也,粹以为福己矣①;行之恶也,粹以为灾己矣②。故受天之福者,天不攻焉③;被天之灾④,则亦毋怨天矣,行自为取之也。知善而弗行,谓之不明;知恶而弗改,必受天殃。天有常福,必与有德⑤;天有常灾,必与夺民时⑥。故夫民者,至贱而不可简也⑦,至愚而不可欺也。故自古至于今,与民为仇者,有迟有速,而民必胜之。知善而弗行谓之狂,知恶而不改谓之惑。故夫狂与惑者,圣王之戒也,而君子之愧也。呜呼,戒之!戒之!岂其以狂与惑者自为分⑧?明君而君子乎,闻善而行之如争⑨,闻恶而改之如雠⑩,然后祸灾可离,然后保福也。戒之!戒之!

[注释] ①福己:为自己造福。 ②灾己:为自己带来灾祸。 ③攻:同"功",居功。 ④被:遭受。 ⑤与:给予。 ⑥夺民时:指滥用民力,耽误农时。民时,农时。 ⑦简:轻视。 ⑧自为分:意为自己甘愿。分,甘愿。一说此处文字有误,"分"应作"之"。 ⑨行之如争:意为争着抢着去做。 ⑩雠:仇。

诛赏之慎焉①,故与其杀不辜也②,宁失于有罪也③。故夫罪也者,疑则附之去已④;夫功也者,疑则附之与已⑤。则此毋有无罪而见诛,毋有有功而无赏者矣。戒之哉!戒之哉!诛赏之慎焉,故古之立刑也,以禁不肖,以起怠惰之民也⑥。是以一罪疑则弗遂诛也,故不肖得改也;故一功疑则必弗倍也⑦,故愚民可劝也⑧。是以上有仁誉而下有治名⑨。疑罪从去⑩,仁也;疑功从予,信也。戒之哉!戒之哉!慎其下,故诛而不忌⑪,赏而不曲⑫,不反民之罪而重之⑬,不灭民之功而弃之⑭。故上为非,则谏而止之,以道纪之⑮;下为非,则矜而恕之⑯,道而赦之⑰,柔而假之⑱。故虽有不肖民,化而则之⑲。故虽昔者之帝王,其所贵其臣者⑳,如此而已矣。

[注释] ①诛赏:责罚与奖赏。慎:慎重。 ②不辜:无罪之人。 ③失于有罪:漏掉有罪者。 ④疑则附之去已:意为如果有疑问之处,就按照无罪论处。附,依从。已,矣。 ⑤与:给予,此处意为给予奖赏。 ⑥起:感化振奋。怠惰:懒惰。 ⑦一功疑则必弗倍也:意为不因对功绩有所疑问而违背诺言不行赏。 ⑧劝:勉励。 ⑨上:君主。仁誉:仁爱的声誉。下:下级官吏。治名:指为政有成绩而获得的好名声。 ⑩疑罪从去:意为对罪行有疑问者按无罪论处。 ⑪诛而不忌:意为处罚了也不会招致怨恨。 ⑫赏而不曲:意为奖赏时没有偏私。 ⑬不反民之罪而重之:意为不回过头来类推民众的罪行而加重处罚。 ⑭灭:抹杀。 ⑮纪:治理。 ⑯矜:怜悯。恕:宽恕。 ⑰道:引导。 ⑱柔:怀柔。假:宽容。 ⑲化:教化。则:约束以使其守法。 ⑳贵:重视。

人臣之道,思善则献之于上,闻善则献之于上,知善则献之上。夫民者,唯君者有之,为人臣者助君理之①。

故夫为人臣者,以富乐民为功②,以贫苦民为罪。故君以知贤为明,吏以爱民为忠。故臣忠则君明,此之谓圣王。故官有假而德无假③,位有卑而义无卑。故位下而义高者,虽卑,贵也;位高而义下者,虽贵,必穷。呜呼!戒之哉!戒之哉!行道不能④,穷困及之⑤。

[注释] ①理:治理。 ②富乐民:意为使人民富裕安乐。 ③假:授予。 ④行道不能:意为不以正道行事。 ⑤及:到来。

夫一出而不可反者①,言也;一见而不可得掩者②,行也。故夫言与行者,知愚之表也③,贤不肖之别也。是以知者慎言慎行,以为身福④;愚者易言易行⑤,以为身灾。故君子言必可行也,然后言之,行必可行也,然后行之。呜呼,戒之哉!戒之哉!行之者在身,命之者在人⑥,此福灾之本也。道者,福之本;祥者,福之荣也⑦。无道者必失福之本,不祥者必失福之荣。故行而不缘道者⑧,其言必不顾义矣。故纣自谓天王也⑨,桀自谓天子也⑩,已灭之后,民以相骂也。以此观之,则位不足以为尊,而号不足以为荣矣⑪。故君子之贵也,士民贵之,故谓之贵也;故君子之富也,士民乐之,故谓之富也。故君子之贵也,与民以福⑫,故士民贵之;故君子之富也,与民以财,故士民乐之。故君子富贵也,至于子孙而衰,则士民皆曰:"何君子之道衰也数也⑬?"不肖暴者⑭,祸及其身,则士民皆曰:"何天诛之迟也?"

[注释] ①反:通"返",返回、收回。 ②见:同"现"。掩:掩藏。 ③知:通"智"。表:标志。 ④身:自身。 ⑤易:轻易,轻率。 ⑥命:命名,

评价。　⑦荣:花朵,这里指表现形式。　⑧缘道:遵守道义。　⑨纣:商纣王帝辛,商朝的亡国之君。　⑩桀:夏桀,夏朝的最后一位君主。　⑪号:名号。　⑫与民以福:给人民幸福。　⑬数:通"速"。　⑭不肖暴者:无才无能的暴君。

夫民者,万世之本也,不可欺。凡居于上位者,简士苦民者是谓愚①,敬士爱民者是谓智。夫愚智者,士民命之也②。故夫民者,大族也,民不可不畏也。故夫民者,多力而不可适也③。呜呼,戒之哉!戒之哉!与民为敌者,民必胜之。君能为善,则吏必能为善矣;吏能为善,则民必能为善矣。故民之不善也,吏之罪也;吏之不善也,君之过也。呜呼,戒之!戒之!故夫士民者,率之以道,然后士民道也④;率之以义,然后士民义也;率之以忠,然后士民忠也;率之以信,然后士民信也。故为人君者,其出令也⑤,其如声⑥;士民学之,其如响⑦;曲折而从君⑧,其如景矣⑨。呜呼,戒之哉!戒之哉!君乡善于此则失然协⑩,民皆乡善于彼矣,犹景之象形也;君为恶于此则啍啍然协⑪,民皆为恶于彼矣,犹响之应声也。故是以圣王而君子乎,执事而临民者,日戒慎一日,则士民亦日戒慎一日矣,以道先民也⑫。

[注释]　①简:怠慢。　②命:命名,评价。　③适:通"敌"。　④道:指走正道。　⑤出令:发出命令。　⑥声:声音。　⑦响:回声。　⑧曲折:曲己顺从。　⑨景:同"影"。　⑩乡:向。失然:安然貌。失,通"佚"。协:服从。　⑪啍啍然:迟重缓慢貌。　⑫以道先民:用道引导民众。先,引导。

道者,圣王之行也①;文者,圣王之辞也②;恭敬者,圣王之容也③；忠信者，圣王之教也④。圣人也者，贤智之师也。仁义者，明君之性也。故尧舜禹汤之治天下也⑤，所谓明君也，士民乐之，皆即位百年然后崩，士民犹以为大数也⑥。桀纣所谓暴乱之君也，士民苦之，皆即位十年而灭，士民犹以为大久也。故夫诸侯者，士民皆爱之，则国必兴矣；士民皆苦之，则国必亡矣。故夫士民者，国家之所树而诸侯之本也⑦，不可轻也。呜呼！轻本不祥，实为身殃。戒之哉！戒之哉！

[注释] ①行：行为。 ②辞：言辞。 ③容：仪容。 ④教：教化。 ⑤尧、舜：两位传说中的古代帝王。禹：夏代的第一个君主。汤：商汤，商朝的建立者。 ⑥大：同"太"。数：通"速"。 ⑦树：立。

大 政 下

易使喜、难使怒者，宜为君。识人之功而忘人之罪者①，宜为贵。故曰刑罚不可以慈民②，简泄不可以得士③。故欲以刑罚慈民，辟其犹以鞭狎狗也④，虽久弗亲矣；故欲以简泄得士，辟其犹以弧怵鸟也⑤，虽久弗得矣。故夫士者，弗敬则弗至；故夫民者，弗爱则弗附⑥。故欲求士必至、民必附，惟恭与敬、忠与信，古今毋易矣。渚泽有枯水⑦，而国无枯士矣⑧。故有不能求士之君，而无不可得之士；故有不能治民之吏，而无不可治之民。故君明而吏贤矣，吏贤而民治矣。故见其民而知其吏，见其吏而知其君矣。故君功见于选吏，吏功见于治民，故观之其上者犹其下⑨，而上睹矣⑩，此道之谓也。故治国家者，行道之谓⑪,国家必宁;信道而以伪⑫,国家必空。故政不可不慎也,而吏不可不选也,而道不可离也。呜呼,戒之哉! 离道而灾至矣。

[注释] ①识:记住。 ②慈民:爱民。 ③简泄:轻忽怠慢。 ④辟:通"譬",譬如。狎:亲近戏弄。 ⑤弧:木弓。怵:引诱。 ⑥附:依附。 ⑦渚泽:洲中积水的洼地。 ⑧枯士:指没有贤人。 ⑨观之其上者犹其下:意为从下层了解上面的情况。 ⑩睹:看见。 ⑪行道之谓:此处文字有误,应作"行道而为"。 ⑫信道而以伪:此处文字有误,应作"信道而不为"。一说"信"应作"倍"。

无世而无圣①,或不得知也;无国而无士,或弗能得也。故世未尝无圣也,而圣不得圣王则弗起也②;国未尝无士也,不得君子则弗助也③。上圣明则士暗饰矣④,故圣王在上位,则士百里而有一人,则犹无有也⑤。故王者衰,则士没矣。故暴乱位上⑥,则千里而有一人,则犹比肩也⑦。故国者有不幸而无明君⑧;君明也,则国无不幸而无贤士矣⑨。故自古而至于今,泽有无水,国无无士。故士易得而难求也,易致而难留也。故求士而不以道,周遍境内不能得一人焉。故求士而以道,则国中多有之。此之谓士易得而难求也。故待士而以敬,则士必居矣⑩;待士而不以道,则士必去矣。此之谓士易致而难留也。

[注释] ①无世而无圣:意为没有哪个时代无圣贤之人。 ②而圣不得圣王则弗起也:意为圣贤之人遇不到圣王就不能得到任用。 ③不得君子则弗助也:意为贤士遇不到君子就不能为其辅佐效力。 ④暗饰:意为在无人看见的地方,修饬自己的品德和行为。 ⑤犹无有:还以为太少。 ⑥暴乱位上:指暴君在位。 ⑦比肩:一个连接一个,形容众多。 ⑧国者有不幸而

无明君:意为国家有不幸而没有明君的时候。 ⑨则国无不幸而无贤士:意为国家就不会有不幸的局面、就不会没有贤士。 ⑩居:留。

王者有易政而无易国①,有易吏而无易民。故因是国也而为安②,因是民也而为治。故汤以桀之乱民为治③,武王以纣之北卒为强④。故民之治乱在于吏,国之安危在于政。故是以明君之于政也慎之,于吏也选之,然后国兴也。故君能为善,则吏必能为善矣;吏能为善,则民必能为善矣。故民之不善也,失之者吏也;故民之善者,吏之功也。故吏之不善也,失之者君也;故吏之善者,君之功也。是故君明而吏贤,吏贤而民治矣。故苟上好之,其下必化之⑤,此道之政也。

[注释] ①王者有易政而无易国:意为君王能改变政令但是不能改换国家。 ②因是国也而为安:意为根据这个国家的具体情况进行治理,以使其安定。 ③汤以桀之乱民为治:意为汤依靠桀时的乱民,治理好了国家。汤,商汤,商朝的建立者。桀,夏桀,夏朝的最后一个君主。 ④武王:周武王姬发,周王朝的建立者。纣:商纣王帝辛,商朝的亡国之君。北卒:败兵。 ⑤化:感化顺服。

夫民之为言也,瞑也①;萌之为言也,盲也②。故惟上之所扶而以之③,民无不化也,故曰民萌。民萌哉,直言其意而为之名也。夫民者,贤不肖之材也④,贤不肖皆具焉。故贤人得焉⑤,不肖者伏焉⑥;技能输焉⑦,忠臣饬焉⑧。故民者积愚也⑨。故夫民者虽愚也,明上选吏焉⑩,必使民与焉⑪。故士民誉之,则明上察之,见归而举之⑫;故士民苦之,则明上察之,见非而去之⑬。故王者取吏不忘⑭,

必使民唱⑮,然后和之⑯。故夫民者,吏之程也⑰。察吏于民,然后随之⑱。夫民至卑也,使之取吏焉,必取其爱焉。故十人爱之有归,则十人之吏也;百人爱之有归,则百人之吏也;千人爱之有归,则千人之吏也;万人爱之有归,则万人之吏也。故万人之吏,选卿相焉⑲。

[注释] ①夫民之为言也,瞑也:意思是说,民这个字的意思是昏暗。瞑(míng),昏暗。 ②盲:昏昧。 ③上之所扶:指辅佐君上的官吏。以:号令。 ④贤不肖之材也:意思是说,有好的材质,也有不好的材质。 ⑤贤人得焉:指贤人得到任用。 ⑥伏:潜伏不出。 ⑦技能:有技能的人。输:出力报效。 ⑧饬:治。 ⑨积愚:成群的愚人。 ⑩明上:英明的君主。 ⑪与:参与。 ⑫归:归附,敬仰。举:任用。 ⑬非:责备。去:罢免。 ⑭忘:通"妄",乱。 ⑮唱:发起,这里指发表意见。 ⑯和:附和。 ⑰程:度量衡。 ⑱随:从。 ⑲选卿相:指选为卿相。

夫民者,诸侯之本也。教者①,政之本也;道者,教之本也。有道,然后教也;有教,然后政治也②;政治,然后民劝之③;民劝之,然后国丰富也。故国丰且富,然后君乐也。忠,臣之功也;臣之忠者,君之明也。臣忠君明,此之谓政之纲也。故国也者行政之纲,然后国臧也④。故君之信在于所信⑤,所信不信,虽欲论信也,终身不信矣。故所信不可不慎也。事君之道,不过于事父⑥,故不肖者之事父也,不可以事君⑦;事长之道,不过于事兄,故不肖者之事兄也,不可以事长;使下之道,不过于使弟,故不肖者之使弟也,不可以使下;交接之道⑧,不过于为身⑨,故不肖者之为身也,不可以接友;慈民之道,不过于爱其子,故不肖者之爱其子,不可以慈民;居官之道,不过于居家,故不肖者之于家也，不可以居官。夫道者，行之于父，则行之于君矣⑩；行之于兄，则行之于长矣；行之于弟，则行之于下矣；行之于身，则行之于友矣；行之于子，则行之于民矣；行之于家，则行之于官矣。故士则未仕而能以试矣⑪。圣王选举也⑫，以为表也⑬。问之，然后知其言；谋焉，然后知其极⑭；任之以事，然后知其信。故古圣王君子不素距人⑮，以此为明察也。

[注释] ①教：教化。 ②政治：政事治理得好。 ③劝：勤勉，努力。 ④臧：善，指治理得好。 ⑤所信：指信赖的大臣。 ⑥过：超出。 ⑦故不肖者之事父也，不可以事君：意思是说，用不孝之道侍奉父亲的人，不可以让他侍奉君主。 ⑧交接：交往。 ⑨为身：对待自身。 ⑩行之于父，则行之于君矣：意思是说，能用来侍奉父亲的，就能用来侍奉君主。 ⑪仕：做官。试：测试。 ⑫选举：选官。 ⑬表：标准。 ⑭极：指最高水平。 ⑮素：平白无故。距：通"拒"，拒绝。

国之治政①，在诸侯大夫士，察之理②，在其与徒③。君必择其臣，而臣必择其所与④。故察明者贤乎人之辞⑤，不出于室，而无不见也；察明者乘人⑥，不出其官，而无所不入也。故王者居于中国，不出其国，而明于天下之政。何也？则贤人之辞也。不离其位，而境内亲之者⑦，谓之人为之行之也⑧。故爱人之道，言之者谓之其府⑨；故爱人之道，行之者谓之其礼。故忠诸侯者⑩，无以易敬士也⑪；忠君子者，无以易爱民也。诸侯不得士，则不能兴矣；故君子不得民，则不能称矣⑫。故士能言道而弗能行者谓之器⑬，能行道而弗能言者谓之用⑭，能言而能行之者谓之实⑮。故君子讯其器⑯，任其用⑰，乘其实⑱，而治安兴矣。呜呼,人耳!人耳!

[注释] ①治政:政治。 ②察:考察。理:方法。 ③与徒:共事者。 ④所与:结交之人。 ⑤贤:重视。人之辞:指他人的意见。 ⑥乘:驾驭。 ⑦亲:亲附。 ⑧人为之行之:意为有贤士为君主推行政令。 ⑨言之者谓之其府:意为说话发自肺腑。府,通"腑"。 ⑩忠诸侯:指忠诚的诸侯。 ⑪无以易敬士也:意为不会改变敬重贤士的做法。 ⑫称:为人称颂。 ⑬器:器具型的人才。 ⑭用:运用型的人才。 ⑮实:实力型的人才。 ⑯讯:咨询。 ⑰任:任用。 ⑱乘:使用。

诸侯即位享国,社稷血食①,而政有命②,国无君也③;官有政长而民有所属④,而政有命,国无吏也;官驾百乘而食食千人⑤,政有命,国无人也。何也?君之为言也,道也。故君也者,道之所出也。贤人不举而不肖人不去,此君无道也,故政谓此国无君也。吏之为言,理也。故吏也者,理之所出也。上为非而不敢谏,下为善而不知劝,此吏无理也,故政谓此国无吏也。官驾百乘而食食千人,近侧者不足以问谏⑥,而由朝假不足以考度⑦,故政谓此国无人也。呜呼,悲哉!君者,群也⑧,无人谁据⑨?无据必蹶⑩,政谓此国素亡也⑪。

[注释] ①血食:受享祭品。 ②政有命:政令徒有虚名。命,名。 ③国无君也:意为国家等于没有君主。 ④官:官府。政长:官长。属:归属。 ⑤官驾:官吏的车马。食(sì)食千人:供养的食客上千人。 ⑥近侧者:身边的侍臣。问谏:参与谋议。 ⑦朝假:未详,一说应为朝请,泛称朝见皇帝。考度:考核。 ⑧君者,群也:意为君主就是聚集众人的意思。 ⑨无人谁据:没有人,依靠谁呢? ⑩蹶:失败。 ⑪素:本。

修政语上

黄帝曰①:"道若川谷之水,其出无已,其行无止。"故服人而不为仇②,分人而不谆者③,其惟道矣。故播之于天下而不忘者④,其惟道矣。是以道高比于天,道明比于日,道安比于山。故言之者见谓智⑤,学之者见谓贤,守之者见谓信,乐之者见谓仁,行之者见谓圣人。故惟道不可窃也⑥,不可以为虚也⑦。故黄帝职道义⑧,经天地⑨,纪人伦⑩,序万物,以信与仁为天下先。然后济东海⑪,入江内取绿图⑫,西济积石⑬,涉流沙⑭,登于昆仑⑮。于是还居中国,以平天下。天下太平,唯躬道而已⑯。

[注释] ①黄帝:传说中的古代帝王。 ②服人:制服别人。不为仇:不结仇。 ③分人:指分给别人东西。谆(zǔn):通"撙",减少。 ④不忘:不绝。 ⑤见:被。谓:称为。 ⑥窃:窃取。 ⑦为虚:指作假。 ⑧职:执掌。 ⑨经:治理。 ⑩纪:整饬。 ⑪济:渡过。 ⑫绿图:河图。 ⑬积石:山名,在今青海省境内。 ⑭流沙:沙漠。 ⑮昆仑:山名,在今新疆西藏之间。 ⑯躬:亲身实行。

帝颛顼曰①:"至道不可过也②,至义不可易也。"是故以后者复迹也③。故上缘黄帝之道而行之,学黄帝之道而赏之④,弗加弗损,天下亦平也。

[注释] ①颛顼:传说中的上古帝王。 ②至:大。过:逾越。 ③复迹:遵循前人的足迹而行。 ④赏:同"尚",尊重。

颛顼曰:"功莫美于去恶而为善,罪莫大于去善而为恶。故非吾善善而已矣①，善缘善也②；非恶恶而已也，恶缘恶也。吾日慎一日，其此已也。"

［注释］　①善善：以做好事为善。　②善缘善：意为沿着行善的道路前进。缘，沿着。

帝喾曰①："缘道者之辞而与为道已②，缘巧者之事而学为巧已③，行仁者之操而与为仁也④。"故节仁之器以修其财⑤，而身专其美矣⑥。故上缘黄帝之道而明之⑦，学帝颛顼之道而行之，而天下亦平矣。

［注释］　①喾：即五帝之一的高辛氏，传说中的上古帝王。　②缘道者之辞而与为道已：意为遵循有道者的言论去贯彻道。与，随从。　③巧：技巧。　④操：德操。　⑤节仁之器以修其财：意为用节操和仁义修养自己。器，指善道。财，通"材"。　⑥专：同"抟"，集聚。　⑦明：彰显。

帝喾曰："德莫高于博爱人，而政莫高于博利人。故政莫大于信①，治莫大于仁。吾慎此而已矣。"

［注释］　①信：诚信。

帝尧曰①："吾存心于先古，加志于穷民②，痛万姓之罹罪③，忧众生之不遂也④。故一民或饥，曰此我饥之也；一民或寒，曰此我寒之也；一民有罪，曰此我陷之也⑤。"仁行而义立，德博而化富⑥。故不赏而民劝⑦，不罚而民治，先恕而后行⑧，是故德音远也。是故尧教化及雕题、蜀、越⑨，抚交趾⑩，身涉流沙，地封独山⑪，西见王母⑫，训及大夏、渠叟⑬，北中幽都⑭，及狗国与人身⑮，而鸟面及焦僥⑯,好贤而隐不还⑰,强于行而菑于志⑱,率以仁而恕⑲,至此而已矣。

[注释] ①尧:传说中的古代帝王。 ②加志:尽心尽力。穷:困窘。 ③罹:遭受。 ④遂:如意。 ⑤陷:使……陷入困境。 ⑥化:教化。富:多。 ⑦劝:勤勉。 ⑧先恕:宽恕为先。行:通"刑"。 ⑨雕题:指在额上刺花纹的古代南方少数民族。蜀:古族名、国名,在今四川一带。越:古族名,分布在今江浙粤闽一带。 ⑩交趾:古地域名,指五岭以南的地区。 ⑪封:疆界。独山:山名,未详,一说在泰山的北边。 ⑫王母:西王母,古代神话中的女神,住在昆仑山的瑶池。 ⑬训:教化。大夏:古国名,在今阿富汗北部一带。渠叟:古国名,在今中亚北部。 ⑭中:到达。幽都:即幽州,在今河北、辽宁一带。 ⑮狗国、人身:均为古国名,具体未详。 ⑯鸟面:古国名,具体未详。焦侥:古国名,传说中的矮人国。 ⑰隐:隐者。还:指归隐。 ⑱菑(zī):树立。 ⑲率:遵循。

帝舜曰①:"吾尽吾敬以事吾上②,故见谓忠焉;吾尽吾敬以接吾敌③,故见谓信焉;吾尽吾敬以使吾下④,故见谓仁焉。是以见爱亲于天下之人⑤,而归乐于天下之民⑥,而见贵信于天下之君⑦。故吾取之以敬也⑧,吾得之以敬也。"故欲明道而谕教⑨,惟以敬者为忠必服之⑩。

[注释] ①舜:传说中的古代帝王。 ②事:侍奉。上:君上。 ③接:与人交往。敌:地位相当的人。 ④下:下属。 ⑤见爱亲于天下之人:意为被天下人亲近和爱戴。见,表示被动。 ⑥归乐于天下之民:意为天下之民乐于归附于我。 ⑦见贵信于天下之君:意为被天下之君尊重和信任。 ⑧取之以敬:指上述成就是以"恭敬"取得的。 ⑨谕:懂得。教:教义。 ⑩惟以敬者为忠必服之:意思是说,只有用恭敬的态度显示出忠诚,才能使人信服。

大禹之治天下也①，诸侯万人而禹一皆知其国②，其士万人而禹一皆知其体③，故大禹岂能一见而知之也？岂能一闻而识之也？诸侯朝会而禹亲报之④，故是以禹一皆知其国也；其士月朝而禹亲见之⑤，故是以禹一皆知其体也。然且大禹其犹大恐，诸侯会⑥，则问于诸侯曰："诸侯以寡人为骄乎？"朔日⑦，士朝⑧，则问于士曰："诸侯大夫以寡人为汏乎⑨？其闻寡人之汏耶，而不以语寡人者，此教寡人残道也⑩，灭天下之教也。故寡人之所怨于人者⑪，莫大于此也。"

[**注释**] ①大禹：夏代的第一个君主。 ②一：逐一，一一。国：国情。 ③体：状况。 ④亲：亲自。报：答复。 ⑤月：每月。朝：朝见。见：接见。 ⑥会：彼此见面。 ⑦朔日：农历每月初一。 ⑧士：士人。 ⑨汏：骄奢。 ⑩残：损害。 ⑪怨：不满。

大禹曰："民无食也，则我弗能使也①；功成而不利于民，我弗能劝也②。"故鬟河而导之九牧③，凿江而导之九路④，澄五湖而定东海，民劳矣而弗苦者，功成而利于民也。禹尝昼不暇食，夜不暇寝矣。方是时也，忧务故也⑤。故禹与士民同务⑥，故不自言其信，而信谕矣⑦。故治天下，以信为之也。

[**注释**] ①使：役使。 ②劝：鼓励做某事。 ③鬟(huán)：通"环"。导：疏导。九牧：九州。 ④九路：指九条渠道。 ⑤忧：忧虑。务：事务。 ⑥同务：指同心协力治水。 ⑦谕：指被了解。

汤曰①："学圣王之道者，譬其如日②；静思而独居，譬其若火。夫人舍学圣王之道而静居独思,譬其若去日之明于庭③,而就火之光于室也④,然可以小见,而不可以大知。"是故明君而君子⑤,贵尚学道而贱下独思也⑥。故诸君得贤而举之⑦,得贤而与之⑧,譬其若登山乎;得不肖而举之⑨,得不肖而与之,譬其若下渊乎。故登山而望,其何不临而何不见⑩?陵迟而入渊⑪,其孰不陷溺⑫?是以明君慎其举,而君子慎其与,然后福可必归,灾可必去矣。

[注释] ①汤:商汤,商朝的建立者。 ②譬:好比。日:太阳。 ③去:离开。 ④就:凑近。 ⑤而:和,表示并列关系。 ⑥贵尚:崇尚。贱下:鄙视。 ⑦举:推举。 ⑧与:结交。 ⑨不肖:无才无德的人。 ⑩临:从上向下看。 ⑪陵迟:逐渐下滑。 ⑫陷溺:被水淹没。

汤曰:"药食尝于卑①,然后至于贵②;药言献于贵③,然后闻于卑。"故药食尝于卑然后至于贵,教也④;药言献于贵然后闻于卑,道也。故使人味食然后食者⑤,其得味也多;使人味言然后闻者⑥,其得言也少。故以是明上之于言也⑦,必自也听之⑧,必自也择之,必自也聚之,必自也藏之,必自也行之。故道以数取之为明⑨,以数行之为章⑩,以数施之万姓为藏⑪。是故求道者不以目而以心,取道者不以手而以耳,致道者以言⑫,入道者以忠,积道者以信,树道者以人。故人主有欲治安之心而无治安之政者,虽欲治安显荣也,弗得矣。故治安不可以虚成也⑬,显荣不可以虚得也。故明君敬士、察吏、爱民以参其极⑭,非此者,则四美不附矣⑮。

[注释] ①药食尝于卑:意为药和食物先让地位低下的人尝食。 ②至

于贵:指送给地位显贵的人食用。 ③药言:使人改过向善的话。 ④教:教化。 ⑤使人味食然后食者:意为让别人先行品尝,然后自己再吃这些食物的人。 ⑥使人味言然后闻者:意为让别人先品味、辨别用意,然后自己再听取言论的人。 ⑦明上:圣明的君主。 ⑧自:亲自。 ⑨数:术,事理。 ⑩章:显明。 ⑪藏:通"臧",美好。 ⑫致:获得。 ⑬虚成:凭空实现。 ⑭参:验证。极:准则。 ⑮四美:指治、安、显、荣。附:至。

修政语下

周文王问于粥子曰①:"敢问君子将入其职②,则其于民也何如?"粥子对曰:"唯③,疑④。请以上世之政诏于君王⑤。政曰:君子将入其职,则其于民也,旭旭然如日之始出也⑥。"周文王曰:"受命矣。"曰:"君子既入其职,则其于民也,何若?"对曰:"君子既入其职,则其于民也,暯暯然如日之正中⑦。"周文王曰:"受命矣。"曰:"君子既去其职,则其于民也,何若?"对曰:"君子既去其职,则其于民也,暗暗然如日之已入也⑧。故君子将入而旭旭者,义先闻也⑨;既入而暯暯者,民保其福也⑩;既去而暗暗者,民失其教也。"周文王曰:"受命矣。"

[注释] ①周文王:姬昌,周王朝奠基者,周武王之父。粥子:名熊,传说为周文王的老师,楚国君主的祖先。 ②入:就任。 ③唯:谦卑的应答声。 ④疑:疑惑,意为说不准。 ⑤诏:告诉。 ⑥旭旭然:太阳初升时的光明貌。 ⑦暯暯然:明亮貌。 ⑧暗暗然:昏暗貌。 ⑨义先闻也:意为他的好名声民众已经先听到了。 ⑩保:保有。

周武王问于粥子曰①:"寡人愿守而必存,攻而必得,战而必胜,则吾为此奈何?"粥子曰:"唯,疑。攻守而战乎同器②,而和与严其备也③。故曰:和可以守而严可以守,而严不若和之固也④;和可以攻而严可以攻,而严不若和之得也⑤;和可以战而严可以战,而严不若和之胜也。则唯由和而可也⑥。故诸侯发政施令,政平于人者⑦,谓之文政矣⑧;诸侯接士而使吏⑨,礼恭于人者⑩,谓之文礼矣⑪;诸侯听狱断刑⑫,仁于治⑬,陈于行⑭。其由此守而不存、攻而不得、战而不胜者,自古而至于今,自天地之辟也⑮,未之尝闻也。今也,君王欲守而必存,攻而必得,战而必胜,则唯由此也为可也。"周武王曰:"受命矣。"

[注释] ①周武王:姬发,周王朝的建立者。 ②攻守而战乎同器:意为进攻、防守两种战法,取胜之道是相同的。器,器皿,此处意为事理。 ③和与严其备:意为平和与威严两者都应具备。 ④固:稳固。 ⑤得:指收获多。 ⑥则唯由和而可也:意为只有用"和"的方式,才是最适当的。 ⑦政平于人:意为政令使人感到平和。 ⑧文政:文治之政。 ⑨接:接待。使:使用。 ⑩礼恭于人:意为对人恭敬有礼。 ⑪文礼:文治之礼。 ⑫听:审理。 ⑬仁于治:意为以仁爱之心审案量刑。 ⑭陈于行:意为体现在行为上。 ⑮辟:开辟。

周武王问于王子旦曰①:"敢问治有必成而战有必胜乎?攻有必得而守有必存乎?"王子旦对曰:"有。政曰:诸侯政平于内而威于外矣②,君子行修于身而信于舆人矣③,治民民治而荣于名矣④。故诸侯凡有治心者,必修之以道而与之以敬⑤,然后能以成也;凡有战心者,必修之以政而兴之以义,然后能以胜也;凡有攻心者,必结之以约而谕之以信⑥,然后能以得也;凡有守心者,必固之以和而谕之以爱⑦,然后能有存也。"周武王曰:"受命矣。"师尚父曰⑧:"吾闻之于政也,曰:天下圹圹⑨,一人有之;万民丛丛⑩,一人理之。故天下者,非一家之有也,有道者之有也。故夫天下者,唯有道者理之,唯有道者纪之⑪,唯有道者使之⑫,唯有道者宜处而久之⑬。故夫天下者,难得而易失也,难常而易忘也⑭。故守天下者,非以道则弗得而长也。故夫道者,万世之宝也。"周武王曰:"受命矣。"

[注释] ①王子旦:即周公,姓姬名旦,周文王之子,周武王之弟。先辅助周武王灭商,后辅助周成王治国,受封于鲁地。 ②政平于内而威于外:意为国内政治清平就能扬威于外。 ③行:德行。信:取得信任。舆人:众人。 ④治:前一个"治"意为治理,后一个"治"意为治理得好。荣:使……荣耀。 ⑤修:遵循。与:对待。 ⑥结:聚,合。约:规约。谕:晓谕。信:诚信。 ⑦固:团结。 ⑧师尚父:齐太公姜尚,周文王的老师,受封于齐地。 ⑨圹圹:广大貌。 ⑩丛丛:众多貌。 ⑪纪:治理。 ⑫使:安排。 ⑬处而久之:意为长久的占有它。 ⑭常:指长久拥有。忘:通"亡",遗失。

周成王年六岁①,即位享国②,亲以其身见于粥子之家而问焉,曰:"昔者先王与帝修道而道修③,寡人之望也,亦愿以教,敢问兴国之道奈何?"粥子对曰:"唯,疑。请以上世之政诏于君王。政曰:兴国之道,君思善则行之,君闻善则行之,君知善则行之,位敬而常之④,行信而长之⑤,则兴国之道也。"周成王曰:"受命矣。"

[注释] ①周成王:姬诵,周武王之子,西周第二代天子。 ②享国:享有其国,指在王位。 ③第一个"修"意为修习,第二个"修"意为建立。 ④位敬而常之:意为恭敬待人并长久不变。 ⑤行信:讲求信用。

周成王曰"敢问于道之要奈何①?"粥子对曰:"唯,疑。请以上世之政诏于君王。政曰:为人下者敬而肃②,为人上者恭而仁③,为人君者敬士爱民,以终其身,此道之要也。"周成王曰:"受命矣。"

[注释] ①要:纲要。 ②为人下者:指百姓和下级官吏。肃:恭敬。③为人上者:指高级官吏。

周成王曰:"敢问治国之道若何?"粥子曰:"唯,疑。请以上世之政诏于君王。政曰:治国之道,上忠于主①,而中敬其士,而下爱其民。故上忠其主者,非以道义则无以入忠也②;而中敬其士,不以礼节无以谕敬也;下爱其民,非以忠信则无以谕爱也。故忠信行于民,而礼节谕于士,道义入于上,则治国之道也。虽治天下者,由此而已。"周成王曰:"受命矣。"

[注释] ①上忠于主:意为对上要忠于君主。 ②入:达到。

周成王曰:"寡人闻之,有上人者①,有下人者,有贤人者,有不肖人者②,有智人者,有愚人者。敢问上下之人,何以为异?"粥子对曰:"唯,疑。请以上世之政诏于君王。政曰:凡人者,若贱若贵③,若幼若老,闻道志而藏之④,知道善而行之⑤,上人矣;闻道而弗取藏也,知道而弗取行也,则谓之下人也。故夫行者善则谓之贤人矣,行者恶则谓之不肖矣。故夫言者善则谓之智矣,言者不善则谓之愚矣。故智愚之人有其辞矣⑥,贤不肖之人别其行矣⑦,上下之人等其志矣⑧。"周成王曰:"受命矣。"

[注释] ①上人:上等的人。 ②不肖人:无才无德的人。 ③若:或。 ④志:记着。 ⑤善:认为好。 ⑥智愚之人有其辞矣:意为智者和愚人可以从言辞上进行判断。 ⑦贤不肖之人别其行矣:意为贤人和不贤之人可以从行为上进行判断。 ⑧上下之人等其志矣:意为上等人和下等人可以从志向上进行判断。等:区别等次。

周成王曰:"寡人闻之:圣王在上位,使民富且寿云①。若夫富则可为也,若夫寿则不在天乎?"粥子曰:"唯,疑。请以上世之政诏于君王。政曰:圣王在上位,则天下不死军兵之事②。故诸侯不私相攻,而民不私相斗阋③,不私相煞也④。故圣王在上位,则民免于一死而得一生矣。圣王在上位,则君积于道⑤,而吏积于德,而民积于用力⑥。故妇人为其所衣⑦,丈夫为其所食,则民无冻馁矣⑧。故圣王在上,则民免于二死而得二生矣。圣王在上,则君积于仁,而吏积于爱,而民积于顺,则刑罚废矣。而民无夭遏之诛⑨。故圣王在上,则民免于三死而得三生矣。圣王在上,则使民有时⑩,而用之有节⑪,则民无厉疾⑫。故圣王在上,则民免于四死而得四生矣。圣王在上,则使盈境内兴贤良⑬,以禁邪恶。故贤人必用而不肖人不作⑭,则已得其命矣⑮。故夫富且寿者,圣王之功也。"周成王曰:"受命矣。"

[注释] ①寿:长寿。云:语气助词。 ②天下不死军兵之事:意为百姓不死于战争。 ③阋(xì):争吵。 ④煞:同"杀"。 ⑤君积于道:意为君主有道。积,累积。 ⑥用力:指出力之事。 ⑦为其所衣:意为织造她们穿的衣服。为,做。 ⑧馁:饥饿。 ⑨夭遏:夭折。 ⑩使民有时:意为按季节役使民众,不耽误农时。 ⑪节:节制。 ⑫厉疾:灾疫。 ⑬盈境:全国。 ⑭作:兴起。 ⑮命:天命。

卷第十

礼容语上(阙)

礼容语下(杂事)

鲁叔孙昭子聘于宋①,宋元公与之燕②,饮酒,乐。昭子右坐③,歌终而语,因相泣也④。乐祁曰⑤:"过哉⑥,君!非哀所也。"已而告人曰:"今兹⑦,君与叔孙其皆死乎?吾闻之,哀乐而乐哀⑧,皆丧心也。心之精爽是谓魂魄⑨,魂魄已失,何以能久?且吾闻之,主民者不可以偷⑩,偷必死。今君与叔孙其语皆偷,死日不远矣。"居六月⑪,宋元公薨⑫。间一月⑬,叔孙婼卒。

[注释] ①叔孙昭子:叔孙氏,名婼,春秋时鲁国大夫,叔孙豹之子。②宋元公:子姓,名佐,春秋时宋国君主,公元前531年至公元前517年在位。燕:同"宴",宴饮。 ③右坐:坐在右边。 ④因:就。相:相互。 ⑤乐祁:也称"乐祁犁",春秋时宋国卿大夫。 ⑥过哉:错了。 ⑦兹:年。 ⑧哀乐而乐哀:意为应该悲哀时快乐,应该快乐时悲哀。 ⑨精爽:精神。 ⑩偷:

苟且。 ⑪居:过了。 ⑫薨:古代称诸侯之死为"薨"。 ⑬间:间隔。

晋叔向聘于周①,发币大夫②。及单靖公③,靖公享之俭而敬④,宾礼赠贿同⑤,是礼而从⑥,享燕无私⑦,送不过郊⑧,语说《昊天有成命》⑨。

[注释] ①叔向:羊舌氏,名肸,春秋时晋国大夫。 ②币:礼物。 ③单靖公:春秋时单国国君,单顷公之子。 ④享:宴请待客。俭:节俭。 ⑤宾礼赠贿同:意为依照待客之礼回赠同样的礼物。贿,礼物。 ⑥是礼而从:意为依礼而行。 ⑦享燕无私:意为宴饮时不涉及私情。 ⑧过:超过。郊:国都外百里以内的地区称"郊"。 ⑨语说:交谈,谈论。《昊天有成命》:《诗经·周颂》中的一篇。

既而叔向告人曰①:"吾闻之曰,一姓不再兴②,今周有单子以为臣③,周其复兴乎?昔史佚有言曰④:'动莫若敬,居莫若俭,德莫若让,事莫若资⑤。'今单子皆有焉。夫宫室不崇⑥,器无虫镂⑦,俭也;身恭除洁⑧,外内肃给⑨,敬也;燕好享赐⑩,虽欢不逾等⑪,让也;宾之礼事,称上而差⑫,资也;若是而加之以无私,重之以不偷⑬,能辟怨矣⑭。居俭动敬,德让事资,而能辟怨,以为卿佐⑮,其有不兴乎?夫《昊天有成命》,颂之盛德也。其诗曰:'昊天有成命,二后受之,成王不敢康,夙夜基命宥谧⑯。'谧者,宁也,亿也⑰。命者,制令也⑱。基者,经也⑲,势也⑳。夙,早也。康,安也。后,王;二后,文王武王㉑。成王者㉒,武王之子,文王之孙也。文王有大德而功未就,武王有大功而治未成,及成王承嗣㉓,仁以临民,故称'昊天'焉。不敢怠安㉔,蚤兴夜寐㉕,以继文王之业。布文陈纪㉖，经制度㉗，设牺牲㉘，使四海之内，懿然葆德㉙，各遵其道，故曰有成。承顺武王之功，奉扬文王之德，九州之民，四荒之国㉚，歌谣文武之烈㉛，累九译而请朝㉜，致贡职以供祀，故曰'二后受之'。方是时也，天地调和，神民顺亿㉝，鬼不厉祟㉞，民不谤怨，故曰'宥谧'。成王质仁圣哲，能明其先㉟，能承其亲㊱，不敢惰懈，以安天下，以敬民人。今单子美说其志也，以佐王室，吾故曰'周其复兴乎'。"故周平王既崩以后㊲，周室稍稍衰弱不坠㊳，当单子之佐政也，天子加尊㊴，周室加兴。

［**注释**］　①既而：不久。　②一姓：指一个朝代。再兴：再度兴盛。　③单子：即单靖公。　④史佚：即尹佚，西周初年太史。　⑤赀：过失少。　⑥崇：高大。　⑦虫镂：房屋或器物上镌刻的图案纹饰。　⑧除：宫殿的台阶，指宫殿。　⑨外内：指朝廷内外。肃给：敬谨供给。　⑩燕好：设宴招待并馈赠礼物。享赐：宴飨宾客，赏赐臣下。　⑪逾：超越。等：等级。　⑫称上而差：意为符合君主之意而有差等。称，适合。　⑬重：加上。　⑭辟：消除。　⑮卿佐：辅佐君主的执政大臣。　⑯昊天有成命，二后受之，成王不敢康，夙夜基命宥谧：语出《诗经·周颂·昊天有成命》，意思是说，上天有明令，文王武王领受了它，成王不敢贪图安逸，早晚秉承政教、安定人心。二后，指周文王、周武王。康，安乐。基，谋划。命，政令。宥，宽大。谧，安定。　⑰亿：安宁。　⑱制：制定。令：命令。　⑲经：治理。　⑳势：权势。　㉑文王武王：周文王、周武王。　㉒成王：即周成王姬诵，周武王之子，西周第二代天子。　㉓承嗣：继承王位。　㉔怠安：懈怠、苟安。　㉕蚤：同"早"。　㉖布：宣告。文：指礼仪制度。陈：设置。纪：法度。　㉗经：整饬，修订。　㉘牺牲：祭祀用的牲畜。　㉙懿然：美好貌。　㉚四荒之国：四方荒远的国家。　㉛歌谣：歌颂。烈：功业。　㉜累九译而请朝：意为经过辗转多次的翻译，请求朝见。　㉝顺亿：安宁。　㉞厉祟：为害作祟。　㉟能明其先：意为能够继承、发扬先王的功业。　㊱亲：这里指父辈的事业。　㊲周平王：姬

姓,名宜臼,西周幽王之子,东周第一代君王,公元前770年至公元前720年在位。　㊳稍稍:渐渐。坠:衰亡。　㊴加:更加。

晋之三卿郤锜郤犨郤至①,从晋厉公会晋诸侯于加陵②,周单襄公在会③。晋厉公视远步高④。郤锜见单子⑤,其语犯⑥;郤犨见,其语讦⑦;郤至见,其语伐⑧;齐国佐见⑨,其语尽⑩。

［注释］　①郤锜(xì qí)、郤犨(chōu)、郤至:均为春秋时晋国大夫,郤锜是郤克之子,郤犨是郤克的堂弟,郤至是郤锜的堂弟。　②晋厉公:春秋时晋国国君,公元前580年至公元前573年在位,晋景公之子。加陵:即柯陵,在今山东省东阿县西南。　③单襄公:名朝,周卿士。　④视远步高:傲视、阔步,态度傲慢的样子。　⑤单子:指单襄公。　⑥犯:冒犯。　⑦讦(xū):诡诈。　⑧伐:自夸。　⑨国佐:即国武子,春秋时期齐国上卿。　⑩尽:无所隐晦。

单襄公告鲁成公曰①:“晋将有乱,其君与三郤其当之乎?”鲁侯曰②:“寡人固晋而强其君③,今君曰‘将有乱’,敢问天道乎?意人故也④?”对曰:“吾非诸史也⑤,焉知天道?吾见晋君之容,而听三郤之语矣,殆必有祸矣。君子目以正体⑥,足以从之,是以观容而知其心。今晋侯视远而足高,目不在体⑦,而足不步目⑧,其心必异矣。体目不相从,何以能久?夫合诸侯,国之大事也,于是观存亡之征焉。故国将有福,其君步言视听,必皆得适顺善⑨,则可以知德矣。视远曰绝其义,足高曰弃其德,言爽曰反其信⑩,听淫曰离其名⑪。夫目以处义⑫,足以践德,口以庇信,耳以听名者矣,故不可不慎也。偏亡者有咎⑬,既亡则国从之⑭。今晋侯无一可焉,吾是以云。夫郤氏,晋侯之宠人也。是族在晋有三卿五大夫,贵矣,亦可以戒惧矣。今郤伯之语犯,郤叔讦,郤季伐;犯则凌人,讦则诬人,伐则掩人⑮。有是宠也,而益之以三怨⑯,其谁能忍之?齐国武子亦将有祸⑰。齐,乱国也。立于淫乱之朝,而好尽言以暴人过⑱,怨之本也。惟善人能受尽言,今齐既乱,其能善乎?"居二年,晋杀三卿⑲。明年,厉公弑于东门⑳。是岁也,齐人果杀国武子。

[注释] ①鲁成公:春秋时鲁国君主,鲁宣公之子,公元前590年至公元前573年在位。 ②鲁侯:指鲁成公。 ③寡人固晋而强其君:意为我以为晋国是巩固的,国君也是强大的。 ④意:通"抑",或者。 ⑤诸史:诸史官。 ⑥目以正体:意为目光所向是用以确定身体的平正的。 ⑦目不在体:意为目光不支配身体。 ⑧足不步目:意为脚步不跟随目光。 ⑨得适顺善:行为适当,顺从善道。 ⑩言爽:食言。 ⑪听淫:听闻浮夸之事。离:背离。 ⑫处:藏,纳。 ⑬偏亡者有咎:意为部分偏失的君主会招致灾祸。偏,半。 ⑭既亡则国从之:意为全部丧失者,国家就随之灭亡。既,全部。 ⑮掩人:意为掩盖别人的长处。 ⑯益:增加。三怨:指凌人、诬人、掩人。 ⑰国武子:即国佐。 ⑱暴:暴露。 ⑲三卿:即三郤,郤锜、郤犨、郤至。 ⑳弑:古时称臣杀君、子杀父为"弑"。

《诗》曰①:"敬之敬之,天惟显思,命不易哉②!毋曰高高在上,陟降厥士,日监在兹③。维予小子,不聪敬止④。日就月将,学有缉熙于光明⑤。佛时仔肩,视我显德行⑥。"故弗顺弗敬,天下不定;忘敬而怠,人必乘之⑦。呜呼!戒之哉!

[注释] ①《诗》:即《诗经》,儒家经典之一,中国第一部诗歌总集。

②敬之敬之,天惟显思,命不易哉:诗见《诗经·周颂·敬之》,意思是说,警惕啊,上天明察,天命不改。　③毋曰高高在上,陟降厥士,日监在兹:意思是说,不要说苍天高高在上,它派遣使者上下人间,日夜监视。陟,升。厥,其。　④维予小子,不聪敬止:意思是说,小子我不聪明、不恭敬。小子,周成王的自称。止,语气助词。　⑤日就月将,学有缉熙于光明:意思是说,日积月累地学习,以步步深入,达到光明。缉熙,深广。　⑥佛时仔肩,视我显德行:意思是说,大臣们辅助我担当重任,启示我以美德。佛,通"弼",辅助。仔肩,责任。　⑦乘:乘机而入。

胎　教（杂事）

《易》曰①:"正其本而万物理②,失之毫厘,差以千里。"故君子慎始。《春秋》之元③,《诗》之《关雎》④,《礼》之《冠》、《婚》⑤,《易》之《乾》、《坤》⑥,皆慎始敬终云尔⑦。

[注释]　①《易》:古书名,即《周易》,儒家经典之一,占卜用书。　②理:治理,文见《易纬·通卦验》。　③《春秋》:史书名,儒家经典之一,相传为孔子根据鲁国的编年史修订而成,叙史多蕴含褒贬之意。元:元年。　④《诗》:即《诗经》,儒家经典之一,中国第一部诗歌总集。《关雎》:《诗经》的第一篇。　⑤《礼》:古书名,指《仪礼》,儒家经典之一,记录了古代的部分礼仪制度。《冠》、《婚》:即《士冠礼》、《士昏礼》,为《仪礼》的前两篇。　⑥《乾》、《坤》:即《乾卦》、《坤卦》,为《周易》的前两篇。　⑦慎始敬终:自始至终都谨慎。敬,慎。

素成①,谨为子孙婚妻嫁女,必择孝悌世世有行义者②。如是,则其子孙慈孝,不敢淫暴③,党无不善④,三族辅之⑤。故凤凰生而有仁义之意,虎狼生而有贪戾之心,两者不等⑥,各有其母。呜呼,戒之哉!无养乳虎,将伤天下。故素成,胎教之道,书之玉版⑦,藏之金柜,置之宗庙,以为后世戒。

[注释] ①素成:意为打算成事。素,预先。 ②悌:顺从、敬爱兄长。行义:品行,道义。 ③淫暴:放纵暴戾。 ④党:亲族。 ⑤三族:父族、母族、亲族。 ⑥等:相同。 ⑦玉版:古代用以刻字的玉片。

青史氏之《记》曰①:"古者胎教之道,王后有身②,七月而就蒌室③。太师持铜而御户左④,太宰持斗而御户右⑤,太卜持蓍龟而御堂下⑥,诸官皆以其职御于门内。比三月者⑦,王后所求声音非礼乐⑧,则太师抚乐而称不习⑨;所求滋味者非正味,则太宰荷斗而不敢煎调⑩,而曰不敢以侍王太子。太子生而立⑪,太师吹铜曰声中某律⑫,太宰曰滋味上某⑬,太卜曰命云某⑭。

[注释] ①青史氏之《记》:即《青史子》,青史氏为古代史官名,其书已亡佚。 ②有身:指有孕。 ③蒌室:王后分娩前所居的宫室。 ④太师:乐官之长。铜:铜制乐器。御:侍御。户:门。 ⑤太宰:官名,负责饮food。斗:一种有柄的食具。 ⑥太卜:卜官之长。蓍:蓍草。龟:龟甲。 ⑦比:等到。 ⑧非礼乐:指不合乎礼乐的要求。 ⑨抚:摸。乐:乐器。称:声称。习:通晓。 ⑩荷:拿着。煎调:烹调。 ⑪立:应作"泣"。 ⑫声中某律:意为太子的哭声合乎某种音律。 ⑬滋味上某:意为呈上某种滋味的饮食。 ⑭命云某:意为太子将来的命运如何。

然后,为太子悬弧之礼义①。东方之弧以梧②,梧者,东方之草,春木也;其牲以鸡③,鸡者,东方之牲也。南方之弧以柳,柳者,南方之草,夏木也;其牲以狗,狗者,南方之牲也。中央之弧以桑④,桑者,中央之木也;其牲以牛,牛者,中央之牲也。西方之弧以棘⑤,棘者,西方之草也,秋木也;其牲以羊,羊者,西方之牲也。北方之弧以枣,枣者,北方之草,冬木也;其牲以彘⑥,彘者,北方之牲也。五弧五分矢⑦,东方射东方,南方射南方,中央射中央,西方射西方,北方射北方,皆三射。其四弧具⑧,其余各二分矢⑨,悬诸国四通门之左⑩;中央之弧亦具,余二分矢,悬诸社稷门之左⑪。

[注释] ①悬弧:古代的一种风俗,家中生男就在门的左边挂一张弓。弧,木制的弓。 ②梧:梧桐木。 ③牲:祭祀用的牲畜。 ④桑:桑木。 ⑤棘:酸枣树。 ⑥彘:猪。 ⑦五弧五分矢:意为五张弓配五支箭。矢,箭。 ⑧其四弧具:意为东西南北四方的弓射箭完毕。具,完备。 ⑨其余各二分矢:意为剩下的两支箭。 ⑩四通门:四方通衢的大门,即四方城门。 ⑪社稷:祭祀土神和谷神的庙。

然后卜王太子名①,上毋取于天②,下毋取于土,毋取于名山通谷③,毋悖于乡俗④。是故君子名难知而易讳也⑤,此所以养隐之道也⑥。

[注释] ①卜王太子名:意为通过占卜为太子取名。 ②上毋取于天:意为向上不要用日月星辰的名称取名。 ③通谷:有名的山谷。 ④悖:违背。 ⑤讳:避讳。 ⑥养隐之道:即避讳之道,古人对于君主和尊长的名字要避讳,不能直接说出或写出。

正之礼者①,王太子无羞臣②,领臣之子也③,故谓领臣之子也。身朝王者④,妻朝后⑤,之子朝王太子,是谓臣之子也。此正礼胎教也⑥。周妃后妊成王于身⑦,立而不跛⑧,坐而不蹉⑨,独处不倨⑩,虽怒不骂,胎教之谓也。

成王生,仁者养之,孝者襁之,四贤傍之⑪。成王有知,而选太公为师⑫,周公为傅⑬,前有与计而后有与虑也。是以封于泰山而禅梁父⑭,朝诸侯,一天下。由此观之,主左右不可不练也⑮。

[注释] ①正之礼者:指胎教正规的礼法。本段前两句语意不明,疑文字有错讹。 ②羞:同"馐",美食,这里指宴请。 ③领臣之子也:意为带领大臣的儿子。 ④身朝王者:意为大臣朝见天子。 ⑤妻:指大臣的妻子。后:王后。 ⑥正礼胎教:指胎教的正式礼仪。 ⑦周妃后姙成王于身:意为周武王的王后身怀成王之时。成王,即周成王姬诵,周武王之子,西周第二代天子。 ⑧跛:偏、斜。 ⑨差:通"差",不整齐。 ⑩倨:伸开脚坐着。 ⑪四贤:四位贤人。 ⑫太公:即齐太公姜尚,周文王的老师,又称"师尚父"。 ⑬周公:姓姬名旦,周文王之子,先辅助周武王灭商,后辅助周成王治国。傅:即太傅,官名,辅佐天子治理天下,与太师、太保合称"三公"。 ⑭封:祭天。禅:祭地。梁父:山名,泰山下的一座小山,在今山东省新泰市境内。 ⑮练:选择。

昔禹以夏王①,而桀以夏亡②;汤以殷王③,而纣以殷亡④;阖闾以吴战胜无敌⑤,而夫差以之见禽于越⑥;文公以晋伯⑦,而厉公以见杀于匠丽之宫⑧;威王以齐强于天下⑨,而简公以杀于檀台⑩;穆公以秦显名尊号⑪,而二世以劫于望夷之宫⑫。其所以君王同而功迹不等者,所任异也⑬。故成王处襁褓之中朝诸侯,周公用事也⑭;武灵王五十而弑于沙丘⑮,任李兑也⑯。齐桓公得管仲九合诸侯⑰,一匡天下,称为义主;失管仲,任竖刁而身死不葬⑱,为天下笑。一人之身荣辱具施焉者,在所任也。故魏有公子无忌而削地复⑲,赵任蔺相如而秦兵不敢出⑳,安陵任周瞻而国独立㉑,楚有申包胥而昭王反复㉒,齐有陈单而襄王得其国㉓。由此观之,无贤佐俊士㉔,能成功立名、安危继绝者㉕,未之有也。是以国不务大而务得民心,佐不务多而务得贤者;得民心而民往之,得贤者而贤者归之。

[注释] ①禹:夏代的第一个君主。王:称王。 ②桀:夏桀,夏朝的最后一位君主。 ③汤:商汤,商朝的建立者。 ④纣:商纣王帝辛,商朝的亡国之君。 ⑤阖闾:春秋时吴国国君,公元前514年至公元前496年在位。 ⑥夫差:春秋时吴国国君,阖闾之子,公元前495年至公元前473年在位。见:被。禽:通"擒"。 ⑦文公:指晋文公,春秋时晋国国君,春秋五霸之一,公元前636年至公元前628年在位。伯:通"霸",称霸。 ⑧厉公:指晋厉公,春秋时晋国国君,公元前580年至公元前573年在位,晋景公之子。匠丽之宫:晋厉公的大臣匠丽氏的家。 ⑨威王:指齐威王,战国时齐国国君,齐桓公之子。 ⑩简公:即齐简公,春秋末期齐国君主,齐悼公之子。檀台:台名。 ⑪穆公:指秦穆公,春秋时秦国国君,公元前659年至公元前621年在位,春秋五霸之一。显名尊号:使名号显赫尊贵。 ⑫二世:即秦二世胡亥,秦始皇第十八子,公元前209年至公元前207年在位。望夷之宫:即望夷宫,秦宫殿名。 ⑬所任异也:意为所任用的人不同。 ⑭用事:执政。 ⑮武灵王:赵武灵王,战国时赵国君主,公元前325年至公元前299年在位。弑:古时称臣杀君、子杀父为"弑"。沙丘:古地名,在今河北省邢台市境内。 ⑯李兑:战国时赵国大臣。赵武灵王晚年让位于少子何,引起内乱,李兑发兵围困沙丘,逼死赵武灵王。 ⑰齐桓公:春秋时齐国国君,公元前685年至公元前643年在位,春秋五霸之首。管仲:春秋时齐国国相,辅佐齐桓公成就霸业。九合诸侯:九次会盟诸侯。 ⑱竖刁:春秋时齐国宦官。齐桓公不听管仲遗言,信任自行阉割以示忠心的竖刁。竖刁在桓公病危时作乱,将桓公饿死,并与诸公子对峙,致使桓公死后不能下葬,大殿内尸臭熏天,蛆虫遍地。 ⑲公子无忌:即信陵君魏无忌,战国时魏国贵族,战国四公子之一。削地复:收复失地。 ⑳蔺相如:战国时赵国国相。蔺相如奉命出使秦国,完璧归

赵,在渑池会盟时,迫使秦王为赵王敲缶,并团结武将廉颇,使秦国不敢进犯。　㉑安陵:指安陵君,安陵为魏国的附庸小国,秦灭魏,安陵君派唐雎出使秦国,唐雎不辱使命,使安陵国得以保全。周瞻:人名,未详。　㉒申包胥:春秋时楚国大夫。伍子胥借吴国军队攻打楚国,楚昭王出逃,申包胥为复国,在秦国城墙外哭了七天七夜,滴水不进,感动秦君出兵救楚,楚昭王复国。昭王:即楚昭王,春秋时期楚国国君,楚平王之子,公元前515年至公元前489年在位。　㉓陈单:即田单,战国时齐国大将。燕将乐毅攻占齐都后,田单坚守即墨,用火牛阵击破燕军,收复失地七十余城,被齐襄王任命为相国,封为安平君。襄王:指齐襄王,战国时齐国国君,公元前283年至公元前265年在位,齐湣王之子。　㉔贤佐:贤明的辅臣。俊士:杰出的人。　㉕安危继绝:使危局安定、使亡国复兴。

文王请除炮烙之刑而殷民徙①,汤去张网者之三面而二垂至②,越王不颓旧冢而吴人服③,以其所为顺于人也。故同声则处异而相应④,意和则未见而相亲⑤,贤者立于本朝,而天下之士相率而趋之。何以知其然也?管仲,桓公之雠也⑥。鲍叔以为贤于己而进之桓公⑦,七十言说乃听,遂使桓公除仇雠之心,而委之国政焉。桓公垂拱无事而朝诸侯⑧,鲍叔之力也。管仲之所以走桓公而无自危之心者⑨,同声于鲍叔也。

[注释]　①文王:周文王姬昌,周王朝奠基者,周武王之父。炮烙之刑:一种酷刑,令犯人在烧红的铜柱上爬行,堕入火中烫死。徙:指跟从。　②汤去张网者之三面而二垂至:意思是说,商汤撤去猎人四面所张罗网中的三面,边陲的人民都来归附。汤,即商朝的建立者商汤。垂,通"陲",边陲。　③越王不颓旧冢而吴人服:意思是说,越王勾践攻下吴国后不毁坏吴国祖先的坟墓,吴人顺服。越王,指春秋时越国君主勾践。颓,毁坏。冢,坟墓。　④同声则处异而相应:意思是说,同心之声在异地也会得到呼应。　⑤意和则未

见而相亲:意思是说,意气相投,未曾见面也会相互亲近。　⑥雠:仇人。⑦鲍叔:即鲍叔牙,春秋时齐国大夫。　⑧垂拱:垂衣拱手,指不亲理事务。朝诸侯:使诸侯来朝。　⑨走:投奔。

　　卫灵公之时①,蘧伯玉贤而不用②,弥子瑕不肖而任事③。史䲡患之④,数言蘧伯玉贤而不听。病且死,谓其子曰:"我即死,治丧于北堂⑤,吾生不能进蘧伯玉而退弥子瑕,是不能正君也。生不能正君者,死不当成礼⑥,死而置尸于北堂,于我足矣。"灵公往吊,问其故,其子以父言闻。灵公戚然易容而寤⑦,曰:"吾失矣!"立召蘧伯玉而进之,召弥子瑕而退之,徙丧于堂⑧,成礼而后去。卫国已治,史䲡之力也。夫生进贤而退不肖,死且未止,又以尸谏,可谓忠不衰矣⑨。

　　[注释]　①卫灵公:春秋时期卫国国君,卫襄公之子,公元前534年至公元前493年在位。　②蘧伯玉:春秋时卫国大夫。　③弥子瑕:春秋时卫国大夫,卫灵公的宠臣。不肖:无才无德。　④史䲡(yóu):字子鱼,春秋时卫国大夫。　⑤北堂:北边的厅堂,与正堂相对而言。　⑥死不当成礼:意为死后不应当按丧礼的规定办事。　⑦戚然:忧伤貌。易容:动容。寤:通"悟",醒悟。　⑧徙丧于堂:指把丧事移至前堂。　⑨衰:减少。

　　纣杀王子比干①,而箕子被发而佯狂②;陈灵公杀泄冶③,而邓元去陈以族徙④。自是之后,殷并于周⑤,陈亡于楚,以其杀比干与泄冶,而失箕子与邓元也。燕昭王得郭隗⑥,而邹衍乐毅自齐魏至⑦,于是举兵攻齐,栖闵王于莒⑧。燕度地计众⑨,不与齐均也⑩。然而,所以能信意至于此者,由得士故也。故无常安之国,无宜治之民,得贤者显昌,失贤者危亡。自古及今,未有不然者也。鉴所以照形也⑪,往古所以知今也。未知恶古之所以危亡,不务袭迹于其所以安存⑫,则未有异于却走而求及前人也⑬。太公知之⑭,故国微子后⑮,而封比干之墓⑯。夫圣人之于圣者之死,尚如此其厚也,况当世存者乎?其弗可失矣。

[注释] ①纣:商纣王。比干:商纣王的叔父,因忠言劝谏,被纣王剖心而死。 ②箕子:商纣王的叔父,任太师,封于箕。被:同"披"。佯:假装。 ③陈灵公:春秋时陈国国君,陈共公之子,公元前613年至公元前599年在位。泄冶:春秋时陈国大夫。 ④邓元:人名,未详。去:离开。 ⑤殷并于周:殷被周吞并。 ⑥燕昭王:战国时燕国国君,燕王哙之子,公元前312年至公元前279年在位。郭隗:战国时燕国名士,他让燕昭王筑黄金台并拜自己为师,从而为燕国招来许多贤士,使得燕国富强。 ⑦邹衍:战国时阴阳学派的创始人和五行学说的代表人物。乐毅:战国时燕国大将。 ⑧栖:居留,这里指围困。闵王:指齐闵王,战国时齐国国君,齐宣王之子,公元前300年至公元前284年在位。莒(jǔ):地名,在今山东省莒县一带。 ⑨度地计众:度量土地,统计人口。 ⑩均:均等。 ⑪鉴:镜子。 ⑫不务袭迹于其所以安存:意为不致力于取法治国安民之道。 ⑬却走:退走。及:赶上。 ⑭太公:指齐太公姜尚。 ⑮国微子后:意为给微子的后代封土立国。微子,也称"微子启",纣王的庶兄。 ⑯封:堆土筑坟。

立 后 义（杂事）

古之圣帝将立世子①,则帝自朝服升自阼阶上②,西乡于妃③。妃抱世子自房出,东乡。太史奉书西上堂④,当两阶之间⑤,北面立,曰世子名曰某者参⑥。帝执礼称辞⑦,命世子曰,度大祖大宗与社稷于子者参⑧。其命也,妃曰不敢者再⑨;于三命,曰谨受命,拜而退。太史以告太祝⑩,太祝以告太祖太宗与社稷。太史出以告太宰⑪,太宰以告州伯⑫,州伯命藏之州府。凡诸贵已下至于百姓男女⑬,无敢与世子同名者。以此防民百姓犹有争为君者。

[注释] ①世子:太子,一般为帝王、诸侯的嫡长子。 ②则帝自朝服升自阼阶上:意为帝王穿着朝服从东边的台阶走上厅堂。阼阶,东阶。 ③乡:通"向",面对着。 ④太史:官名,掌管天时星历。西上堂:意为从西边上厅堂。 ⑤两阶:宫殿的东、西阶梯。 ⑥参:通"三",三次。 ⑦执礼:执守礼制。称辞:致辞。 ⑧度太祖太宗与社稷于子:意为把宗庙和社稷传给你。度,同"渡",移交。 ⑨再:两次。 ⑩太祝:官名,主管祭祀。 ⑪太宰:官名,负责饮食。 ⑫州伯:即方伯,古代一州之长。 ⑬诸贵:诸位贵族。已:同"以"。

夫势明则民定而出于一道①,故人皆争为宰相而不奸为世子②,非宰相尊而世子卑也,不可以智求,不可以力争也。今以为知子莫如父,故疾死置后者③,恣父之所以④。此使亲戚不相亲,兄弟不相爱,乱天下之纪⑤,使天下之俗失所尊敬而不让⑥,其道莫经于此⑦。疾死致后复以嫡长子,如此则亲戚相爱也,兄弟不争,此天下之至义也。民之不争,亦惟学王宫国君室也。

[注释] ①势:形势,这里指地位。定:安定。出于一道:意为认识统一。 ②奸:作乱。 ③疾死置后:临死前设立继承人。 ④恣父之所以:听凭父亲的心意来决定。恣,听任。 ⑤纪:纲纪。 ⑥俗:风俗。让:礼让。 ⑦经:由。

殷汤放桀①,武王伐纣②,此天下之所同闻也。为人臣而放其君，为人下而弑其上③，天下之至逆也④；而所以有天下者，以为天下开利除害⑤，以义继之也。故声名称于天下而传于后世，隐其恶而扬其德美，立其功烈而传之于久远⑥，故天下皆称圣帝至治。其道之下⑦，当天下之散乱，以强凌弱，众暴寡，智治愚，士卒罢弊⑧，死于甲兵，老弱骚动，不得治产业，以天下之无天子也。

[注释] ①殷汤：即商汤，商朝的建立者。放：流放。桀：夏桀，夏朝的最后一位君主。　②武王：周武王姬发，周王朝的建立者。纣：商纣王帝辛，商朝的亡国之君。　③弑：古时称臣杀君、子杀父为"弑"。　④至：最，极。逆：背叛。　⑤开利：兴利。　⑥功烈：功业。　⑦其道之下：意为汤武之道衰落之后。　⑧罢弊：疲劳困顿。

　　高皇帝起于布衣而兼有天下①，臣万方诸侯②，为天下辟③，兴利除害，寝天下之兵④，天下之至德也。而天下莫能明高皇帝之德美，定功烈而施之于后世也。故天下犹行弊世德与其功烈风俗也⑤。夫帝王者莫不相时而立仪⑥，度务而制事⑦，以驯其时也⑧。欲变古易常者⑨，不死必亡。此圣人之所制也⑩。恶民更之⑪，故拘为古⑫，使结之也⑬，所以闻于后世也。

[注释] ①高皇帝：指汉高祖刘邦。布衣：平民。　②臣：使……臣服。　③辟：君主。　④寝：息。　⑤故天下犹行弊世德与其功烈风俗也：意为天下还实行乱世的德行和风俗。　⑥相时而立仪：审查、分析时势，设立礼仪。　⑦度务而制事：意为审时度势，制定措施。　⑧驯：顺应。　⑨变古易常：改变古制和常规。　⑩制：规定。　⑪恶：害怕。更：更改。　⑫拘：限定。古：古制。　⑬结：固定。

参考书目

阎振益、钟夏:《新书校注》,新编诸子集成本,中华书局2000年版。
王洲明、徐超:《贾谊集校注》,人民文学出版社1996年版。
《贾谊集》,上海人民出版社1976年版。
方向东译注:《新书》,中华书局2012年版。
丁智荣译注:《贾谊新书》,黑龙江人民出版社2003年版。
吴云、李春台:《贾谊集校注》,中州古籍出版社1989年版。
王兴国:《贾谊评传》,南京大学出版社1992年版。
李梦生:《左传译注》,上海古籍出版社2004年版。
《史记》,中华书局1959年版。
《汉书》,中华书局1962年版。
楼宇烈:《老子道德经注校释》,新编诸子集成本,中华书局2008年版。
郭庆藩:《庄子集释》,新编诸子集成本,中华书局1982年版。
程树德:《论语集释》,新编诸子集成本,中华书局1990年版。
王先谦:《荀子集解》,新编诸子集成本,中华书局1988年版。
蒋礼鸿:《商君书锥指》,新编诸子集成本,中华书局1986年版。
王先慎:《韩非子集解》,新编诸子集成本,中华书局1998年版。
苏舆:《春秋繁露义证》,新编诸子集成本,中华书局1992年版。

林剑鸣:《秦汉史》,上海人民出版社2003年版。

金春峰:《汉代思想史》,中国社会科学出版社1987年版。

徐复观:《两汉思想史》,华东师范大学出版社2004年版。

近期国学读物要目

国学新读本

诗经　梁锡锋　注说
论语　臧知非　注说
尚书　姜建设　注说
国语　曹建国　张玖青　注说
孔子家语　杨朝明　注说
山海经　郑慧生　注说
墨子　苏凤捷　程梅花　注说
孟子　何晓明　周春健　注说
庄子　曹础基　注说
荀子　杨朝明　注说
韩非子　赵沛　注说
孙子兵法　赵国华　注说
楚辞　李中华　邹福清　注说
潜夫论　王健　注说
文心雕龙　戚良德　注说

礼记　杨天宇　注说
老子　曹峰　注说
吕氏春秋　张富祥　注说
商君书　徐莹　注说
战国策　张彦修　注说
淮南子　杨有礼　注说
春秋繁露　曾振宇　注说
世说新语　赵成林　注说
史通　李振宏　注说

周易　龚留柱　注说
新语　李振宏　注说
新书　徐莹　注说
新论　臧知非　注说
说苑　赵国华　范正娥　注说
搜神记　王利锁　注说
颜氏家训　郭宝军　注说

文中子　王路曼　池　桢　注说
潜书　池　桢　王路曼　注说
六祖坛经　姚彬彬　注说
韩愈集　刘真伦　注说
柳宗元集　岳　珍　注说
贞观政要　苏士梅　注说
通书　张文瀚　注说
正蒙　李　峰　注说
王弼集　党圣元　注说
欧阳修集　杨　亮　注说
王安石集　张富祥　李玉诚　注说
容斋随笔　张富祥　注说
论语集注　梁振杰　注说
大学中庸集注　梁振杰　注说
孟子集注　赵庆伟　注说
近思录　路新生　注说
传习录　岳淑珍　注说
焚书　李竞艳　注说
明夷待访录　赵轶峰　注说
闲情偶寄　惠　萍　注说
龚自珍集　曹志敏　注说
校邠庐抗议　刘克辉　戴宁淑　注说
劝学篇　马小泉　注说

百年河大国学旧著新刊

河洛方言诠诂　王广庆　著
三统历表　邵瑞彭　著
中国戏剧概论　卢　前　著
晚明思想史散论　嵇文甫　著
论语新探　赵纪彬　著
天问研究　孙作云　著
汉魏六朝文学史　李嘉言　著
金艺文志　金登科记考　万　曼　著
唐集叙录　万　曼　著
中国文学史新编　张长弓　著
汉碑集释　高　文　著
袁中郎研究　任访秋　著
东夷杂考　李白凤　著
宋会要辑稿考校　王云海　著
长江集新校　李嘉言　著

高适岑参选集　高　文　王刘纯　选著
花间集注　华锺彦　著
庆湖遗老诗集校注　王梦隐　著
曾瑞散曲集校注　李春祥　著
辛弃疾选集　佟培基　选著
汉魏六朝韵谱　于安澜　著
毡推闲话　武慕姚　著
中国救荒史　邓云特　著
红学二百年　李春祥　著
文心雕龙选讲　温绎之　著

于安澜书画学四种
画论丛刊
画史丛书
画品丛书
书学名著选

元典文化丛书
中华第一经——《周易》与中国文化　宋会群　苗雪兰　著
教化百科——《诗经》与中国文化　孙克强　张小平　著
经国治民之典——《周礼》与中国文化　郝铁川　著
哲人的智慧——《老子》与中国文化　高秀昌　龚　力　著
圣人箴言录——《论语》与中国文化　李振宏　著
武学圣典——《孙子兵法》与中国文化　龚留柱　著
亚圣思辨录——《孟子》与中国文化　何晓明　著
逍遥之祖——《庄子》与中国文化　白本松　王利锁　著
外王之学——《荀子》与中国文化　张曙光　著
中国帝王术——《韩非子》与中国文化　王宏斌　著
史家绝唱——《史记》与中国文化　邓鸿光　著
诸经总龟——《春秋》与中国文化　涂文学　周德钧　著
管理宝典——《管子》与中国文化　袁　闯　著
纵横家书——《战国策》与中国文化　张彦修　著
人仙之间——《抱朴子》与中国文化　徐仪明　冷天吉　著
医学圣典——《黄帝内经》与中国文化　王庆宪　梁晓珍　著
礼乐渊薮——《礼记》与中国文化　黄宛峰　著
词章之祖——《楚辞》与中国文化　李中华　著
星学宝典——《历书天官书》与中国文化　郑慧生　著
天人衡中——《春秋繁露》与中国文化　曾振宇　范学辉　著
王政全书——《吕氏春秋》与中国文化　张富祥　著
神话之源——《山海经》与中国文化　高有鹏　孟　芳　著

新道鸿烈——《淮南子》与中国文化　杨有礼　著
史家龟鉴——《史通》与中国文化　曾凡英　著
政事纲纪——《尚书》与中国文化　姜建设　著
春秋弦歌——《左传》与中国文化　龚留柱　著
平民理想——《墨子》与中国文化　苏凤捷　程梅花　著
人伦本原——《孝经》与中国文化　臧知非　著
法典之王——《唐律疏议》与中国文化　徐永康　吉霁光　郑取　著
文论巨典——《文心雕龙》与中国文化　戚良德　著

宋代研究丛书

北宋诗学　张海鸥　著
宋代东京研究　周宝珠　著
宋代地域经济　程民生　著
宋代监察制度　贾玉英　著
宋代官员选任和管理制度　苗书梅　著
宋代地域文化　程民生　著
宋代文学通论　王水照　主编
宋代司法制度　王云海　主编
宋代教育　苗春德　主编
清明上河图与清明上河学　周宝珠　著
宋代文化史　姚瀛艇　主编
黄庭坚与宋代文化　杨庆存　著
宋代交通管理制度研究　曹家齐　著
岳飞和南宋前期政治与军事研究　王曾瑜　著
成圣之道——北宋二程修养工夫论之研究　温伟耀　著
宋代绘画研究　邓乔彬　著

汉语史专书语法研究丛书

《三朝北盟会编》语法研究　刁晏斌　著
《荀子》虚词研究　黄珊　著
《晏子春秋》词类研究　姚振武　著
《聊斋俚曲》语法研究　冯春田　著
《孟子》词类研究　崔立斌　著
《朱子语类辑略》语法研究　吴福祥　著
敦煌变文12种语法研究　吴福祥　著
《吕氏春秋》句法研究　殷国光　著
《尚书》语法论稿　钱宗武　著
《左传》语法研究　何乐士　著
《元典章·刑部》语法研究　李崇兴　祖生利　著
汉语语法史断代专书比较研究　何乐士　著

图书在版编目(CIP)数据

新书/徐莹注说. —郑州:河南大学出版社,2016.10
(国学新读本)
ISBN 978-7-5649-2608-3

Ⅰ.①新… Ⅱ.①徐… Ⅲ.①政书—中国—西汉时代②《新书》—注释③《新书》—译文 Ⅳ.①D691.5②B234.21

中国版本图书馆CIP数据核字(2016)第260852号

责任编辑 范 昕
责任校对 朱彦会
封面设计 马 龙

出 版	河南大学出版社
	地址:郑州市郑东新区商务外环中华大厦2401号 邮编:450046
	电话:0371—86059701(营销部) 网址:www.hupress.com
排 版	郑州市今日文教印制有限公司
印 刷	河南新华印刷集团有限公司
版 次	2016年10月第1版 印 次 2016年10月第1次印刷
开 本	650mm×960mm 1/16 印 张 21.25
字 数	267千字 定 价 43.00元

(本书如有印装质量问题请与河南大学出版社营销部联系调换)